일상에서 경험하는 주님의 은혜

정원 지음

영성의숲

서문

영성이란, 믿음이란 삶에서 구현되는 것이라고 나는 생각합니다. 모든 순간에 주님의 임재 속에서 생활하며 모든 상황에서 주님과 동행하며 주님을 붙들고 주님의 마음과 관점에서 사는 것, 그러한 일상의 삶.. 그것이 신앙이고 영성이라고 나는 생각합니다.

그러므로 아무리 많은 영적 지식을 가지고 있어도, 신앙 경력을 가지고 있어도, 외적으로 사람들이 알아주는 위치에 있다 할지라도 일상의 삶에서 주님을 드러내지 못한다면 그것은 바른 신앙이 아닐 것입니다.

저는 목회를 내려놓았지만 사역자이므로 강단에 설 때가 많이 있습니다. 하지만 강단 앞에서의 모습보다 일상의 삶, 가정에서의 삶이 더 중요하다고 저는 생각합니다.

강단에서의 사역은 약간의 준비가 필요하지만, 그러나 일상에서 주님을 의식하고 동행하려면 평생의, 모든 순간의 기도와 간절함이 필요합니다. 강단에서는 약간의 기도와 영적 충만함에도 쉽게 성도들이 울고 감동을 받으며 통곡의 바다가 이루어지지만 가정과 일상의 삶에서 승리하기 위해서는 그보다 더 충만한 은혜와 기름부음이 필요합니다.

언젠가 삶이 끝나고 주님 앞에 서게 되었을 때 주님은 저에 대하여 강단에서의 삶보다 일상에서의 삶을 더 물으실 것이라고 저는 생각합니다.

이 책은 "일상의 삶에서 주님을 의식하기", "일상에서 경험하는 주님의 사랑"에 이어서 세 번째로 내놓는 일상 시리즈입니다. '정원 목사 독자모임' 카페에 연재하던 것을 다시 정리하여 책으로 묶었습니다. 일상의 모든 순간에 주님을 붙잡고 살기 원하는 몸부림, 그리고 그 과정에서 깨닫게 된 것들을 자연스럽게 기록한 것입니다.

저의 새로운 책이 나오기를 열심히 기다리시는 모든 독자님들께, 그리고 일상의 삶에서 주님과 동행하기를 원하는 이들, 영적 성장과 발전을 갈망하는 분들에게 이 책이 작은 도움이 되기를 바랍니다.

부디 삶의 모든 순간에 주님을 의식하며 주님의 도우심을 구하고 그 은혜와 사랑의 능력에 의지해서 사시기를 기원합니다. 아무리 어려운 상황이 있을지라도, 주님의 은혜를 구하며 그의 얼굴을 구하는 이들에게는 항상 놀라운 은총이 함께 하실 것입니다.

언제나, 어디에서나 오직 주의 얼굴을 구하며 갈망하십시오. 주님과 동행하십시오. 이 책을 읽는 모든 이들에게 주님의 은총과 사랑이 함께 하시기를 빕니다. 감사합니다. 할렐루야.

2007. 5　정원

목 차

1. 어머니를 뵙고 · 7
2. 꿈속의 치유 · 12
3. 아름다운 경쟁을 위하여 · 16
4. 사랑을 향하여 · 24
5. 고요함과 임재와 행복 · 33
6. 우리를 치유하는 고향 · 38
7. 오늘을 재미있게 사는 행복 · 42
8. 꿈속의 은총을 나누기 · 47
9. 만남의 행복, 그리움의 행복 · 53
10. 마음 속에 감추어진 사랑 · 57
11. 기도처럼 행복한 것은 세상에 없다 · 64
12. 심령을 회복시키는 말씀의 생기 · 71
13. 마음을 지키는 것이 승리의 비결이다 · 74
14. 몸도 우리에게 하고 싶은 이야기가 있다 · 83
15. 주님을 추구하는 모임의 행복 · 92
16. 핸드폰 사건을 통해 깨닫게 되는 주님의 마음 · 101

GRACE

17. 보일러 이야기 · 116
18. 거짓의 영에 속지말고 진리를 고백하라 · 123
19. 상한 마음을 치유하시는 주님 · 134
20. 치유와 평안을 주는 사랑의 터치 · 145
21. 애절한 주의 음성 · 152
22. 변화를 일으키는 예배의 능력 · 155
23. 아름다운 해후, 행복한 여정 · 162
24. 사랑에는 실망이 없다 · 172
25. 가정 천국을 위한 몇 가지 원리 · 179
26. 어두움을 물리치는 빛의 경험 · 184
27. 명절의 주인, 행복의 근원은 오직 주님 · 194
28. 제사의 흑암과 예배의 빛 · 206
29. 사랑하는 장인 어르신께 · 218
30. 하루의 일기, 하루의 대화 · 224
31. 어려움을 통하여 주님의 음성을 듣기 · 235
32. 진정 행복한 삶을 위하여 · 244

1. 어머니를 뵙고

어제 오랜만에 어머니 댁에 방문을 했습니다. 누나의 장례식을 치른 후에 처음입니다. 누나가 먼저 고향인 하늘나라에 돌아간 것으로 인해서 어머니는 많이 충격을 받으시고 많이 우셨는데 여러 가지 상황으로 바빠서 차분하게 위로하고 대화를 하지 못했습니다.

77세의 어머니.. 그녀는 허리가 굽어졌지만 그래도 정정하신 편이고 책을 아주 좋아하십니다. 기도와 성경 읽기, 책읽기가 그녀의 사는 대부분의 즐거움이라고 할 수 있습니다.

그녀도 은혜를 많이 사모하는 편이지만 워낙 지적인 성향이 강해서 평생을 많이 사모하고 추구하셨지만 그리 영혼의 기능이 열렸다고 하기는 어렵습니다. 그러나 기도에 힘쓰고 은혜 받기를 사모하시는 편입니다.

나는 어머니와 별로 관계가 좋은 편은 못 되었습니다. 그녀도 성격이 강했고 나도 양보하지 않았습니다. 과거가 그랬기에 나이가 들면서 어머니에 대한 생각은 그저 죄송하고 죄송할 뿐입니다.

가끔씩 방문을 해서 주님에 대한 이야기를 하면 너무 좋아하시지만 나의 건강에 대해서 많이 염려하시는 것이 부담스럽기는 합니다.

사람의 생명은 오직 주께 있으며 살려고 해서 사는 것도 아니요, 죽으려고 해서 죽는 것도 아니며 모든 것은 주님의 손에 있으므로 순복하는 것만이 중요하다고 말씀드리지만 그래도 어머니의 염려는 사라지지 않습니다.

몸이 조금 피곤하여 나는 대화 중에 누워서 자고 아내는 어머니와 같이 계속 이야기합니다. 나는 곁에서 누워 자면서도 가끔 이야기에 한마디씩 끼어듭니다. 누워서 자면서 대화할 수 있는 것.. 그것은 어머니와 아들이라는 관계 때문에 가능한 것이겠지요. 그녀는 아들이 누워서 자면서라도 대화를 해주는 것이 고마운 모양입니다.

대화의 내용은 무엇이든 그리 중요한 것은 아닙니다. 중요한 것은 우리가 같이 무엇인가를 나누고 있다는 것이지요. 나도 젊은 시절에는 무엇이 옳은가, 아닌가에 집중을 하느라고 사람들과의 관계를 잘 하지 못할 때가 많이 있었습니다. 그러나 지금의 관심은 무엇이 옳은가보다 내가 상대방을 사랑하고 있는가 하는 것에 있습니다. 그래서 사람들과 부딪치는 것은 거의 없어졌습니다. 어떤 사람과 대화를 나누어도 같이 좋아할 수 있는 공통의 화제는 있으니까요.

어머니와는 그녀가 그 동안 나를 키워주시고 나를 위해서 희생하신 그 모든 것들을 생각하면 나눌 수 있는 이야기나 추억이 아주 많이 있습니다.

내가 가서 잠깐 기도를 하고 찬양을 하자 어머니는 너무 좋아하십니다. 그녀에게 그것은 큰 즐거움입니다.

점심때에 갔다가 저녁때가 되어 일어섰습니다. 저녁을 같이 하고 싶지만 아이들 때문에 와야 합니다.

어머니는 '가야 되니..' 하고 물으십니다. 물론 가야하는 것을 다 아시지요. 하지만 그래도 그렇게 물으십니다.

어머니가 그런 이야기를 하신 적이 있었습니다.

누나가 결혼을 하고 얼마 후에 어머니가 누나 집을 방문했습니다. 가난한 전도사와의 살림이니 사는 것이 당연히 궁핍합니다. 다 쓰러져 가는 단칸 월세 방에서 반찬도 거의 없이 간신히 먹고사는 것이지요.
아직 새댁이라 음식을 제대로 할 줄 모르는 딸을 위해서 어머니는 반찬을 조금 만들어주시고 집에 갈 때가 되어 집으로 오는데 누나가 배웅을 나옵니다.
집으로 가는 버스를 타고 가는데 어머니가 그런 생각이 떠올랐다고 합니다.
응.. 왜 쟤는 저기 혼자 서 있는 거지..
왜 나 혼자.. 집으로 가는 거지..
쟤는 참 불쌍하게..
왜 저기.. 서 있을까..

막내인 내가 결혼을 하고 집에 들어오지 않게 되자 날마다 밤마다 내가 들어오는 길목에서 서 있었다고 하십니다.
얘가 왜.. 안 들어오지?
어제도.. 안 왔는데..
오늘도 안 들어오네..
아.. 참.. 얘가 장가를 갔지..
그러면 안 오는 건가?
그래도 혹시 오지 않을까..
그러시면서요.

나는 아내와 같이 떨어지지 않는 발걸음을 옮겼습니다.
어머니는 굳이 배웅을 나오십니다.
몇 번을 안아주고 건강하시라고.. 사랑한다고 말씀드렸지만..
헤어지기에는 마음이 너무 짠아.. 합니다.
나이가 들어서 그리운 것은 사람의 정밖에 없지요.

노인들에게 가장 무서운 것은 고독이며 가장 필요한 것은 그 어떤 것보다 따뜻한 관심과 사랑일 뿐입니다.
어서 들어가시라고 뒤돌아보면서 손을 흔드는데..
그 허리가 꼬부라지고 왜소한 초라한 모습에 눈시울이 뜨거워집니다.
헤어져서 조금 걸어가다가 나는 다시 어머니께로 돌아갔습니다.

어머니는 웬일인가.. 하고 나를 봅니다.
나는 그녀에게 말했습니다.
"어머니.. 생각나는 게 있어요.."
그녀는 묻습니다.
"뭔데?"
"저기.. 내가 결혼을 했을 때 있지요.."
"응.. 그래서.."
"내가 언제 어머니가 제일 보고 싶었는 줄 알아요?"
그녀는 엷은 미소를 지으십니다.
"글쎄다."
나는 웃으면서 말했습니다.
"결혼한 지 얼마 안 되어서 내가 몹시 아팠어요. 그런데 그전에는 어머니가 생각이 안 났는데.. 그 때가 되니까 엄마가 생각이 나는 거예요. 그리고 막 어머니에게 어리광을 부리고 싶더라구요.. 엄마..아파.. 엄마. 잉잉.. 아파요.. 하고 말이에요.."

그녀는 부드러운 미소를 지었습니다. 다 큰 아들이 늙은 어머니에게 어리광을 부리는 것.. 어쩌면 그것은 그 어떤 위로보다 더 어머니에게 힘이 되는 것인지도 모릅니다. 나는 어머니의 얼굴에 여유 있는 웃음이 퍼져나가는 것을 보았습니다.
나는 마지막 인사를 드렸습니다.
"어머니.. 나를 위해서 계속 기도해주세요.. 건강하도록.. 주의 일을 잘 할 수 있도록.. 어머니의 기도가 없으면 나는 아무 것도 할 수 없거든요.."
나는 어머니를 편하게 해드리려고 하는 것보다 그녀에게 부담을 주고 부탁을 자꾸 하는 것이 그녀에게 기쁨을 준다는 것을 잘 알고 있습니다.
그래서 기도를 부탁하고 나는 이별을 합니다.
어머니의 얼굴에 계속 미소가 떠오릅니다.

잠시 포옹한 후에 인사를 마치고 나는 돌아섭니다.
사랑하는 어머니..
부디 건강하시고 오래 사세요..
사랑합니다..
흐르는 눈물을 조용히 닦으며 나는 집을 향하여 걸어갑니다.

2002. 8. 29

2. 꿈속의 치유

지난밤에 인상적인 꿈을 꾸었습니다. 나는 자주 꿈을 꾸는 편이고 거기에서 영감을 얻을 때가 많이 있습니다. 지난밤의 꿈도 아주 흥미로운 꿈이었습니다.
나는 기도원같이 보이는 곳에서 집회를 하고 있었습니다.
그런데 집회가 맞는지.. 운동장 같은 곳에 사람들을 모아놓고 사람들을 찾는 놀이도 하고.. 줄넘기도 하고.. 다방구도 합니다. 다 같이 춤도 추었지요.
그런데 찬양도 하고 기도도 하니까.. 집회는 집회 같은데.. 꿈에서는 당연한 거였는데 깨어나서 생각하니 조금 이상한 집회군요. 아무튼 재미있게 열심히 놀았습니다. 내가 생각하는 집회는 그냥 찬양과 기도만 드리는 것이 아니고 성도들끼리 서로 교제하고 놀기도 하면서 즐겁게 지내는 집회인데 아마 그러한 평소의 생각이 꿈을 통해서 나온 것 같았습니다.

그리고 나서 장면이 바뀌고 나는 어떤 다른 기도원에 놀러갔습니다. 그리고 그곳에서 어떤 모녀가 같이 병으로 누워있었는데 그들을 위로하고 기도해주었습니다. 어머니는 40정도, 딸은 20정도의 나이로 보였는데, 그들의 남편, 아빠는 그들을 버리고 어디론가 갔습니다. 그래서 이들은 그를 그리워하고 또한 자신들을 버린 것에 대하여 분노하고 원망하고 있었습니다.

꿈에서 나는 그들과 초면이었습니다. 하지만 잠시 기도를 해준 후에 그들의 상한 마음이 안타깝게 느껴져서 그 아가씨에게 제안을 하였습니다. 내가 자매에게 잠시 아빠의 역할을 해주어도 되겠느냐고..
그러자 아가씨는 감사하다고 대답합니다.
그래서 나는 그녀는 붙들고 조용히 이야기하기 시작했습니다.
"사랑한다.. 애야.. 아빠다.. 나도 너를 보고 싶단다.."
그러자 아가씨가 갑자기 마구 소리를 지르는 것이었습니다.
"거짓말하지 말아요.. 나를 버렸으면서 뭐가 보고 싶어요.. 미워요. 싫어요.."
그러면서 그녀는 마구 울음을 터뜨렸습니다.
나도 같이 울면서 계속 이야기를 합니다.
"아니야.. 나는 너를 사랑하고 있단다.. 하지만 내가 갈 수가 없는 상황이었어.. 아빠를 용서 해주려무나.."
나는 그녀를 안아줍니다. 그녀는 막 소리치면서 웁니다.
"싫어요.. 아빠.. 거짓말이야.. 엉엉엉.."

그 장면에서 나는 잠이 깨었습니다. 깨고 보니 나는 아직도 여전히 울고 있었습니다. 주님의 임재와 평안 속에서 잠을 깨었지만 꿈의 여운이 남아서인지 마음은 여전히 슬프고 아팠습니다. 이 땅의 많은 상한 심령들에 대한 아픔과 부담 때문인 것 같았습니다.
꿈은 나에게 있어서 영성의 발전에 도움이 되는 좋은 참고 자료입니다. 나는 꿈을 꾸고 나면 꿈을 통해서 받은 메시지를 깨자마자 노트에 열심히 기록하기도 하고 회개하기도 하며 꿈에서 받은 문제를 처리하기 위해서 기도하기도 합니다. 나는 꿈과 관련되어서 기도를 하는 것으로 하루를 시작할 때가 많이 있습니다.
어제 꾼 꿈은 내가 집회를 하면서 흔히 실제로 사역을 했을 때 경험했던 일이기도 하였습니다. 나는 집회에서 사역을 할 때에 사람들의 영혼을 치유하면서 가끔 아빠의 역할을 할 때가 있습니다.

젊은이들은 대부분 아빠에 대한 상처를 가지고 있습니다. 한국의 상황에서 아빠가 자녀들과 친밀하고 인격적인 관계를 가지는 경우는 드물기 때문에 젊은이들은 대체로 아버지에 대한 두려움이나 분노와 같은 부정적인 기억을 가지고 있습니다.

마음 속에 있는 그러한 분노나 두려움들은 영혼의 깨어남과 성장에 많은 장애 요인이 되기 때문에 나는 그들이 아빠를 용서할 수 있도록 아빠의 입장이 되어서 용서를 구하곤 합니다.

열정적인 찬양과 기도를 드린 후에 성령님의 임재가 좌중에 가득할 때 나는 아빠의 역할을 하면서 나를 용서해줄 것을 말하곤 합니다.

"얘들아.. 아빠가 너희를 사랑한다. 하지만 그것을 잘 표현하지 못했단다.. 마음 속으로는 그렇지 않았는데.. 너희들에게 화를 내고 소리를 질렀지.. 하지만 그것은 내 마음이 아니었어.. 아빠를 용서해주겠니.."

그러면 젊은 청년들은 마치 폭격을 맞은 것처럼 쓰러져 구르고 울고 통곡을 합니다.

마구 몸부림을 치고 구르면서 "싫어! 거짓말이야! 미워!.." 하고 소리를 지르면서 우는 자매도 있습니다. 그것은 어제 내가 꾸었던 꿈의 상황과 똑같습니다. 그것은 거칠고 폭발적인 장면이지만 그러나 그것은 치유의 한 과정입니다. 나는 다가가서 그녀를 안아주고.. 한참 후에 그녀는 진정됩니다. 그리고 나면 마음속의 많은 전쟁과 갈등이 사라지고 평화로워지는 것을 경험하게 되지요.

부모가 자녀를 안아주는 것은 자녀의 건강한 성장을 위해서 너무나 중요한 것입니다. 특히 이성부모의 역할은 아주 큽니다.

나는 모든 아빠들이 딸을 자주 안아주고 모든 엄마들이 아들을 자주 안아줄 때 많은 성범죄나 타락이 사라질 것으로 믿습니다. 그것은 중요한 관련이 있습니다. 이성부모와의 친밀감이 부족할 때 사람은 쉽게 이성에 집착하고 빠지게 됩니다. 성범죄는 그러한 내적인 공허감에서 시작되는 것입니다. 오늘날 이 땅에 성적 타락이 많은 이유는 가정에서의 따뜻한 사랑과 친밀한 교제가 부족하기 때문입니다. 주의 영이 임하실 때 모든 가정들은 회복되고 기쁨과 사랑이 가득한 천국의 가정이 될 수 있을 것입니다.

왜 이런 꿈을 꾸었을까요.. 어젯밤 잠이 들기 전에 예원이를 안아주면서 존 덴버의 'my sweet lady', 엘비스 프레슬리의 'love me tender'를 불러주고 조금 후에 잠이 들었는데 그것과 관련된 것 같기도 합니다.
예원이는 항상 나와 같이 잠을 자고 싶어합니다. 항상 나와 같이 밥을 먹고 싶어하지요.. 하지만 나는 혼자 자는 데 익숙해있어서 같이 자지는 못하고 자기 전에 조금 같이 놀아주는데.. 그러다가 이런 꿈을 꾸게 되었던 것 같습니다.

꿈에 대하여 생각하다가 이 땅의 상한 심령을 가진 이들, 젊은 청년들을 위한 기도를 드렸습니다. 치유의 도구가 되는 사람들이 많이 일어나고 이 땅에 치유와 회복의 흐름이 넘치기를 기도했습니다. 그러자 기분이 많이 좋아졌습니다.
꿈속에서든, 현실에서든 다른 이들에게 사랑을 고백하고 위로하고 치유의 도구로 쓰여진다는 것은 참 즐거운 일입니다. 그것은 작은 천국을 가져다주는 것과 같습니다.
감사하면서 행복한 마음으로 하루를 시작했습니다. 부디 주님의 치유하심과 만지심이 모든 상한 심령에 가득하기를.. 할렐루야..

2002. 9. 20

3. 아름다운 경쟁을 위하여

어제 저녁 예원이가 시무룩한 얼굴로 학교 선생님의 이야기를 합니다. 선생님에게 찍혀서 사소한 일에도 야단을 자꾸 맞는다고 속이 상한 모양입니다. 똑같이 잘못을 해도 다른 아이들은 그냥 넘어가고 자기만 막 혼낸다고 억울해합니다.
예원이는 1학년부터 5학년까지 선생님에게 항상 칭찬과 사랑을 받아 왔습니다.

그러나 이번 6학년 때는 선생님에게 좋지 않은 인상을 준 모양입니다. 1학기에 회장을 지냈기 때문에 선생님과 접할 기회가 다른 아이들보다 더 많을 텐데.. 좀 이상한 일이었습니다.
예원이는 눈치가 빠르고 사람들의 마음을 잘 파악하는 면이 있어서 어른들에게 항상 인정을 받고 사랑을 받는 편이었습니다. 그래서 더욱 이상했습니다.

예원이는 나이에 비해서 지혜가 많고 눈치도 빠른 편입니다.
예원이가 여섯 살인가 했을 때 우리는 어머니를 몇 년째 모시고 있었는데 잠시 며칠 동안 어머니가 어디에 다니러 가신 적이 있었습니다.
예원이는 그 때 그런 말을 했습니다.
"아유, 할머니 보고싶어. 하지만 할머니가 오시면 엄마는 마음놓고 외출하기도 어렵고 늦잠을 못 주무시고 할 테니까 좀 불편하시겠지?"
그 말을 듣고 나와 아내는 깜짝 놀랐습니다. 아내는 아이들 앞에서 그런 이야기는 결코 하지 않기 때문입니다. 예원이는 엄마가 전혀 티를 내지 않는 것도 예리하게 파악하는 능력을 가지고 있었습니다.

예원이가 여섯 살이었을 때 친구가 찾아와서 우리 집에서 놀다가 그 아이의 집으로 놀러갔었는데 얼마 놀지 못하고 집으로 돌아온 일이 있었습니다. 그 집에서 쫓겨났다고 합니다. 친구랑 같이 열심히 놀고 있는데 그 집의 할머니가 시끄럽다고 쫓아내더라는 것입니다.

분개한 예원이는 씩씩거리면서 말하는 것이었습니다. 아이들이 다 그렇게 시끄럽게 놀면서 크는 거지 그런 것을 가지고 쫓아내면 어떻게 하느냐고요.

마치 자기가 어린아이를 많이 키워본 양 말하는 것을 듣고 나는 웃음이 나왔습니다. 그리고 아이들도 어려 보이지만 속으로는 많은 것을 알고 있구나.. 하고 생각했습니다.

그녀가 세살 때의 일도 인상적이었습니다.

예원이는 언니가 없어서 어릴 때부터 언니들을 잘 따랐습니다. 그래서 교회의 예배가 끝나고 언니들이 집으로 가면 예원이가 꼭 배웅을 나갔습니다. 그러면 언니들은 예원이에게 과자를 사주곤 했습니다.

아내는 이런 예원이에게 주의를 주었습니다. 절대로 언니들에게 과자를 사달라고 하지 말라고.. 그것은 좋지 않은 버릇이라고.. 앞으로 그러면 혼이 날 거라고 말했습니다.

그리고 나서 며칠 후에 예원이가 집에 가는 언니를 따라 나가면서 언니에게 말했습니다. 나는 그 이야기를 듣고 있었는데 예원이는 아빠가 듣고 있는 줄을 몰랐습니다.

"언니.. 나한테 과자 사 줄 거야?"

언니는 대답했습니다.

"응.. 맛있는 거 사 줄께."
"그럼. 언니.. 절대로 내가 먼저 사달라고 했다고 하면 안 돼.. 언니가 먼저 사 준 거야."
"왜?"
"그럼 나는 엄마한테 혼나.. 그러니까 언니가 내가 싫다는데 억지로 사주었다고 해야 돼.."

나는 그 이야기를 듣고 있다가 웃음이 터지는 줄 알았습니다.
언니가 간 다음에 나는 예원이를 불렀지요..
"예원아.. 언니가 과자 사 주었지?"
"네.."
"네가 사달라고 했지?"
"아니요.. 언니가 그냥 사 주었어요."
"정말?"
"예.."
"정말..?"
"잉.. 흑흑. 잘못했어요.."
나는 웃으면서 예원이에게 군밤을 주었습니다.
"에고.. 요 어린 것이 이렇게 머리를 굴려?"

일곱 살 때의 일도 기억이 납니다.
우리는 자주 가정 예배를 드렸습니다. 나는 주님의 진리 되심에 대해서 많이 가르쳤습니다. 우리는 각자 죄성을 가지고 있어서 항상 언제나 주님을 붙들고 의지하고 살지 않으면 죄를 이길 수 없다고 가르쳤습니다.

예원이는 어느 날 고백했습니다.
"아빠.. 제가 성질이 있다는 것을 알아요. 그래서 항상 예수님을 붙잡아야 성질을 이길 수 있다는 것을 알아요. 그래서 화를 내거나 짜증을 내고 나면 '아.. 이제는 정말 항상 예수님을 바라보고 살아야겠다' 하고 다짐을 해요. 하지만 어느 순간에 다시 예수님을 잊어버리고 나도 모르게 짜증을 내고 낙심할 때가 많아요. 아빠.. 저는 어떻게 하면 좋아요?"
그 이야기를 듣고 나는 놀랐습니다. 일반적으로 일곱 살짜리가 할 수 있는 이야기가 아니었기 때문입니다.
그 말을 옆에서 듣고 있던 할머니가 한숨을 쉬면서 말했습니다.
"아이고.. 칠십 먹은 할머니의 고민이나 일곱 살 먹은 예원이의 고민이나 똑같구나.."

아무튼 이런 녀석이 예원이였습니다. 그녀는 항상 지혜롭고 처세에도 뛰어났습니다. 그래서 항상 아이들에게 인기가 있었습니다. 예원이는 항상 즐거움과 활력이 있어서 사람들에게 유쾌한 에너지를 공급해주는 아이였습니다. 아이들의 인생 상담도 자주 해주곤 한다고 합니다. 그래서 나는 얘가 선생님과의 관계를 잘 못한다는 것이 이해가 되지 않았습니다.
예원이의 이야기를 들으니 조금 수긍이 가는 데가 있었습니다. 선생님은 아직 젊은 처녀이고 어려서 그런지 그다지 성숙되지 않은 모습이 있는 것 같았습니다. 자기가 좋아하는 애들과 찍은 애들이 누구인지 너무나 선명하게 드러난다고 합니다.
학교에 자주 어머니들이 오는 아이들에게는 친절과 띄워주기가 너무 지나치다고 합니다. 좋아하는 애들은 많이 띄워주고 칭찬을 하며 잘못을 해도 그냥 넘어가고 싫어하는 아이들은 별 이유도 없이 마구 때리고 혼을 낸다고 합니다.

그리고 기분과 감정의 기복이 너무 심해서 그것이 얼굴에 그대로 드러나며 기분이 좋을 때는 모든 것을 넘어가지만 기분이 좋지 않을 때는 평소에는 그냥 넘어가던 아이들의 사소한 행동에도 온갖 신경질을 내고 해서 아이들이 선생님을 거의 다 좋아하지 않는다는 것이었습니다.
아내는 학교에 자주 가고 봉사나 학교 일에 자주 참여하는 편인데 이 선생님을 보고는 별로 가고 싶지 않다고 합니다. 선생님이 정서적으로 어린 것 같다고 하는 것이었습니다.

나는 대충 상황을 파악할 수 있었습니다. 어른이라고, 나이가 많다고 해서 다 성숙한 것은 아닙니다. 각 사람마다 영적인, 정신적인 수준이 있습니다. 그것은 나이와 다른 것입니다.

부모나 기성세대가 인격적으로 정신적으로 성숙해서 자녀나 어린 세대를 가르칠 수 있다면 그것은 복된 것입니다. 자녀들은 부모와 선생님을 존경하게 되며 인생의 지혜와 진정 가치있는 것에 대해서, 삶의 방식에 대해서 하나씩 배워가게 될 것입니다. 그러나 부모나 기성세대의 지도자가 가르칠 대상보다 더 어리면 거기에서 많은 문제가 시작됩니다. 아이들은 상처를 받고 갈등하게 되며 분노를 품게 됩니다. 그것은 아이들의 영혼에 매우 부정적인 영향을 주게 될 것입니다.

아무튼 예원이는 일방적인 선생님의 미움과 공격에 몹시 지친 것 같았습니다. 그녀는 '아.. 이제 몇 달만 더 참으면 학기가 끝나고 선생님의 미움에서 벗어날 수 있겠지?' 하는 것이었습니다.
나는 예원이에게 이야기했습니다.
"예원아.. 우리가 만나는 모든 만남은 하나님이 허락하시는 것이란다. 우리에게 주어지는 일 가운데 우연이라는 것은 없단다. 그렇다면 하나님은 왜 예원이에게 이러한 경험을 허락하셨을까?

아빠의 생각에는.. 너는 항상 엄마나 아빠, 그리고 모든 선생님들, 어른들에게 사랑과 인정을 받고 자랐어. 너는 미움을 받은 적이 없단다. 그렇기 때문에 너는 자칫 잘못하면 교만해질 수도 있고 인내가 부족해질 수도 있어.

네가 사랑만을 받고 자랐기 때문에 너는 항상 미움을 받고 야단만 맞고 자란 사람이 가질 수 있는 마음, 낙심, 좌절, 열등감 등에 대해서 이해하기 어려울 수도 있단다. 하지만 이런 경험을 하게 되면 상처받는 사람의 마음도 이해할 수 있게 되고 아픔을 통해서 반성도 하게 되고 겸손하고 낮아지게 되며 악의를 가진 사람에게도 흠을 잡히지 않도록 조심을 하게 된단다.

그리고 이런 일이 앞으로 네가 인생을 살아가는 동안 또 많이 일어날 수 있단다. 그렇기 때문에 이런 일을 겪을 때 분노하거나 판단하지 않고 오히려 자신을 낮추고 돌아보며 주님께 나아가 기도를 해야 한단다. 그리고 겸손과 순종을 배워가야 해. 우리에게 일어나는 모든 일들은 우리의 영적인 성장을 위해서 주님이 허락하시는 것이기 때문이지."

예원이는 별다른 대답을 하지 않았고 그래서 우리는 화제를 다른 곳으로 돌렸습니다. 그런데 밤이 되어 잠을 자려고 하고 있는데 예원이가 내 방에 불쑥 들어왔습니다. 그리고는 나에게 뽀뽀를 하면서 말했습니다.

"아빠.. 나는 아빠를 사랑하고 존경해요..
그리고 아빠를 좋은 인생의 선배라고 생각해요.."
나는 물었지요..
"왜?"
"나는 항상 사랑만을 받고 살았기 때문에 교만해질 수 있다는 것.. 그리고 어려움이나 억울하다고 생각되는 일은 주님이 나를 겸손해지게 하시도록 허락하시고 훈련하신다는 이야기.. 너무 좋았어요.. 너무 감동적이었어요.."
나는 마음이 아주 기뻤습니다.
나는 예원이에게 말했습니다.
"예원아. 아빠는 사랑과 정을 거의 받지 못하고 자랐단다. 어디서나 항상 야단맞고 찍혔고 미움만 받았었어. 그래서 나에게도 따뜻한 이야기를 해주는 사람이 있었으면 얼마나 좋았을까.. 하고 항상 생각했단다.
하지만 아빠가 그렇게 자랐기 때문에 마음이 아픈 사람들에게 많은 관심을 가지게 되었고 사람을 사랑하고 돕고 위로하는 것에 대해서 많은 관심을 가지게 되었단다. 그처럼 고통은 당시에는 힘들지만 결국은 우리를 더 아름답게 성장하게 한단다.."

예원이도 말했습니다.
"맞아요. 아빠.. 내가 그걸 몰라서 올해 1년이 너무 힘들었어요. 그런데 왜 나는 이제 두 달밖에 안 남았는데 이제서야 깨달은 걸까요. 진작 알았었다면 그렇게 힘들지 않았을 텐데.."
나도 대답했습니다.
"예원아. 우리는 항상 그래. 항상 지나고 나서야 많은 것을 깨닫는 단다. 아빠도 많은 실수를 했지. 하지만 그렇게 넘어진 후에야 한 가지를 배우고 한 걸음씩 가곤 했어. 너도 아빠도 계속 그렇게 성장해 가는 거야. 아빠도 예원이에게 지지 않으려고 열심히 성장해 가는 중에 있단다."
예원이는 대화를 나누며 아주 기뻐했습니다.
그녀는 다시 나에게 뽀뽀를 했습니다.
그리고는 손을 흔들며 아쉬운 작별을 하고 자기 방으로 갔습니다.

예원이가 간 후에 나는 생각합니다. 그녀가 나이가 들고 키가 자라면서 지혜와 사랑에 대하여 영혼에 대하여 눈을 떠가고 자라가고 있는 모습을 보니 아주 즐거워집니다.

하지만 나도 그녀와의 영적 성장의 경쟁에서 뒤떨어지면 안 되겠지요. 그녀보다 한 걸음 더 앞서 가야 그녀를 인도하고 도와줄 수 있을 테니까요. 그러므로 이 아름다운 경쟁을 위하여 나는 오늘도 한 걸음씩 더 주를 향하여 나아갈 것입니다. 우리의 아름다운 성장을 위하여 우리에게 꼭 필요한 길로 인도하시고 이끄시는 주님의 은혜와 사랑에 새삼 감사하는 마음이 들었습니다. 좋으신 주님을 찬양합니다. 할렐루야.

2002. 9. 28

4. 사랑을 향하여

10년쯤 전 목회를 하고 있을 때 어떤 신학생이 내가 사역을 하던 교회에 왔습니다. 이 형제는 3주일동안 예배에 참석하여 나의 설교를 듣더니 그런 고백을 했습니다. 이런 메시지는 들어 본 적도, 들을 수도, 상상할 수도 없는 메시지라고.. 이런 교회로 인도하신 하나님께 너무나 감사한다고.. 나는 그저 웃었습니다.

이 형제는 몇 달 후에 많은 욕을 하고 교회를 떠났습니다.
그가 공격하는 주 논리는 이런 것이었습니다. 목사님의 메시지가 정말 진리라면 왜 수많은 사람들이 몰려오고 교회가 부흥되지 않느냐는 것이었습니다.
이 형제는 내가 어떤 청년 부흥회의 강사로 갔다가 그 곳에서 눈물과 통곡의 아수라장이 된 것을 보고 놀라서 우리 교회에 온 것이었습니다. 그는 이 교회가 곧 사람들이 많이 몰려들어서 외적으로 부흥이 되고 유명해질 것을 기대하고 왔는데 그렇지 못하자 몹시 실망한 것 같았습니다.

나는 이와 비슷한 경우를 많이 겪었습니다. 나는 '생명의 은인' 이라든지.. '참 신앙을 깨닫게 되었다' 느니 '진정한 주님을 만나게 되었다' 느니 '목사님을 만난 것이 내 인생 최고의 축복' 이라느니.. 그러한 이야기들을 수 없이 들었습니다. 그리고 어느 정도 시간이 지나고 나면 그러한 찬사가 비난하고 비판하는 내용으로 바뀌는 것을 많이 경험하였습니다.

사람들은 주님의 임재에 대하여, 주님의 마음에 대하여, 영적인 세계에 대하여 메시지를 들으면 많은 충격을 받곤 했습니다. 메시지의 내용에 대하여 충격을 받고 주님께 대한 헌신과 사랑을 고백하며 눈물로 범벅이 된 이들을 보는 것은 별로 드문 일이 아니었습니다.

그러나 그러한 감격과 주님께 대한 간절함을 꾸준히 유지하는 이들은 아주 드물었습니다. 대부분의 사람들은 처음의 신선한 감동이 사라지면 곧 다가오는 현실의 유혹 속에서 쉽게 타협하는 경향이 있었습니다. 그들의 영적 신선함과 충만함은 그리 오래 가지 못했습니다. 또한 나에 대한 그들의 찬사가 공격적인 내용으로 바뀌는 것도 흔한 현상이었습니다.

존경과 찬사가 쉽게 비난으로 바뀌는 것은 아마 가치관의 차이에서 오는 것이었을 것입니다. 사람들은 흔히 주님의 임재나 영성적인 은혜와 충격의 터치를 경험하면 물질적으로도 복을 받고 모든 일이 형통하게 되며 문제들은 다 사라질 것으로 생각하는 경향이 있었습니다. 주님께서 그들을 더 깊은 곳으로 인도하시기 위하여 각자의 안에 있는 악과 어두움들을 처리하시고 훈련하시기 때문에 일시적으로 더 어려움이 올 수 있다는 것을 그들은 이해하지 못했습니다.

주님의 터치를 받은 후에도 더 간절하고 진실하게 주님을 갈망하고 추구하지 않는다면, 일상의 삶에서 주어지는 영적 시련과 훈련 속에서 배워가며 주님께 순복하지 않는다면, 어느 정도 이상으로 더 깊이 들어갈 수 없습니다.

그렇게 되면 처음에 들었던 주님의 임재에 대한, 생명에 대한 신선한 메시지는 단순한 지식으로 남게 됩니다. 나중에는 주님의 실재는 사라지고 지식으로 인한 영적 교만만 남게 되는 것입니다. 주님과의 친밀한 교제도 없이, 진실하고 내면적인 기쁨도 누리지 못하면서 자신의 신앙을 좋은 것으로 여기고 다른 이들의 신앙을 판단하는 어두움의 일에 떨어질 수 있는 것입니다.

아내는 나를 처음 대하는 이들이 몹시 충격을 받고 은혜를 받다가도 나중에 그 은혜를 별로 유지하지 못하는 것을 보고 나에게 '당신은 1회용이야' 하면서 놀리기도 했습니다.
사실 놀리기는 하지만 나보다 그녀가 더 마음의 고통이 많았던 것 같습니다. 비난을 받은 것은 나인데, 나는 멀쩡한데 그녀가 쓰러진 적도 있었습니다. 아마 사랑하는 남편이 당하는 억울함이 그녀에게는 자신이 직접 당하는 것보다 더 견디기 어려웠는지도 모릅니다.

이러한 이야기를 들으면 사람들은 우리가 사람들에 대하여 많은 상처가 있으며 사람들에 대하여 마음을 잘 열지 않을 것이라고 생각할 것입니다.
그러나 사실은 그 반대입니다. 나는 이러한 일들을 통하여 진정으로 사람을 사랑하는 것이 어떠한 것인가.. 어떤 마음으로 사람을 대하여야 하는가에 대하여 배웠습니다. 그리고 기대하지 않는 사랑에 대하여 배웠습니다. 그리고 그것은 나에게 축복이었습니다.
경험으로 보면 내가 좀 더 애착을 느끼고 사랑과 정을 많이 준 사람일수록 내게 많은 아픔들을 주었습니다. 거기에는 별로 예외가 없었습니다. 그러므로 나는 그 이유가 무엇인지에 대하여 배워야 했습니다.

나는 내가 사람들에게 특별하게 많이 고통을 겪었다고 생각하지 않습니다. 다만 나는 심령이 예민한 사람이었습니다. 그래서 나는 사소한 문제에 대해서 아픔을 많이 느끼곤 했습니다. 사랑하는 관계가 이상하게 오해가 생기고 벽이 생기게 되었을 때 많이 울기도 했습니다. 그것은 상대방의 잘못이 아니라 내가 기질적으로 정을 좋아하고 예민한 사람이기 때문이었습니다.
나는 마음을 따뜻하게 나누는 것을 좋아했습니다. 사랑의 관계를 맺는 것을 좋아하는 편이었습니다. 그러므로 불편한 관계를 가지고 있고 서로 미워하는 관계를 가지고 있으면서도 태연하게 기도를 하고 예배를 드리는 이들이 나는 이해가 되지 않았습니다. 다른 이들에게 화를 내고 태연하게 예배를 드리러 와서 찬송을 부르는 것을 나는 이해하기 어려웠습니다.

나는 사랑의 관계를 누리는 것이 신앙이라고 생각합니다. 주님을 사랑하고 그리워하며 주님을 같이 추구하는 믿음의 사람들을 서로 그리워하고 보고 싶어하는 것, 그러므로 만남을 사모하고 만나서 사랑을 고백하고 나누면서 신앙이 발전하고 주님께 서로 가까이 가는 것이라고 생각합니다.

주님은 사랑하지만 사람들은 사랑하지 않는다면 그것은 모순입니다. 주님은 사랑하지만 가족들은 사랑하지 않는다면 그것은 이상한 것입니다. 주님을 너무 사랑하기 때문에 오직 혼자 조용히 있기를 원한다면 그것은 이상한 것입니다.
사랑에는 그리움이 있고 갈망이 있습니다. 그러므로 함께 있을 때에 행복해집니다.
하지만 마음을 나누는 것은 기쁨과 함께 상처가 동반되는 것입니다. 마음을 열수록 거기에는 기쁨과 고통이 같이 있습니다. 사랑하지 않는다면 아프지 않겠지만, 그러나 사랑한다면 거기에는 고통과 슬픔이 있습니다.

나는 정에 대하여 민감했기 때문에 사람들로 인하여 많은 아픔을 겪었습니다. 그것은 상대방들에게 문제가 있는 것이 아니라 내가 그러한 기질이었기 때문입니다.
젊은 시절에 나는 그리스도인들이 쉽게 사랑하고 쉽게 미워하며 믿지 않는 이들에 비해서 관계들이 쉽게 깨어진다는 것에 대하여 잘 준비되지 않았었습니다.
오랫동안 사랑하다가도 순식간에 그리고 아주 사소한 문제들로 원수가 되는 것이 오늘날 그리스도인들이 흔히 가지는 인간관계라는 것에 대하여 나는 익숙하지 않았습니다.

아픔으로 인하여, 그리움으로 인하여 나는 많은 세월, 많은 밤들을 눈물로 보냈습니다. 나는 사랑이란 고통스러운 것이라는 것을 알게 되었습니다. 그리고 심장이 찢기는 것 같은 느낌을 오래 가지고 있었습니다.

아마 비슷한 일을 겪었어도 다른 사람들에게는 별로 문제가 되지 않았을지 모릅니다. 그것은 나의 기질과 관계된 것이었습니다.

친구 목사가 언젠가 이런 이야기를 했습니다.
"얼마 전에 한 성도가 우리 교회를 떠나갔는데.. 아.. 그것 정말.. 실연당한 것과 똑같더라. 어찌나 가슴이 미어지는지.. 한 동안 밥도 못 먹었어."
이 친구는 사람들에게 그리 정을 주는 친구도 아니었는데 그런 이야기를 했습니다. 아마 사역자라면 그 말이 무엇을 의미하는지 알 것입니다.

가슴이 미어지고 에이는 것 같고 텅 빈 것 같은 느낌.. 손에 아무 일도 잡히지 않고 잠도 오지 않고 하루 종일 멍한 느낌.. 그것은 정말 실연을 당했을 때의 느낌과 흡사합니다.

그녀의 부인인 사모에게서도 언젠가 이런 이야기를 들은 적이 있었습니다.
"참 신기해요. 어떤 집사님이 교회를 떠났는데.. 그녀와 별로 친하게 지내지도 않았는데.. 그런데 이상하게 며칠 동안 꼼짝도 못하고 누워서 앓았어요. 이상하게도 그녀와 나와 보이지 않는 어떤 끈이 있었나 봐요."
그녀는 이어서 이런 이야기를 했습니다.
"나는 부목사 사모일 때는 이런 것을 도무지 이해를 못 했어요. 그래서 담임 목사님과 사모님이 왜 그리 경직되어 있는지.. 가까이 다가가기가 어려운지.. 정을 잘

안 주시는지 잘 몰랐어요. 그런데 이제 좀 이해가 갈 것 같아요. 그분도 상처받기가 싫어서 마음을 열지 않고 있는 것 같아요. 그리고 저도 시간이 지나면서 점점 더 그렇게 굳어져 가는 것 같아요."

평신도라면 이런 이야기를 이해하기 어려울 것입니다. 그것은 자녀가 부모의 마음을 모르는 것과 같습니다. 그들이 직접 자녀를 키워보기 전까지는 부모가 어떠한 것인지 알 수 없는 자녀의 마음과 똑 같은 것입니다.
아내는 어느 날 사랑의 고백으로 가득하던 이들이 다 사라져 버린 교회의 공간에서 이렇게 울면서 기도했습니다.
"주님.. 모두가 다 떠나도.. 주님. 당신은 떠나지 않으시지요. 감사합니다. 감사합니다. 감사합니다.."
그녀는 어린 아이들의 손을 잡으며 울었습니다.
"가족이란 참 좋은 것이구나. 우리들은 계속 같이 살겠지?"
나는 울고 있는 그녀의 등을 조용히 두드리며 위로해주었습니다.

사람들과 헤어지고 나면 보고 싶은 마음은 나도 마찬가지였습니다.
밤에 잠을 자다 깨어 일어나 나는 문득 문득 그리움에 사로잡히곤 했습니다.
욕하고 떠나간 모든 이들이.. 보고 싶었습니다.
나를 보고 아빠.. 아빠.. 하고 울고 부르던 이들이 모두가 다 그리웠습니다.
그들은 어디에 있을까.. 무엇을 하고 있을까. 나는 더 이상 그들의 손을 잡아볼 수 없을까.. 생각하며 나는 눈물을 흘리곤 했습니다.
죽음으로 헤어진 사람은 언젠가 다시 만날 수 있지만 관계가 깨어진 그리스도인들은 아주 가까운 곳에 살아도 한번 마음이 상하면 다시는 만날 수 없었습니다.
그것이 오늘날 그리스도인들의 모습이었습니다.

어떤 자매가 눈물로 편지를 보냈습니다. 이렇게 어려울 때 떠나서 죄송하다고.. 나는 전화로 그녀를 위로해주었습니다.
괜찮다. 얘야.. 네가 어디로 가든지.. 너만 행복하다면.. 그것이 내 기쁨이란다.. 너와 같이 지냈던 시간들을 평생 기억할거야.. 주님이 너를 축복할 것이다..
그녀는 마음이 평안해졌다고 아주 기뻐했습니다. 전화를 마친 후에 나는 밤을 새워 울었습니다.

나는 주님께서 사람들을 사랑하셨지만 그들에게 자신을 의탁하지 않았다는 메시지를 느끼기 시작했습니다. 그것이 주님의 사랑법이었습니다.
주님은 사람들의 모든 것을 다 아시는 고로 그들에게 자신을 의탁하지 않으셨습니다. 그리고 아무런 기대 없이 그저 온전히 자신을 주시고 사랑하셨습니다.
베드로가 고백했습니다.
주님.. 주님을 위해서라면 제 목숨도 아깝지 않습니다. 감옥에 가든지, 그 무엇이라도 저는 좋습니다..
주님은 웃으셨습니다. 주님은 아직 그가 너무 어리고 준비되지 않은 것을 아셨습니다. 그러나 주님은 그를 사랑하셨습니다.

지금도 나는 여전히 많은 이들에게 찬사와 칭찬을 듣습니다. 나에 대한 존경과 감사를 표하는 많은 이들의 이야기를 듣습니다. 나의 글과 사역으로 인하여 자신의 삶과 가정이 변화되었다는 많은 고백을 듣습니다.
나는 그들의 삶에 주님께서 은총과 변화를 주신 것에 감사합니다. 그러나 이제 나는 그러한 고백으로 인하여 그다지 기뻐하지 않습니다. 감사하기는 하지만 내게 있어서 그것은 그저 조용히 귀에 스쳐 가는 이야기에 불과할 뿐입니다.
나는 기대하지 않는 사랑에 대하여 배웠기 때문입니다.

여전히 나는 사람들을 좋아합니다.
그리고 사랑합니다.
상하고 망가진 이들에게
할 수 있는 한 부드럽게
주님은 당신을 용서하셨다고..
당신을 그리워하신다고..
이제 당신은 일어나게 될 것이라고
눈물로 이야기하는 것을 좋아합니다.
그리고 상대방들이 통곡의 바다에 잠기는 것을 보면서
나도 같이 울면서 여전히 나는 행복하고 행복합니다.

여전히 나는 그리움에 잠겨있고
사람들과의 만남을 즐거워하지만
이제 내 몸은 그리 자유롭지 않습니다.
한동안 독자들의 전화와 메일의 홍수 속에 살았지만
하루 종일 아무 일도 할 수가 없어서
지금은 전화도 메일도 중단된 상태입니다.
나는 이제 거의 기도와 묵상과 글쓰기 외에는
아무 것도 하기 어렵습니다.
강의 요청, 집회의 초청과 상담의 요청들이 많지만 이제는 거의 응하지 못하고
있습니다. 상담을 거절하면 화를 내는 분들도 많지만 어쩔 수 없는 일입니다.
이제는 많은 것들을 감당하기 어렵습니다. 이제는 많은 교제보다 기도와 안식과
묵상과 글쓰기에 더 들어가야 합니다.

나는 여러 아픔들을 통해서 순결한 사랑에 대하여 배운 것이 너무나 감사합니다.
우리를 위하여 아무 것도 요구하지 않으시고 마지막 피 한 방울까지 흘리시면서
우리를 사랑하시던 주님의 모습.. 수없이 주를 배반하고 욕하고 주님의 가슴을
찢지만.. 그래도 조용히 미소지으시면서 '괜찮다.. 애야.' 하고 말씀하시는 주
님의 모습.. 그 주님의 사랑에 대하여 배우게 된 것이 너무나 감사할 뿐입니다.

살아있는 동안 좀 더 순수하고 아름다운 사랑을 향하여 나아가야 하겠지요.
아무 것도 요구하지 않고 주는 것으로 기뻐하는 사랑.. 목숨까지 모든 것을 즐거
움으로 주면서 나아가는 것.. 그것에 대하여 배워가야 하겠지요.
사랑이란 우리가 어떠한 희생을 치르고라도 배워야 할 가치가 있는 너무나도 아
름답고 존귀한 것입니다.
그 사랑이 바로 주님의 마음이기에 그리고 천국이기에
우리는 모두 그 사랑을 향하여 아름다움과 순결함을 향하여
더 가까이 나아가야 할 것입니다.
우리를 향한 끝없는 희생과 용서와 사랑을 주시는
주님 앞에 경배와 감사를 드립니다.
예수님.. 사랑합니다...
그리고.. 너무나.. 감사합니다..

2002. 11. 10

5. 고요함과 임재와 행복

모두가 잠이 들어있는 고요한 새벽
나는 조용히 자리에서 일어나 앉습니다.
그리고 주님을 생각하며
주의 이름을 부릅니다.

곧 주님의 아름답고 달콤한 임재가
주위를 감싸는 것을 느끼게 됩니다.
차츰 그 임재는 깊고 강력해지고
내 방에서 더 이상 감당하기 어려워
나는 지하실로 내려갑니다.

지하실에는 나의 서재가 있습니다.
그곳은 나의 기도의 장소입니다.
바깥은 몹시 춥지만
지하는 아주 포근합니다.
조용히 나의 서재방문을 여는 순간
주님의 부드럽고 포근한 임재와 영광이
더욱 더 충만하게 느껴집니다.

나는 조용히 내가 좋아하는 작은 소파에 앉습니다.
그리고 주님의 임재와 고요함을 즐깁니다.
고요함..
나는 고요함을 너무나 좋아합니다.
고요함은 주님의 임재를 아주 가깝게 가져다줍니다.
고요함 속에서는
특별하게 기도하지 않아도
주님의 임재와 사랑이 선명하게 나타나게 됩니다.

서재는 특별하게 구별된 곳입니다.
나의 방에서는 기도 외에도
많은 말과 활동이 있기 때문에
어떤 것들은 주님을 아프게 할지도 모릅니다.

그러나 이 곳 서재는 그저 고요하고 구별된 곳입니다.
여기서는 그저 기도와 주님과의 교제가 있을 뿐입니다.
그래서 이곳은 단순히
그저 들어와 앉아있는 것만으로
주님의 임재에 사로잡히게 됩니다.

나는 의자에서 조용히 기도합니다.
주님의 부드러운 임재가 너무 가깝기 때문에
나는 큰 소리를 낼 필요성을 느끼지 않습니다.

나는 아주 작은 소리로
조용히 주를 부릅니다.
나의 하나님..
나의 하나님..
나의 하나님...

나의 가슴이 설레면서 감미로운 쿵쾅거림이 시작되고
눈에서는 눈물이 흐르기 시작합니다.
나는 무엇을 어찌 기도해야 할지 모릅니다.
나는 그저 주님 앞에서 가만히 있을 뿐입니다.

대부분의 나의 기도는
그저 주를 부르는 것입니다.
나의 하나님.. 나의 주님..
그저 그렇게 조용히 흐르는 눈물 속에서
주의 이름을 부릅니다.
가끔 어떤 구체적인 기도 제목을 가지고
주님께 나아가는 적도 있지만
대부분 나는 구체적인 기도를 하는데 어려움을 느낍니다.

나는 단순히 주님 앞에 있으며
그분께서 나의 삶과 모든 이들과
온 세상을 주관하고 계심을 인식합니다.
그리고 감사와 사랑을 드릴뿐입니다.

나는 그저 단순히 그의 임재를 즐깁니다.
그저 주님 앞에서
그의 거룩하심 앞에서 경배를 드리고 싶고
그의 은혜와 사랑의 감동으로 인하여
한없이 울고 싶을 뿐입니다.

이윽고 시간이 흐르고
나는 조용히 자리에서 일어납니다.
나는 내 방으로 가야 합니다.
서재에는 더 많은 주님의 영광이 채워져
떠나는 것이 아쉽습니다.
그러나 오늘 나에게 주어진 일을 해야 하고
기도하면서 깨달은 많은 것들을
내 방에 올라가 기록해야 합니다.

나는 행복감으로 가득해서 내 방으로 옵니다.
오늘은 참 즐거운 하루가 될 것 같습니다.
그리고 다시 선명하게 깨닫습니다.
그것은
이 세상에 많은 기쁨과 행복이 있어도
주님과 같이 있는 것..
기도와 교제의 영광과 행복과 비교할 수 있는 것은
결코 존재하지 않는다는 것입니다.

기도는 행복입니다.
기도는 천국입니다.
우리가 이 세계에 대하여 알게 되면
이 영광의 교제와 달콤함에 대해서 알게 된다면
우리는 더 이상 다른 것에 굶주리지 않게 될 것입니다.
그 어떤 것과도 이 영광의 기쁨과
바꾸려고 하지 않을 것입니다.
그저 한없이 한없이..
더 깊은 주의 은총과 임재 속에 잠기기 원하는
그 한 가지 열망만을 갖게 될 것입니다.

2003. 1. 4

6. 우리를 치유하는 고향

며칠 전 예원이가 학교에서 아파서 조퇴를 했습니다. 아내가 전화를 받더니 말하기를 예원이가 방금 울먹이면서 전화를 했는데 몸이 아파서 학교에서 조퇴를 하고 집으로 오는 중이라고 합니다.
우리는 걱정이 되어서 기다렸는데 바로 예원이가 들어왔습니다. 몸살이 났는지 눈이 풀려있고 힘이 하나도 없는 모습입니다.
아픈 아이의 모습을 보면 정말 참 측은하지요.
아마 갑자기 추워진 날씨에 적응이 안 된 모양이었습니다.

예원이는 집에 오자마자 내 품으로 기어 들어왔습니다.
아플 때는 아빠 옆에서 누워있는 것이 가장 쉬운 치유책이지요. 모든 딸들은 아플 때는 아빠 옆에서 누워 자면 낫게 되어있습니다. 사랑은 모든 것을 치유하니까요.
예원이의 손을 만져보니 아주 차가왔습니다.
예원이는 힘없는 목소리로 "아빠 손이 참 따뜻하네.." 하고 말합니다.
나는 대답합니다.
"예원아.. 아빠의 손도 따뜻하지만 아빠 가슴은 더 따뜻하단다.."
예원이는 하지만 자기 손을 아빠 가슴에 넣으면 손이 너무 차가워서 아빠가 소스라치게 놀랄 것 같다고 합니다.
나는 괜찮다고 하고 딸의 손을 내 가슴에 집어넣습니다. 그리고 가슴으로 따뜻하게 덥히기 시작합니다.
예원이는 묻습니다.
"아빠.. 안 차가와?"
나는 대답하지요.
"예원아. 딸의 손이 아무리 얼음장같아도 아빠는 그걸 못 느낀단다. 사랑에는 고통의 감각이 없거든.."

예원이와 같이 눈을 감고 누워서 그렇게 노닥거리고 있는데 아내가 놀랍니다.
"애구. 정말 누가 부녀지간 아니랄까봐 눈감고 누운 모습이 완전히 복사판이네."
합니다.
예원이가 어렸을 때 언젠가 아내는 예원이와 아빠는 별로 닮지 않은 것 같다고 생각한 적이 있었는데 한 번은 둘이서 같이 자는 모습을 보았다고 합니다. 그런데 눈을 감은 모습을 보니 속눈썹이 긴 것이나 자는 모습이 완전히 똑같았다고 합니다.
그래서 아내는 말하곤 했습니다.
"당신하고 예원이.. 눈뜨고 있으면 잘 모르겠는데.. 자는 것을 보면 둘이 똑같아요."라고요.

예원이는 어느덧 잠이 드는 것 같았습니다.
나는 그런 생각을 했습니다.
왜 애들은 아빠의 품을 좋아할까? 아빠에게 안겨 있으면 안정이 될까?
아이들이 어릴 때 가끔 묻곤 했지요.
"엄마, 아빠.. 우리들은 어디에서 왔어요?"
"엄마는 어떻게 우리를 낳았어요?"

우리는 비교적 정확하게 알려주는 편입니다.
"음.. 있잖아.. 아빠가 너희들의 씨를 가지고 있었어.. 그런데 엄마에게 주었지.. 여보. 여기 씨를 줄 테니까.. 예쁜 애기를 만들어 주세요.. 그래서 엄마가 아홉 달 동안 가지고 있다가 낳은 거야.."
그러자 아이들은 말합니다.
"와! 그러면 아빠가 우리의 고향이구나.. 와..우리 고향.."
그러면서 나에게 달라붙습니다.

아이들은 정말 아빠에게서 고향을 느끼는 것일까요?
그런 생각을 하면서 나도 주님을 바라보았습니다.
그래.. 아빠가 아이들의 고향이라면 천국은 나의 고향이고 주님도 나의 고향이지. 그래서 내가 주를 부르고 주님께 안길 때에 행복감과 안정감이 오는 것이 아닐까..
나는 그런 생각에 잠겨서 예원이를 안고 있는 채로 마음속으로 주를 부르기 시작했습니다. 예원이를 잠깐 재우고 일어나려고 했는데 그러다가 나도 같이 잠이 들고 말았습니다.
나는 한참이 지난 후에 잠에서 깨어 일어났습니다.
아직 예원이는 잠을 자고 있었습니다.
잠이 깨자 심령이 몹시 행복하고 달콤했습니다. 마치 내가 꿈속에서 천국에 다녀온 것 같았습니다.

나는 생각했습니다.
아.. 나는 주의 이름을 부르다가 잤지.. 그러니까 천국에 다녀온 거야.. 주님은 우리의 고향이니까..

예원이 덕분에 천국의 고향에 다녀온 것 같았습니다.
나는 마음이 상쾌해졌습니다.
즐거운 마음으로 나는 잠자는 예원이를 떠나 내 방으로 왔습니다.

* 예원이는 몇 시간 동안 잠이 들어 있다가 쌩쌩하게 나아서 깨었습니다. 고향은 항상 모든 것을 생생하게 하니까요.
고향.. 아빠.. 가족.. 주님.. 푹 자는 것.. 그것들은 모두 다 우리를 따뜻하게 하고 회복시켜주는 아름다운 요소들인 것 같습니다.

2002. 10. 29

7. 오늘을 재미있게 사는 행복

요즘 들어 집회를 요청하는 전화가 부쩍 늘었습니다.
집회 초청도 많고 집회를 언제 하느냐는 문의도 많습니다.
미국에서 집회를 부탁하기도 하는데 한 시간 거리도 잘 못 가는 내가 그 먼 곳까지 가는 것은 엄두도 내지 못합니다.
나는 돌아다니는 것을 잘 못합니다. 체력도 약하거니와 나의 주 사역이 움직이고 집회를 하는 것보다는 조용히 있으면서 글쓰기와 묵상에 몰두하는 것이라고 생각하기 때문입니다.
동물은 가만히 있으면 병들고 죽게 되며 움직이면서 살아야 하지만 식물은 가만히 그 자리에 있는 것이 존재하는 방식이며 자주 움직이게 되면 뿌리가 상하여 죽게 됩니다. 나는 동물처럼 활발하게 움직이면서 사역을 하는 사명보다는 식물적인 사명을 받았다고 느끼는 편입니다. 그것은 어느 쪽이 좋은 것이 아니라 각자의 사명을 받은 대로 해야할 것입니다.

호의를 가진 독자들 중에서는 내게 휴식을 할 수 있도록 초청을 하시는 분들도 있습니다. 지방에서 한두 달 콘도나 호텔을 잡아주겠다는 이도 있고 미국에서 한 달 정도 쉬었다 가시라고 왕복 항공료와 호텔 비용을 제공하겠다는 분도 있었습니다. 하지만 여행은 내게 있어서 휴식이 아니고 스트레스입니다. 나는 그저 가만히 있는 것이 행복이고 휴식이기 때문입니다.

집회를 초청하는 이들 중에서 어떤 이들은 일 년치 집회 계획서를 보내달라는 요청을 하기도 합니다. 아내로부터 그 이야기를 전해 듣고 나는 한참 웃었습니다.
나는 내일에 대한 계획도 없는 사람입니다. 그런 내게 일 년의 계획표를 달라니 그냥 웃음이 나는 것입니다.
미래의 삶을 치밀하게 계획하고 그러한 계획을 따라 살아가는 삶.. 그것은 효율적일지도 모릅니다. 하지만 나는 그런 삶을 싫어합니다.
나는 항상 계획표에 따라 움직이는 그런 기계적인 삶이 싫습니다.
나에게 그것은 너무나 재미가 없는 삶입니다.

그런 삶이 잘못이라는 것은 아닙니다. 그렇게 사는 것이 편리하고 좋은 분들도 있을 것입니다. 다만 나에게는 그러한 삶이 재미가 없다는 것입니다.
내일의 계획을 싫어하는 이유는 이렇습니다.
미리 내일의 약속을 하게 되면
오늘 하루는 내일을 준비하며 내일을 위한 살을 살아야 합니다.
다음 주의 약속을 하게 되면 한 주일 동안 다음 주의 약속을 생각해야 되지요.
그러니 오늘은 없어지고 항상 내일, 다음 주.. 그렇게 미래를 살아야 합니다.
나는 그저 오늘을 살고 싶을 뿐입니다.
내일 때문에, 다음 주 때문에 오늘을 잃어버리고 싶지 않습니다.
그렇게 계획적인 것이 이 시대의 익숙한 문화이며 문명 시대의 한 특성일지 모르지만 그러나 그것은 바쁘고 피곤하며 매이고 지치는 삶입니다.
주님은 내일 일을 염려하지 말라고 하셨지요.
그런데 일 년을 계획하고 그렇게 일 년을 잃어버리라는 것.. 그것은 나에게 있어서 너무나 끔찍한 일입니다.

나는 아무런 계획도 없이 날마다 그 날 그 날 주님의 인도를 받고 주를 붙잡고 싶습니다. 일과 계획을 붙잡고 싶지는 않습니다. 그저 날마다 말씀하시는 주님의 음성에 민감하고 싶을 뿐입니다.
일 년치의 설교계획을 미리 세우시는 분들도 있다고 들었습니다.
하지만 그렇게 하면 아주 재미있고 즐거운 설교가 지겨운 일로 바뀌게 되지는 않을까요? 물론 그 쪽이 더 재미있고 행복한 사람들도 분명히 있을 것입니다. 모든 사람은 자신의 부르심을 따라야 하겠지요.

나는 썬다싱을 참 좋아합니다. 그의 집회를 인도하는 방식도 참 좋아하지요.
그는 집회의 초청을 받으면 미리 메시지를 준비하지 않고 항상 집회를 하기 직전에 무릎을 꿇고 엎드려서 전해야할 메시지를 받았다고 합니다.
나도 그러한 방식을 좋아하며 그렇게 하는 편입니다. 그것은 아주 쉽고 재미있는 방법이었습니다.
미리 무엇을 준비하고 말할 것을 준비하고 나면 시간이 지나면 그 감동과 느낌을 잃어버리게 됩니다. 아마 나중에는 감동이 없이 무미건조하게 암기한 내용을 말하거나 원고를 읽게 될 지도 모르지요. 그러니 미리 무엇을 말할지 계획하고 사는 것이 나에게는 참으로 재미없게 느껴지는 것입니다.

나는 지금 내가 제일 좋아하는 일을 하고 있습니다.
그리고 내일이 되면 다시 내일 가장 하고 싶은 일을 할 것입니다.
그리고 그것으로 나는 행복합니다.
부담과 의무감으로 지금 이 순간을 희생하고 싶지는 않습니다.
어쩌면 내일은 존재하지 않는 날인지도 모르지요.
존재하는 것은 현재, 지금 뿐인데

오지도 않은, 있지도 않는 미래를 위해서
사람들은 너무나 많은 희생들을 하고 있는지도 모릅니다.
지금은 하기 싫은 것을 하더라도
언젠가는 내가 하고 싶은 것을 해야지..
하는 분들도 있을 것입니다.
하지만 그 때가 되면 아마
자신이 하고 싶은 것이 무엇이었는지
기억이 안 날지도 모릅니다.

지금 이 순간에
내가 하고 싶은 일을 하기 때문에
나는 행복합니다.
주님을 부르고
글을 쓰고
주님이 주시는 감동으로 오늘을 재미있게 보내고
그러다가 심심하면
아이들과 장난치고..
나는 아주 재밌고 편안한 지금을 누리고 있습니다.

집회 일정을 물어보시는 분들께
나는 대답하고 싶습니다.
제가 앞으로 무슨 집회를 하고 어떻게 할지..
그걸 제가 어떻게 알겠습니까..
언제 하게 될지..

언제 하고 싶을지..
그건 나도 모른다구요..
앞으로도 나는
일 년치 계획 같은 것은
세울 일이 없을 것입니다.
그냥 아침에 눈을 뜨면
주님께 물어보겠지요..
주님.. 오늘 뭐 하면서 놀지요?

그저 그렇게..
그렇게 살고 싶군요.
그것으로 충분히
재미있고 행복하기 때문입니다.

2003. 1. 26

8. 꿈속의 은총을 나누기

아침에 잠이 깨어 아내에게로 가니 아내가 좋은 꿈을 꾸었다고 신이 나서 이야기를 해줍니다. 마귀를 초토화시키는 꿈을 꾸었다는 것입니다.
이야기를 들어보니 마귀들에게 엄청난 화력으로 폭격을 당했는데 멀쩡하게 살아남아서 그들을 물리치는 내용의 꿈이라고 합니다.

나는 그녀에게 말합니다.
"그게 무슨 마귀를 초토화시키는 꿈이야?
마귀들에게 폭격을 당했다며? 그럼 마귀들에게 초토화를 당한 거잖아.."
아내는 아니라고, 그들의 무서운 공격을 받았지만 끄떡 않고 살아남아서 그들은 모두 두려워하고 도망가는 꿈이라고.. 이긴 것이라고 좋아합니다.
상상할 수도 없는 아주 강력한 폭탄, 화력이 내가 있는 장소에 쏟아졌다고 합니다. 그 곳은 아주 잿더미가 되었다고 하는군요.
그래서 모든 사람들은 내가 죽은 것으로 알고 슬퍼하고 울고 있었다고 합니다.
그런데 한참의 시간이 흐른 후 그 잿더미 속에서 한 사람이 천천히 일어나더라는 것입니다.
그러더니 그가 천천히 이쪽으로 걸어서 나왔는데.. 그것이 바로 나였다고 합니다. 그래서 기다리던 모든 사람들이 우와! 하면서 환호성을 지르고 공격자들은 도망하고.. 그랬답니다.
그러면서 말합니다.

"봐.. 감동적이잖아.."
나는 웃었습니다.

나도 요즘 밤마다 잠이 들기 전에 마귀를 부수는 기도를 합니다.
꿈이란 영의 세계가 펼쳐지는 실제적인 세계입니다. 평소에 의식이 깨어있을 때는 물질계만을 인식하기 때문에 영의 세계를 보지는 못하고 그냥 감각으로 느끼기만 하는 것을 꿈에서는 실제로 그림으로 보게 되는 것입니다.
그렇기 때문에 마귀를 대적하고 부수는 기도를 하고 나면 꿈속에서 마귀들이 박살이 나고 무너지는 꿈을 많이 꾸게 됩니다. 영계에서 일어나고 있는 일을 의식이 잠을 자고 있는 사이에 영이 깨어나서 활동함으로 보고 듣게 되는 것입니다. 뇌와 의식이 활발하게 움직이면 영이 잠을 자고 뇌와 의식이 고요해지면 영이 활동하기 시작하는 것은 영성의 중요한 원리입니다.

아무튼 나도 요즘 영적 전쟁에 대한 꿈을 많이 꾸는데 아내도 같이 있다 보니 비슷한 꿈을 꾼 모양입니다.
신이 나서 즐거워하는 아내에게 나도 꿈 이야기를 해주었습니다.
지난밤에도 그러한 비슷한 종류의 여러 가지 꿈을 꾸었는데 그 중에서 두 가지를 이야기해주었습니다.

아내에게 이야기를 해준 것 중에 하나의 꿈은 이렇습니다.
꿈속에서 나는 계속적으로 장례식에 참석하고 있었습니다. 그래서 장례식에 참여한 사람들에게 몇 가지 메시지를 전하게 되었습니다.
장례식을 마친 후 나는 10-20여명의 사람들과 같이 식당에 가서 식사를 하게 되었습니다.

모인 사람들은 청년들이 몇 명 있었고 장로님들, 권사님들, 집사님들도 있었습니다. 꿈에서는 다들 잘 아는 사이였지만 깨어난 후에 한 사람 한 사람의 모습이나 표정을 다시 기억해보면 아무리 해도 지금 아는 얼굴들은 아닙니다.
아무튼 내가 있는 곳에는 항상 그렇듯이 사람들이 내게 여러 가지 신앙과 영성에 대한 질문들을 하고 내가 대답하고.. 그러한 분위기가 되었습니다.
그러다가 짧은 메시지를 전하게 되었습니다.
내가 꿈에서 전한 그대로의 내용을 토씨 하나도 바꾸지 않고 소개한다면 다음과 같은 내용입니다.

"요즘.. 장례식에 많이 참석하게 되는군요.
그래서 그런지 이런 생각을 하게 되었습니다.
장례식에 참석한 사람들의 얼굴, 모습이나 표정을 잘 관찰해보면 대체로 두 부류로 나뉜다는 것입니다.
한 부류의 사람들은 그저 무덤덤한 사람들입니다. 엄숙하고 슬퍼 보이기는 하지만 별로 표정이 없는 사람들이지요. 그리고 다른 부류의 사람들은 눈물과 슬픔을 참지 못하고 문자 그대로 그리움과 절망에 사로잡혀 있는 그러한 사람들이 있다는 것입니다.
그들은 언제 이 헤어진 사람들을 다시 만날 수 있을까 하는 그리움으로 이 세상의 삶조차 별로 의미가 없어진 것 같이 보이는 사람들이었습니다.

나는 그 두 부류의 차이는 어디에서 나오는 것일까 하는 생각을 해보았습니다.
그것은 아마 그들과 고인이 가지고 있는 관계의 차이일 것입니다.
전 부류의 사람들은 아마 그들의 관계가 형식적인 관계, 단순히 가까운 곳에서 자주 접하는 관계이거나 필요에 의해서 알게 된 관계일 것이고 후자에 속한 사람들은 아마 그러한 형식적인 관계가 아닌, 진정으로 서로 사랑하는 관계를 가지고 있었던 사람들이었을 것입니다.

육체적으로, 혈연적으로, 물리적으로는 아주 가까운 사이라고 하더라도 그들이 진정으로 서로 사랑하며 마음을 주고받지 않았던 사이라면 그러한 헤어짐은 그리 큰 고통은 아닐 것입니다. 다만 의례상 가지 않을 수 없으니까 참석을 하게 되고, 또 다소의 슬픔과 아쉬움은 있겠지만 그것은 점차로 사라지고 흐려져서 기억 속에서 사라져 가겠지요.
그러나 고인의 존재가 나의 삶에서 이 사람이 없이 산다는 것은 결코 상상할 수도 없는.. 그러한 사랑의 관계, 만남이었다면.. 그러한 헤어짐은 얼마나 슬픈 것이겠습니까. 그것은 정말로 아프고 괴롭고 절망스러운 이별일 것입니다.."

나는 이때쯤 해서는 몹시 격정이 되어서 숨이 거칠어지고 눈물이 흘러내려서 말을 하는 것이 아주 힘이 들었습니다.
한 마디씩.. 간신히 천천히 해나갔지요..
나는 말을 이어갔습니다.
"내가 그 장례식에서 본 두 부류의 사람들, 두 종류의 관계를 보면서 생각한 것은 바로 이것이었습니다.
우리와 주님과의 만남.. 거기에서도 두 종류의 사람들이 있습니다.
즉 어떤 이들은 찬양을 하고 기도를 드리고 예배를 드리면서도 그저 무표정합니다. 별 감격도 없지요. 그저 자기의 기분에 따라 취향에 따라 찬양을 드릴뿐입니다.
그러나 이와는 다른 종류의 사람들이 있습니다.
그들은 다르지요.

그들은 예수의 소리만 들어도 숨이 차기 시작합니다.
그들은 기도를 하려고만 하면..
찬양을 하려고만 하면..
가슴이 뛰기 시작합니다.
눈물이 흐르기 시작하고
감격이 넘치기 시작합니다.
그것은 어떤 이유일까요?
그것은 우리같이 악하고 더러운 사람들이
주님의 사랑을 경험하고
주님의 용서를 경험하고
주님의 만지심을 경험하고
그 영광의 세계를 알게 되어서
이제 더 이상 주님이 없는 삶은 생각할 수도,
상상할 수도.. 없는 그러한 사람이 되었기 때문입니다.."

이때쯤에서 나는 통곡을 하고 있었습니다.
그리고 모든 이들이 식탁 앞에서 목을 놓고 울고 있었습니다.
아무도 음식을 먹을 생각을 하지 않았습니다.
모든 사람들이 그저 '주님.. 주님..' 하면서 눈물을 흘리고 있었습니다.
식당 안에 있는 이들이 모두 놀라서 바라보고 있었습니다.
그들은 우리가 도대체 무슨 이야기를 하기에 저렇게 울고 사로잡혀 있을까.. 하는 표정이었습니다.
그 식당 안에 거룩한 정적이 있었습니다.
그것은 마치 부흥회 같았고 우리는 모두 예배당에 모여 있는 것 같았습니다.

우리는 모두 주님을 이야기하고 높이고 사랑을 고백하는 그곳은 바로 천국이라는 것을 실감하고 있었습니다.

나는 그렇게 계속 흐느끼면서 한 마디씩 천천히 이야기를 계속하다가 잠이 깨었습니다. 그것은 너무나 선명한 꿈이었습니다.
식당의 모습, 사람들의 표정.. 너무나 생생해서 전혀 꿈같지 않았습니다.
꿈에서 깨어보니 나는 여전히 흐느끼고 있었습니다.
깨어서도 여전히 하나님의 거룩한 임재와 거룩한 정적이 방안에 가득한 것을 느꼈습니다.
나는 너무도 달콤한 그 사랑의 임재 속에서 일어나기 싫었습니다.
그 꿈 때문에 오늘 하루가 더 행복하게 느껴졌습니다.

우리는 이렇게 서로의 꿈을 이야기하면서 즐거운 하루를 보내었습니다. 꿈속에서 느꼈던 행복함과 황홀함을 육체의 언어를 통해서 충분히 표현하는 것은 어려운 일이었습니다. 육체와 물질세계는 아마도 영계의 놀라운 은총과 영광을 누리고 경험하는 데에 충분하지 않을 것입니다. 꿈속에서는 아주 감동적이었던 장면도 막상 묘사를 하려면 막연한 측면이 있었습니다.
그러나 그럼에도 불구하고 거룩하고 영광스러운 꿈은 우리의 영을 신선하게 하고 풍성하게 하는 요소가 있었습니다.
꿈속에서 나타난 승리의 계시로 인하여, 주님의 은혜와 임재로 인하여 나는 몹시도 행복하게 하루를 시작할 수 있었습니다.

2003. 2. 2

9. 만남의 행복, 그리움의 행복

오래 전에 친구와 같이 어떤 시골교회에 놀러간 적이 있었습니다.
사람들이 참 순박하고 주님을 사랑하는 이들이었습니다.
목사님은 하루 24시간 내내 주님만 생각하시는 분이었고 성도들에게도 그렇게 살도록 가르치시는 분이었습니다.
그래서 성도들의 모습도 하나같이 비슷했습니다. 언제나 항상 삶의 모든 순간 속에서 주님을 붙들고 살며 무슨 말을 하든지 항상 주님에 대한 이야기만을 하는 분들이었지요. 성도들이 주님 이외의 다른 이야기를 하는 것은 들어보지 못했습니다.

성도들은 항상 조용하게 움직였으며 큰 소리로 말하는 사람도 없었습니다. 10-20명이 모여서 교제를 하는 시간에도 다들 조용히 침묵을 지킬 뿐이었고 말을 하는 사람은 거의 없었습니다. 그들은 모두가 서로 아무 말도 없었고 눈이 마주치면 부드럽게 미소를 지을 뿐이었습니다. 그러다가 인도자가 한 사람을 지목하면 모두가 침묵 속에서 그 사람을 주목하며 그러면 그 사람은 조용히 "주님의 사랑이 얼마나 감사한지.." 하고 조심스럽게 천천히 이야기를 시작하는 것이었습니다.

이 순수한 교회의 모습을 보고 나는 많이 놀랐습니다. 오늘날 현실의 교회에서 실제적으로 주님에 대한 가르침을 접한 적은 거의 없었기 때문입니다.
오늘날의 교회에서는 피상적인 성경의 해설이나 윤리적인 메시지나 여러 가지 세상적인 교훈들, 기도로 소원을 이루는 법이라든지.. 하는 내용을 흔히 듣지만 주님을 그리워하고 사모하고 추구하며 항상 그분을 붙잡고 살아야 한다는 내용은 거의 들을 수 없기 때문입니다. 가슴이 아프지만 그것이 현실 교회의 일반적인 모습이었습니다.

주님, 그분의 사랑과 따뜻함과 향기를 누리는 것.. 주님을 알고 교제하고 사랑에 빠지는 것.. 그런 이야기는 책에서는 보았지만 현실 교회에서는 들은 적이 없던 것입니다. 그렇기 때문에 교회에 충성하고 봉사하며 신앙 생활을 나름대로 열심히 하는 이들은 많이 보았지만 주님에 대해서 친구처럼, 연인처럼 가까이 느끼고 사모하며 갈망하는 이들을 거의 보지 못했던 것입니다.

그런데 이곳에서는 대부분의 사람들이 그렇게 주님을 갈망하고 있다니.. 그것은 정말 놀라운 일이었습니다. 나는 이것을 보고 사역자 한 사람의 역할이 얼마나 중요한 것인가를 선명하게 느낄 수 있었습니다.

나는 친구와 함께 저녁 예배를 참석한 후에 그 교회의 장로님 댁에서 하룻밤을 같이 자면서 즐겁고 행복한 교제를 나누었습니다. 장로님 댁에는 여러 자매들이 있어서 우리의 교제에 같이 즐거움을 나누었습니다.

밤이 새도록 주님의 사랑과 아름다우심에 대한 많은 이야기들을 나누었지요. 그렇게 하루 밤을 보내고 다음날에 헤어지게 되었습니다.

헤어지는데 교회의 많은 식구들이 배웅을 나왔습니다.

참으로 아쉬운 이별이었습니다. 불과 하루의 교제였지만 추구하고 목표하는 것이 같아서 그런지 헤어지는 발걸음이 떨어지지 않았습니다.

이 세상에서는 오랫동안 같이 만나고 아는 사이라고 해도 정말 마음을 나눌 수 있는 이들은 그리 많지 않습니다. 그렇기 때문에 많은 친구들이 있고 안면이 있는 사람들이 있어도 대부분의 사람들은 항상 고독하며 마음의 깊은 것을 나누고 싶을 때도 그것을 같이 나눌 사람은 별로 없는 것입니다. 그런데 이렇게 처음 만난 사람들이 하루만에 헤어지기가 싫고 가슴이 아프고 서운하다니.. 이것은 정말 놀라운 일이었습니다.

주님을 같이 사모하고 추구하며 그분을 언제나 영원히.. 모든 삶의 순간에 1분도, 1초도 놓치지 않고 살고 싶어하는 이들은 혈연을 초월해서 한 식구 이상의 일체감을 가지게 되는 것이었습니다.

이들 십 여명의 사람들은 우리가 역에 도착할 때까지 계속 따라왔습니다. 이제 그만 돌아가라고 해도 계속 걸어 나오는 그들 앞에서 나와 친구는 이별을 아쉬워하며 이중창으로 헤어지는 노래를 불렀습니다.

오늘밤이 지나가면 그대를 잊으랴
해와 달이 바뀌어도 그대를 잊으랴

이런 가사의 곡이었습니다. 찬송가 '천부여 의지 없어서..' 곡에 개사를 해서 이별의 곡으로 많이 불리는 노래입니다. 친구와 나는 화음이 잘 맞아서 같이 이중창의 노래를 많이 불렀었습니다. 이렇게 아쉽게 헤어지는 순간에 이 노래는 고요한 시골길에서 청아하게 울려 퍼지며 우리의 이별을 장식해주었습니다.

우리는 노래와 인사를 마치고 뒤를 돌아서 걸었습니다.
그들은 이제 걸음을 멈추고 손을 흔들어주었습니다.
우리는 한참을 걷다가 뒤를 돌아보았습니다.
그들은 아직도 손을 흔들고 있었습니다.
우리도 같이 손을 흔들었지요.
다시 한참을 가다가 뒤를 돌아보았습니다.
그들은 아직도 손을 흔들고 있었지요.

시골길이라 막히는 데가 없어서
멀리까지 걸어갔지만 여전히 그들이 보였습니다.
그래서 그들은 우리의 모습이 보일 때까지 계속 한없이 손을 흔들어대고 있었습니다. 이상하게 가슴이 뜨거워지고 눈물이 핑 돌았습니다. 나는 아직도 그날의 이별을 생각하면 가슴이 뜨겁고 훈훈해집니다.

이 세상에 많은 만남들이 있지만 그 어떤 만남보다도 같이 주님을 사모하고 추구하는 믿음의 가족들을 만나는 것은 가장 아름답고 황홀한 만남이며 축복입니다. 그것은 우리의 안에 영감과 기쁨과 행복과 그리움을 일으킵니다.
주님을 나누는 만남은 행복을 일으키고 헤어짐은 그리움을 일으킵니다.
만남도 행복이지만 다시 만날 것을 기대하고 기약하는 헤어짐도 또한 아름다운 행복이며 기쁨입니다.

내게는 지금 그러한 같은 목표를 가지고 주님을 추구하고 갈망하는 많은 영적인 가족들과의 교류가 있습니다. 그래서 나는 행복합니다. 같이 주님을 이야기하고 같이 감격하고 웃으며 우는 아름다운 교제들이 있습니다. 그래서 나는 행복합니다. 만나면 행복하고 헤어지면 다시 그리움 속에서 행복합니다.
주님은 진정 우리의 안에 참 행복과 만족을 주시는 분이십니다. 주님을 순결하게 사모하며 나눌 수 있는 사람들이 있다는 것.. 그러한 만남이 우리의 삶 속에 있다는 것.. 그것은 이 어둡고 험한 세상을 살아가는 우리들에게 얼마나 큰 위로와 기쁨이 되는지 모릅니다.
주님을 같이 나누는 만남과 헤어짐, 그리움과 사랑.. 그것은 주님께서 우리에게 허락하신 놀랍고 아름다운 선물입니다.

2003. 2. 7

10. 마음 속에 감추어진 사랑

삶에 있어서 참으로 행복한 일 중의 하나는 사랑하는 이들과 대화를 나누면서 마음을 나누고 교제하는 것입니다.
그렇기 때문에 나는 이야기를 하는 것을 몹시 즐깁니다. 가까운 사람들과, 가족들과 많은 이야기를 나눕니다. 사랑하는 딸 예원이와도 이런 저런 이야기, 세상 돌아가는 이야기, 장난스러운 이야기들을 많이 나누곤 하는데 그것은 나의 삶에 신선한 활력을 주곤 합니다.

며칠 전 눈썰매장에 갔다 온 뒤 몸살이 나서 집에서 꽁꽁거리며 누워있었는데 밖에서 아내가 쓰레기를 버리며 '에취!' 하고 재채기를 하는 소리를 들었습니다. 나는 그 소리를 듣고 '에구, 불쌍한 우리 아내.. 감기에 걸렸구나..' 하고 말을 했는데 옆에서 예원이가 그 말을 듣고 내게 물었습니다.
"아빠. 엄마가 불쌍해?"
나는 대답했지요.
"그럼. 불쌍하지.. 아빠랑 사는 것도 불쌍하고.. 그리고 감기에 걸렸는데도 열심히 일을 해야 하잖아. 아빠도 아파서 도와주지도 못하고.."

예원이는 고개를 갸우뚱하면서 말했습니다.
"근데, 조금 전에 들었는데.. 엄마는 아빠가 불쌍하다고 하던데? 아빠는 몸도 약한데.. 사람들이 아빠를 막 뜯어먹는다고.."

나는 웃었습니다.
"응.. 그래.. 엄마와 아빠는 서로 불쌍하게 생각하는 사이야."
예원이는 감동을 받았는지 조금 후에 엄마에게로 갔습니다.
안에서 들으니 예원이와 아내가 거실에서 이야기하는 소리가 들렸습니다.
예원 : 엄마.. 엄마가 조금 전에 아빠가 불쌍하다고 그랬잖아. 그런데 아빠도 엄마가 불쌍하대..
아내 : 응. 우리는 원래 그래..

예원 : 엄마. 나는 오빠하고 맨날 싸우잖아. 그런데 왜 엄마와 아빠는 안 싸워?
아내 : 예원아. 애들은 원래 맨날 싸우면서 크는 거야. 하지만 어른이 되면 더 이상 싸우지 않아. 너희들은 서로 편하려고 하고 자기만 위해달라고 싸우는 거잖아. 하지만 어른이 되면 서로를 위하려고 하기 때문에 싸울 일이 없단다.
예원 : 응. 나도 빨리 어른이 되었으면 좋겠다.

예원이는 학원에 갔다 오더니 다시 내 방으로 들어왔습니다.
그리고 진지하게 말했습니다.
"아빠.. 나는 아빠같이 내 맘속의 모든 이야기를 다 할 수 있는 사람이 있어서 참 좋아. 친구와 싸우고 속이 상했을 때 아빠한테는 그런 이야기를 다 할 수 있어서 좋아. 아빠는 항상 야단을 치지 않고 위로해주니까."

나도 대답합니다.
"원래 애들이 그렇게 크는데 야단칠 게 없지 뭐. 아빠도 그랬으니까.."
예원이는 다시 말합니다.
"근데. 아빠. 나는 고민이 있으면 아빠에게 오게 되는데, 배가 고플 때는 엄마한테 가게 돼. 엄마는 항상 먹을 것을 주거든. 많이 먹으라고 하고.."
나는 묻습니다.
"먹을 때는 아빠 생각은 안 나?"
예원이는 솔직하게 대답합니다.
"응. 아빠랑 같이 먹으면 아빠가 내가 먹는 것을 빼앗아 먹을 것 같애. 그래서 무서워.."
음.. 조금 찔리는군.
나는 예원이와 도란도란 이야기를 나누고 예원이는 내 옆에 누워서 열심히 나의 이야기를 듣습니다. 나는 그녀에게 사람의 마음에 대해서, 사랑에 대해서 이야기하는 것을 좋아합니다.

"어떤 한 소녀가 있었단다. 그런데 이 소녀의 아빠는 몸이 많이 아팠어요. 폐가 아주 나빴단다. 결핵이라는 병을 앓고 있었어.. 그래서 이 아빠는 항상 소녀와 떨어져서 병원에 입원해 있었단다..
소녀는 아빠가 참 보고 싶었어. 하지만 볼 수가 없었지. 아빠가 병원에서만 사셨으니까..
그런데 이 아빠의 병이 너무 심해져서 얼마 더 살 수 없게 되었단다. 그래서 엄마가 어느 날 이 소녀를 아빠에게로 데리고 갔어. 아빠는 딸을 너무나 보고 싶어하고 있었거든.. 엄마는 그것을 잘 알고 있었어..

아빠를 보러 간다는 말을 듣고 소녀는 너무나 기뻤단다. 그녀는 마음이 마구 설레었어. 어서 빨리 아빠에게 안기고 싶었거든.
그런데 소녀가 드디어 병원에 도착해서 아빠를 보게 되었는데 아빠는 이 소녀를 보자마자 막 화를 내면서 엄마에게 소리를 지르는 거야.

'왜 갑자기 말도 없이 얘를 데리고 왔소? 어서 빨리 데리고 나가요!' 하고.
그것을 보고 소녀는 너무나 충격을 받았지.
그래서 많이 울었어..
아빠는 나를 저렇게 싫어하는 구나.. 하고 너무 서러워서 울었어..

얼마 후 아빠는 병원에서 돌아가셨어.
소녀는 몹시 슬펐지만 그래도 아빠에게 받은 마음의 상처가 사라지지 않았어.
그리고 그 아빠의 목소리는 평생 소녀의 마음 속에서 떠나지 않았단다. '쟤를 빨리 데리고 나가요!' 라는.. 그 목소리가..

세월이 흘러서 소녀는 어른이 되었어.
그리고 결혼을 하고 귀여운 아들을 낳아서 엄마가 되었어.
하지만 그 소녀의 마음 속에는 여전히 아빠에 대한 슬픔이 있었어.
그런데 이 소녀가 어느 날 독감이 심하게 걸려서 며칠 동안 병원에 입원을 하게 되었어.
불과 며칠 동안이었지만.. 이 소녀는 너무나 어린 아들이 보고 싶었던 거야..
보고 싶어서 눈물이 날 것 같았지.
그런데 이제 하루, 이틀이면 퇴원을 할 텐데.. 갑자기 퇴근 후에 남편이 이야기도 안 하고 갑자기 아들을 병실에 데리고 온 거야.. 엄마가 너무나 어린 아들을 보고 싶어하는 것을 남편이 알고 그녀를 깜짝 놀라게 해주려고..

이 소녀는 아들을 본 그 순간 너무나 행복해서 눈물이 날 것만 같았어.
하지만 갑자기 어린 아들이 병에 대한 저항력도 약한데.. 이 독감이 아들에게 옮으면 어떡하나.. 하는 생각이 들면서 마구 걱정이 되고 화가 난 거야.

그래서 아들을 안아보지도 않고 남편에게 소리를 질렀어.
'여보, 빨리 애를 데리고 나가요!
나한테 이야기도 안 하고.
이렇게 병원에 애를 데리고 오면 어떡해요!' 라고..

놀란 남편은 미안하다고 말하고 얼른 병실을 나갔지.
그런데.. 그러고 나서
병실에 혼자 앉아있던 이 소녀는
갑자기 흐느껴 울기 시작했어..
갑자기..
눈물이 마구 흐르기 시작했지..
바로 그 순간 오래 전 병실에서의 아빠의 모습이 떠오르고
그 날 아빠의 마음이 어떤 것인지 그 때 비로소 알게 되었거든..
소녀의 아빠는
소녀가 결코 미웠던 것이 아니었어.
그 사랑하는
너무나 보고 싶은 자기에 딸에게
혹시라도 자기가 앓고 있는 나쁜 병이 옮을 까봐..
너무나 두려웠던 것이었거든..

이 소녀는 울었어..
그리고 아빠는 정말 자기를 사랑했던..
그런 좋은 아빠였다는 것을 알게 되었어..
그리고 평생 동안 가지고 있었던

아빠에 대한 상처가 마음 속에서 사라져 버렸던 거야..
사람들은 다른 사람들의 마음이
겉에는 잘 보이지 않기 때문에
많은 오해를 하고 미움도 상처도 많이 있지만
실상 사람의 마음을 알게 될 때
거기에는 보이지는 않지만 너무나 아름다운 사랑이 숨겨져 있는 것을
언젠가는 알게 되는 거야.."

이야기를 들으면서 예원이는 계속 흐느껴 울고 있었습니다.
계속 눈물을 흘리는 예원이를 나는 품에 꼬옥 안아주면서 다시 말했습니다.
"알겠니? 그것이 모든 부모들의 마음이란다. 자기는 어떻게 되더라도. 오직 자신의 아이들이 행복하고 즐겁게 살기를 바라는 마음.. 그것이 모든 부모들의 마음, 부모들의 사랑이란다.."

여전히 울고 있는 예원이를 안아주면서 나는 느꼈습니다.
사랑하는 가족,
사랑하는 딸과 함께
사랑이 무엇인가에 대하여
가르치고 나누는 것은
정말 주님이 허락하신
놀라운 축복이라는 것을 말입니다.

사랑은 아름다운 것입니다.
그리고 이 아름다운 사랑에 대해서 같이 나누고 이야기하는 것도

참 즐겁고 행복한 일입니다.
주님 때문에, 사랑 때문에
이 세상은 참으로 아름다운 것입니다.
우리 모두가 다 겉으로는 보이지 않는
이 사랑을 찾고 발견해 나가십시다.
여러분들.. 모두..
사랑합니다.

    2003. 1. 17

11. 기도처럼 행복한 것은 세상에 없다

며칠 동안 아이들이 놀러가느라고 집에 없었지요. 그래서 아내는 몹시 허전한 것 같았습니다. 그것은 물론 저도 마찬가지지요.
아내는 예원이와 같이 방을 쓰고 잠도 같이 자는데 혼자 있게 되니 조금 안쓰러운 마음이 들어서 우리는 오랜만에 안방에서 같이 잠을 잡니다.
이런 이야기 저런 이야기.. 지금 한참 재미있게 놀 아이들에 대한 이야기.. 그렇게 이야기를 나누다가 밤이 깊어져서 아내는 잠이 드는 것 같기에 나는 기도를 하려고 엎드려 무릎을 꿇었습니다.

나는 대체로 기도할 때는 무릎을 꿇습니다. 잠을 잘 때면 거의 그런 상태로 있다가 그 모습으로 잠이 들 때가 많지요. 특별하게 무엇을 기도하는 것은 아니고 그저 주님.. 주님.. 하고 부르다 잠이 듭니다.
아침에도 깨면 역시 같은 자세로 엎드려서 기도를 하면서 하루를 시작하지요.
그런데 그런 자세로 기도를 오래 하다 보면 발 부분이 아프게 됩니다. 그래서 엉덩이를 치켜들게 되지요.
아내는 이 모습을 보니까 우스운 모양입니다.
자는 줄 알았더니 옆에서 킥킥거립니다.

내가 밤에 잘 때 기도를 하면서 잠이 드는 이유는 여러 가지가 있습니다.
하나의 이유는 등속도의 법칙입니다.

이게 표현이 적절한지는 모르겠군요. 아무튼 이런 이야기입니다. 지구에서 인공위성을 쏘아 올릴 때 그것이 발사된 후에 대기권을 넘어서서 무중력 상태에 들어가면 거기에는 공기가 없어서 저항이 없기 때문에 처음에 발사될 때의 속도가 그대로 유지된다고 합니다. 밤에 잠기 들기 전의 기도는 이런 원리와 비슷한 것이라고 나는 생각합니다.

나는 잠이 드는 것이 영계로 들어가는 것이며 인공위성이 지구를 벗어나 우주의 무중력 상태로 들어가는 것과 비슷한 것이라고 생각합니다.
그래서 인공위성이 발사될 때의 속도를 그대로 유지하는 것처럼 잠이 들기 전의 생각이나 영적인 상태가 잠을 자는 동안 그대로 유지된다고 생각합니다.
그러므로 잠이 들기 전에 한 두 시간을 기도하다가 잠이 드는 것은 밤새도록 기도를 하는 것과 비슷한 효과가 있다고 생각합니다.
기도하다가 잠이 들기 때문에 기도하는 것과 비슷한 상태가 밤새도록 유지되지 않을까 하는 것이지요.
그렇기 때문에 밤에는 생각을 아주 조심합니다. 나쁜 생각을 하거나 TV의 좋지 않은 프로그램 등을 보면서 좋지 않은 생각과 영을 받아들이면 밤새도록 그 영에게 사로잡히게 되니까요. 잠자기 직전에 본 것이나 생각하는 것은 꿈에도 잘 등장하는 데 그것은 잠자기 직전의 본 것이나 생각이 깊은 의식과 영계에 중요한 영향을 준다는 것을 보여주는 것입니다.

아내는 내게 엎드려서 기도를 드리는 의미에 대해서 물어봅니다.
엎드린 자세로 드리는 기도는 여러 유익이 있지요.
위를 보고 바로 누운 자세는 천국과 심령이 연결되는 자세입니다.
그래서 천국의 은총과 빛을 받기 좋은 자세이지요. 그러나 빛을 받기에 합당하지 않은 영적인 상태라면 그러한 자세는 오히려 고통을 줍니다. 그것은 거룩하신 하나님 앞에 아무나 함부로 나아갈 수 없는 것과 같은 것입니다.
그러므로 영적 상태가 좋지 않을 때는 위를 향하고 있는 자세보다 엎드려서 아래를 향하고 있는 것이 좋습니다. 그것은 겸손하고 낮아지는 자세이며 심령 속의 어두움이나 죄 등을 토할 때는 이와 같이 엎드리는 자세가 좋습니다. 심령 속의 나쁜 것들이 아래로 빠져나가게 되는 것입니다.

사람은 본능적으로 무엇을 토할 때는 아래를 향하고 엎드리게 됩니다. 그러므로 죄를 토할 때도 밑을 향하는 것이 좋습니다.
충분히 토해지고 그 심령에 기쁨과 평강이 가득한 상태에서는 다시 위를 향하고 누워도 좋습니다. 그 상태에서는 빛과 은총이 충분히 흘러 들어올 수 있기 때문입니다. 사람은 누구나 본능적으로 고민이 있고 괴로우면 얼굴을 땅으로 향하고 떨어뜨리게 되며 기쁨으로 찬양을 드릴 때는 얼굴과 몸이 하늘을 향하게 됩니다. 이것은 사람이 본성적으로 영의 감각을 느끼기 때문입니다.

또한 엎드리는 자세는 경배와 순복과 헌신과 겸손을 표현하는 좋은 자세입니다. 그래서 나는 오래 동안 이 자세로 기도를 하는 가운데 잠을 자는 습관이 되어 왔습니다.
그저 단순히 그렇게 엎드려서 주님을 구하고 있기만 해도 심령에 달콤한 꿀물이 흐르는 것 같기 때문에 나는 그 자세에 익숙해있습니다.
아내는 나와 같이 자는 일이 거의 없다가 아이들이 없어서 며칠 동안 같이 잠을 자다보니 이 모습을 보고 신기한 모양입니다.

그녀는 옆에서 묻습니다.

"다리 안 아파요?"
나는 가만히 있다가 대답합니다.
"물론 조금 아프지요. 하지만 겉의 그 작은 아픔과 속에서 흐르는 기쁨과 비교할
수가 없거든.. 지금 내 안에 꿀과 같은 기운이 흐르고 움직이고 있어요.
가슴.. 배.. 그렇게 전신에 꿀과도 같고 향기와도 같은 기운이 온 몸에 움직이고
있지요.. 그러니 기도하는 것이 참으로 재미가 있어요."

아내는 다시 말합니다.
"당신은 너무 좋겠어요."
나는 웃으며 대답합니다.
"물론 좋지요. 하지만 나는 내 평생에 이것 한가지만을 위해서 기도했어요.
그 주님의 달콤함과 풍성함을 알게 해 달라고.. 오직 그 한가지만을 몇 십 년 동
안 기도했지요.. 그 결과로 얻어진 거예요.
어떤 사람이 하루 종일 피아노만 몇 십 년 동안 두드리고 있다면 다른 사람들보
다 피아노를 조금 잘 치겠지요.
나도 그처럼 한 가지를 오래 동안 훈련하고 추구한 것뿐이죠.
내가 좋아하고 추구하는 것들은 눈에 나타나는 것이 아니기 때문에 다른 이들이
다 밖으로 잘 나가고 있는 것 같을 때에 나는 아무 것도 없고 그냥 뒤쳐지는 것 같
이 느껴지기만 했지요. 몇 십 년 동안.. 그런데 그렇게 시간이 오래 지나가니까
이제는 조금 손에 무엇인가 잡힐 것 같은.. 그러한 상태가 되었어요.
그래서 이제 사람들에게 조금 씩 무엇인가 줄 것이 생기게 되었지요.
내가 이러한 것을 경험하지 않으면 다른 이들에게 아무 것도 줄 것이 없어요.
앞으로도 나는 한 평생 더 깊은 주님.. 그 주님의 임재와 사랑만을 경험하려고 기
도하고 그렇게 살다가 갈 거예요. 그게 내 일이니까.."

나에게는 그 이상의 소원은 없어요."
아내는 나에게 칭찬을 해줍니다.
"에구.. 우리 이쁜 남편.."
나는 웃습니다.
아내는 잠이 들고 나는 그 자세로 계속 기도합니다.

오래 전에 어떤 신학교에 들어간 적이 있었습니다. 그 때는 고등학교 중퇴의 학력이었고 아직 검정고시를 하지 않은 상태라 정규대학에 들어갈 수가 없어서 무인가 신학교에 갔었지요. 지금은 거기가 정규대학이지만 그 때는 문교부 인가가 나지 않아서 고등학교 중퇴의 학력으로도 갈 수 있었습니다.
학교에 다닌지 얼마 안 되었을 때 어떤 교수님이 이런 이야기를 하는 것을 들었습니다.
"여러분. 신학생 시절에 기도 많이 하십시오. 목사 되면 기도할 시간이 없습니다. 저요? 저는 하루에 5분도 기도하지 못합니다. 너무 바빠서 기도할 시간이 없어요."

나는 그 이야기를 듣고 그 즉시로 그 신학교를 나왔습니다. 이런 곳에서 뭐 배울 것이 있을까 싶었지요. 그래서 검정고시를 해서 일년 후에 지금의 신학교에 들어갔습니다.
그 학교는 성령운동을 하는 교단의 신학교이고 그 목사님은 부흥사로 잘 알려진 분이어서 더 실망이 컸던 것 같습니다.
나중에 생각해보면 그 분은 솔직하게 말을 한 것이며 다른 신학대학의 사정도 그리 다르지 않은 것 같았습니다. 다만 당시의 나는 많이 순진했으니까 충격을 조금 받은 것이지요.

나는 그런 일이 있으면서 나의 인생과 사역의 목표에 대하여 생각을 하게 되었습니다. 그리고 그러한 목표를 정했습니다.
많은 사역과 적은 기도보다는 적은 사역과 많은 기도를 나의 삶의 목표로 삼자.. 이 땅에서, 보이는 세계에서 알려지는 것보다는 보이지 않는 세계.. 영계에서 알려지는 사람이 되자.. 그렇게 목표를 정하게 되었지요.

삶에는 많은 기쁨들이 있습니다. 많은 성공의 목표들이 있지요.
나는 어디에서 기쁨을 얻을 것인가에 대하여 생각하다가 오직 기도를 통해서, 주님과의 교제를 통해서 기쁨을 얻어야겠다고 마음먹었습니다.
물질을 통한 기쁨.. 명예를 통한 기쁨.. 사역을 통한 기쁨.. 보다는 기도를 통한 기쁨을 얻고 싶다고 마음을 먹었습니다.
왜냐하면 물질이나 명예나 편안한 삶이나 성공적인 목회자로 알려지는 것.. 그것은 다 외부적인 것이고 일시적인 것이며 사라질 수 있고 도둑이 틈탈 수 있는 것이지만 기도를 통한 행복과 기쁨은 보이지 않는 내면에 속한 것이라 아무도 알 수도 없고 빼앗아갈 수도 없는 것이기 때문입니다.

오늘도 나는 기도하면서 잠이 들고 기도하면서 잠을 깹니다.
기도는 나의 수단이 아니고 목적이며 모든 것입니다.
나는 거기서 기쁨을 찾고 내 삶의 의미를 찾으며 행복과 만족을 느낍니다.
그래서 조금만 시간이 나면 나는 다시 기도에 들어가기를 원합니다.
어떤 목적이 있는 것은 아니고 그저 다만 좋기 때문입니다.
지금 내 나이 48세.. 외적으로 이루어 놓은 것은 별로 없습니다. 그러나 나는 지금 이 순간에 만족하고 있으며 또한 앞으로도 별로 이루고 싶은 것도 없습니다. 그저 남은 삶을 기도하면서 살다가 그렇게 주님의 나라로 가고 싶은 것뿐입니다.

지금 내가 알고 있는 주님의 달콤함.. 그 행복.. 그 영광의 흐름.. 그것을 더 맛보고 경험하고 그리고 내가 경험한 것들을 사람들에게 나누어주고 싶은 마음이 조금 있을 뿐입니다.

나는 그것이 바로 사역이라고 생각합니다.
비록 외부적인 많은 일을 하지 못한다 할지라도 어떤 이가 기도의 사람이 되고 그가 이 땅에 살면서 주님의 어떠한 임재와 영광을 맛보고 있다면 그 영은 이 세상에 어떤 형태로든 흘러나가고 퍼지게 되기 때문입니다.
영은 흐르고 통하는 것이며 그것은 반드시 외부적인 사역을 통해서만 전이되는 것은 아닙니다.

나는 아내의 잠이 든 모습을 보면서 달콤한 주님의 임재 속으로 빠져 들어갔습니다.
사람이 경험할 수 있는 행복과 만족 중에서 기도와 비교할 수 있는 것이 또 있을까요. 나는 모든 이들이 그 주님을 가까이 경험하게 된다면 모든 이들이 이에 대하여 동의할 것이라고 믿습니다.
주님, 그분은 너무나 달콤한 분이십니다. 그러므로 그 어느 누구든지 주님을 알면 알수록.. 그 아름답고 놀라운 주님을 더욱 더 사모하게 되며 더 행복한 기도의 기쁨 속에 빠져 들어가기를 원하게 될 것입니다. 할렐루야.

2003. 2. 6

12. 심령을 회복시키는 말씀의 생기

어제 세시가 넘어 잠을 자고 아침에 깨어서 기도를 하는 중에 아내가 계속 전화로 상담을 해주는 소리가 들렸습니다.
드디어 전화를 마친 아내는 탈진해서 내게로 옵니다.
머리가 너무 아프다고.. 상대방이 계속 울면서 끝없이 하소연을 하니까 힘들다고 합니다. 그녀는 바람이 난 남편 때문에 계속 하나님을 원망하고 있다는 것입니다.
원망하고 있는 것은 어둠의 영에 잡힌 것이니 그녀의 문제가 해결될 가능성은 별로 없습니다. 그녀는 계속 '어쩌면 하나님이 이러실 수가 있어요?' 하면서 원망을 늘어놓았다고 합니다. 아마 그런 자세를 바꾸지 않는다면 그녀는 좀 더 고생을 하게 될 것입니다. 주님은 빛이시기 때문에 그녀의 영이 그렇게 어두움을 가지고 있는 상태에서는 주님이 임하실 수 없기 때문입니다.

환경을 끌어당기는 것은 자신의 영이며 생각인데 자신을 바꾸지 않고 하나님을 원망하는 것만큼 어리석은 것도 없습니다. 그래서는 더 짙은 어두움과 고통으로 떨어지는 길 밖에 없지요.
누구든지 문제와 어려움이 있으면 가장 먼저 자신의 문제가 무엇인지를 돌아보고 반성을 해야 합니다. 자기 안에 어떤 부분이 그러한 문제와 환경을 끌어당기지는 않았는지 돌아보아야 합니다. 그것이 해결과 회복의 시작입니다.
그러나 무조건 원망과 불평으로 문제에 반응한다면 문제는 더 심해지고 복잡해지게 되는 것입니다. 그러므로 원망과 분노의 영과 생각을 버리고 주님 앞에 무릎을 꿇고 낮아져야 합니다. 그래서 마음과 영이 회복되면 환경은 동일해도 마음이 후련하고 편안해지게 됩니다. 그러면 문제가 해결될 기미가 보이게 되지요.

나는 머리가 지끈거린다는 아내에게 권면합니다.
"불평하는 이들을 상담할 때는 그들을 통해서 악한 기운이 역사하기 때문에 눈을 크게 뜨고 힘주고 있어야 해요. 그러면 악한 기운이 들어오지 않아요.
회개하며 자기 반성을 하지 않는 사람은 아무도 도울 수도 없고 그에게 주어진 고통의 분량이 채워질 때까지 기다려야 해요. 그러므로 많은 권면도 별로 소용이 없어요. 그러니 도움을 줄 수 있는 사람인지 아닌지를 얼른 분별해야 되요."

아내와 대화를 나누면서 동일한 영으로 나도 머리가 지끈거리고 아파서 내 방으로 옵니다.
아픈 머리를 회복하기 위해서 나는 성경을 펴놓고 읽습니다.
시편을 한 장 한 장 빠르게 읽어나갑니다.
중간 중간에 감동적인 글이 보이지만
멈추지 않고 빠르게 읽어나갑니다.
지금은 머리가 아프니까 말씀을 깊이 묵상하는 것보다 빨리 읽으면서 말씀의 능력과 생기를 그저 많이 흡수하는 것이 좋지요.
말씀은 조용히 깊이 묵상하는 것도 좋고 큰 소리로 읽는 것도 좋지만 머리가 아플 때는 그저 단순히 속독으로 읽어 내려가기만 해도 치유와 능력과 힘이 임하는 책입니다.
계속 말씀을 읽는 가운데 점점 더 머리가 시원해집니다.
점점 가슴이 후련해지기 시작합니다.

한 동안 말씀을 읽고
나는 심령이 꿀같이 달콤해져서 성경을 덮습니다.
그러면서 생각합니다.
정말 성경은 놀라운 책이다.
여기에는 불의 역사가 있고
시원한 바람이 있고
꿀 같은 달콤함이 있다.
그런데 왜
이 놀라운 음식을 먹지 않을까.
원망하고 불평하는 시간에
이 말씀을 한 시간 두 시간 읽다보면
어두움의 기운은 다 사라지고
문제는 해결되고
마귀는 떠나가고
재앙들이 사라질텐데..
그런 상념들이 계속 떠오릅니다.
오늘도 그 놀라우신 말씀의 은총 가운데 거해야겠다고 생각하면서
나는 자리에서 일어났습니다.

2003. 4. 2

13. 마음을 지키는 것이 승리의 비결이다

며칠 전 구정을 하루 앞둔 아내가 밤에 미국에 살고 계시는 그녀의 어머니에게 전화를 하였습니다. 전화를 하는 그녀의 모습이 몹시 심각했는데 전화를 마치고 오더니 한숨을 쉬어댑니다.
어머니의 상황이 좀 좋지 않아서 눈물을 많이 흘리시는 바람에 열심히 위로를 해드리기는 했지만 마음이 편하지 않은 모양입니다.
그녀를 위로하느라고 대화를 나눈다는 것이 나도 근심어린 마음으로 이야기를 했었던 모양입니다.

나는 그 때 아이들과 같이 자리에 누워있었는데 아이들 앞에서 어두운 이야기를 하는 것이 조금 마음에 걸렸습니다.
잠시 이야기를 하다가 기도도 하고 글도 조금 쓰려고 내 방으로 건너왔습니다.
가만히 앉아 있다가 컴퓨터를 켰는데, 컴을 켜자마자 아내가 놀란 모습으로 내 방에 옵니다. 갑자기 예원이가 아프다는 것입니다.
조금 전 까지 멀쩡하던 예원이가 아프다니 이상해서 그냥 조용히 재우라고 했는데 그게 아니라고 아이가 너무 아프다고 막 운다는 것입니다.
얼마나 아프냐고 물으니 갑자기 다리가 끊어지는 것 같이 아프다고 마구 운다는 것입니다.
그러자 아차 싶어서 안방으로 건너갔습니다.

예원이는 몸을 구부린 채로 울고 있었습니다. 다리가 부서지는 것 같다고 뼈가 아프다고 하면서 말도 잘 못하고 우는 것이었습니다.
나는 조용히 아이의 다리를 만졌습니다.
그리고 부드럽게 어루만지면서 조그만 목소리로 조용히 말했습니다.
"예수님의 이름으로.. 다리야.. 나아라. 아프지 말아라. 나쁜 기운아.. 사라지거라.."
부드럽게 다리를 어루만지면서 몇 마디 하자 예원이는 울음을 멈추었습니다.
"이제 안 아프지?"
내가 묻자 예원이는 아빠 손이 닿는 순간부터 하나도 아프지 않다고 이야기하는 것이었습니다.

나는 다시 물었습니다.
"예원아. 아빠가 나가자마자 갑자기 오싹 하면서 무서운 마음이 들었지?"
예원이는 대답합니다.
"응."
"그러면서 갑자기 아픈 거지?"
"응."
"애구. 나쁜 기운이 들어왔구나.. 하지만 이제 나갔으니 괜찮아."
이러한 것은 영적인 문제입니다. 하지만 내버려두면 자리를 잡고 더 심한 고통을 겪게 되지요.

사역자의 가족들은 사역자의 가족이라는 죄 때문에 이러한 고통을 언제나 겪을 수 있습니다. 그러니 항상 깨어있어야 하는 것이지요.
십여 년 전의 사건이 생각납니다. 그 날 밤 나는 어떤 자매에게 붙은 악한 영을 떼어주고 늦은 밤에 집으로 돌아왔습니다. 내가 집에 들어오는 소리를 듣고 아들 주원이가 나에게 다가오는데 바로 그 순간 내가 방금 쫓아냈던 악한 영의 모습이 선명하게 보이면서 그의 깔깔거리며 웃는 소리가 들리는데 그와 동시에 주원이가 그 자리에서 넘어지더니 마구 울기 시작하는 것이었습니다.

조금 전에 보았던 영상이 마음에 걸리기는 했지만 전혀 다칠 만한 상황이 아니었기 때문에 우리는 별로 신경을 쓰지 않고 아이를 달래었지요.

하지만 아이의 울음은 멈추지 않았습니다. 아이는 밤새 아프다고 울었습니다. 다음날 동네 병원에 갔더니 큰 병원으로 가라고 해서 다시 큰 병원에 갔는데 엑스레이를 찍더니 아이가 다리가 부러졌다고 해서 깁스를 하게 되었습니다.

우리는 기가 막혔지요. 아이가 넘어질 때 무엇에 부딪친 것도 아니고 방안에 위험한 물건이 있던 것도 아니고 그저 이불 위에서 살짝 미끄러진 것뿐인데 다리가 부러졌다니 정말 어처구니가 없었습니다.

하여간 그래서 두 달 동안 깁스를 했었는데 나중에야 알게 되었습니다. 그러한 것이 악한 영들의 장난이고 내가 사람들을 도와주면 우리 가족에게 비슷한 일이 생기곤 한다는 것을 말입니다.

그래서 그 후에는 사람을 돕거나 사역을 할 때에 자신과 가족을 보호하는 기도를 드리곤 했습니다. 그리고 비슷한 일이 있을 때에는 악한 세력을 결박하고 쫓아내고 하면 곧 회복되는 것을 보게 되었습니다.

아마 지금 그런 일을 겪었으면 주원이가 다리가 부러져 두 달 동안 깁스를 하지는 않았을 것입니다. 하지만 그 때는 그러한 전쟁에 대하여 잘 몰랐었지요.

어떤 하나의 지식을 얻기 위해서는 그러한 대가를 지불하고 나서야 비로소 배울 수 있었습니다.

바로 이러한 것들이 영성 사역을 하는 사람들의 옆에 같이 살게 되는 가족들이 겪어야 하는 대가인 것입니다.
어떤 이가 악한 영들의 세계에 대하여 별로 충격을 주지 못한다면 그는 악한 영들에게 그다지 공격을 받지 않을 수 있습니다.
그러나 어떤 이가 영적인 세계의 전쟁에 대하여 이해하고 경험하며 악한 영들의 세계를 초토화시킬 수 있다면 그 영들도 가만히 당하고 있지는 않습니다.
그들도 어떻게 해서든지 보복을 하려고 하지요.

물론 그들의 힘은 대단한 것이 아닙니다. 그들의 힘은 오직 속이고 거짓말하는 것뿐입니다. 그들보다 우리가 가지고 있는 예수 이름의 힘과 보혈의 권세가 훨씬 더 우월하지요. 그러므로 두려워할 필요는 없습니다. 다만 영적 전쟁의 실제에 대하여 알아야 하며 그들의 계략과 공격에 대하여 조심하고 깨어있어야 합니다. 그럴 때 그들에게 해를 입지 않을 것입니다.
이날 예원이가 갑자기 아프게 된 것은 나와 아내의 부주의로 인해서 악한 영들에게 틈을 주었기 때문입니다. 항상 공격거리를 찾고 있는 그들 앞에서 부정적이고 근심 어린 대화를 나눈 것은 실수였습니다.
근심 어린 이야기는 주님을 신뢰하지 않는 것이며 어두운 시인과 고백이기 때문에 악한 영들의 공격을 끌어당길 수 있습니다.
게다가 그 날은 하루 종일 전화가 많이 온 날이었습니다.

가정에 악한 기운을 가져다주는 가장 일반적인 입구는 티브이입니다. 티브이의 각종 좋지 않은 악한 프로그램을 통해서 온갖 더러운 영, 악한 영, 음란한 영과 세상의 영들이 그 집에 들어옵니다.
세상 사람들은 어차피 악한 영들에게 자신을 바친 존재들이고 세상의 쾌락을 좋아하고 사랑하기 때문에 그러한 악들을 즐길 것입니다. 그러나 주님께 헌신된 이들이 그러한 기운과 영을 접촉하고 즐기고 있으면 온갖 악한 영들에게 공격할 틈을 주게 됩니다.

그 다음의 일반적인 문은 바로 전화입니다. 전화를 통해서 사람들과 대화를 나눌 때에 조심하지 않으면 세상의 온갖 혼란스러운 영들이 다 들어오게 되지요.
영이 조금 예민해지면 세상으로 나가고 사람들을 직접 만나지 않아도 사람들과의 대화를 통해서 사람의 안에 있는 영들, 기운을 느끼고 경험하게 됩니다. 그러므로 심령이 맑고 주를 사모하는 이들과의 대화를 통해서 큰 기쁨을 누리게 됩니다. 그러나 세상을 사랑하고 사람을 미워하고 분노하며 불평을 토하는 이들과 대화를 나누게 되면 큰 고통을 느끼게 되는 것입니다.

우리 집에는 수시로 많은 분들이 전화로 상담과 도움을 요청하시지만 그 가운데 주님 자신을 갈망하고 구하는 이들은 그리 많지 않습니다. 대부분이 자신이 처해 있는 각종 문제해결을 위해서 근심과 분노와 두려움과 혼란스러운 영이 가득한 상태에서 그들의 이야기들을 쏟아 붓지요.

하지만 이들이 이해하지 못하고 있는 것은 무엇보다 더 중요한 것은 환경이나 현실 문제를 해결하는 것보다 그들의 심령이 맑아지고 새로워져야 한다는 사실입니다. 문제는 항상 영의 상태에 있지 환경에 있지 않습니다. 다만 이것을 이해하고 본질적인 문제의 회복을 위해서 구하는 이들은 그리 많지 않다는 것입니다.

환경적인 문제의 해결은 별 의미가 없는 것입니다. 오직 그들의 영혼이 맑아지고 부드러우며 아름답게 발전해야 합니다. 왜냐하면 자신의 마음과 영성이 자신의 미래를 창조하는 것이기 때문에 마음에 불평이 있는 사람은 계속하여 어두운 환경을 끌어당기게 되고 마음에 평화가 가득한 사람은 비록 현실이 어려워도 곧 머지않아 평화로운 환경이 임하게 되기 때문입니다. 이러한 심령의 창조력에 대해서 이해하지 못하고 환경 탓만 하고 근심하고 푸념을 하는 이들은 결코 문제와 고통에서 벗어날 수가 없는 것입니다.
쉽게 흥분하고 쉽게 마음의 평화가 깨어지는 분들은 아직 많은 인생의 고난을 더 통과해야 합니다. 그가 환경에서 벗어나 영혼의 안식과 평화를 체험할 때까지 그의 환경은 결코 잔잔해질 수 없습니다.

무엇보다 중요한 것은 영혼의 수준과 상태입니다. 환란과 핍박과 죽음이 가까이 다가와도 그 영혼이 고요하며 흔들리지 않는 평화와 안식을 누리는 수준까지 성장한다면 그에게는 그다지 많은 환란이 임하지 않게 됩니다.
문제는 그러한 영의 성장이 하루아침에 되지 않는 다는 것입니다. 그것은 유명한 사역자에게 기도를 몇 번 받아서 되는 것도 아닙니다.
그것은 항상 기도하고 주의 인도를 구하며 삶 속의 여러 훈련들에 순종하고 기가 막힐 수렁과 웅덩이에서도 불평하지 않고 조용히 자신을 주님의 손에 굴복시키는 그러한 훈련을 일상의 삶을 통해서 충분히 통과해야 하는 것입니다. 그것은 짧은 시간에 이루어지는 것이 아닙니다.

영의 훈련과 성장이 이루어질수록 점점 마음이 평화로워지며 환경의 문제에서 초월하게 됩니다. 문제가 사라지는 것이 아니라 문제가 있어도 마음의 평화를 잃지 않게 되는 것입니다. 그렇게 될수록 환경의 시련이 서서히 줄어들게 됩니다. 시련과 문제는 성장을 위하여 오는 것이므로 이미 배운 과목에 대해서는 더 이상 시험이 오지 않기 때문입니다.

그러나 마음이 흔들리는 사람은 환경도 같이 흔들리게 됩니다. 그것은 그가 아직 배울 것이 많이 남아있는 것을 보여주는 것입니다.

사람의 마음과 영혼은 자기의 의지로 노력하고 억지로 다스리려고 해서 되는 것이 아닙니다. 거기에는 시간이 필요합니다. 그것은 많은 훈련을 성공적으로 통과하였을 때 서서히 조금씩 이루어지는 것입니다.

많은 분들이 나에게 말하기를 마치 복권으로 횡재를 한 것처럼 목사님은 좋겠다고 말하곤 합니다. 하지만 내게도 오랜 세월 그러한 훈련의 기간이 있었고 그 결과 지금은 조금 익숙하게 그 길을 가고 있는 것에 불과합니다. 그리고 영성의 길은 아직도 멀고도 먼 길입니다.

이날은 특히 많은 전화와 상담으로 인하여 몸과 마음이 피곤하였고 영적으로도 혼란스러운 면이 있었는데 나는 이것에 대한 정화를 소홀히 하였습니다.

정화의 방법은 특별한 다른 방법이 있는 것은 아닙니다. 그저 마음에 평화와 기쁨이 임할 때까지 감사와 찬양, 경배와 기도를 주님께 드리면 되지요. 오랜 시간이 걸릴 때도 있지만 대부분의 경우는 몇십 분이 지나지 않아서 심령이 회복됩니다. 주님이 임하시는 것을 느끼게 되지요.

주님이 임하시면 마음이 평화롭고 기분이 좋아지기 마련입니다. 그래서 항상 그렇게 행복하고 즐거운 마음으로 사는 것이 정상이고 안전한 것입니다.

하지만 오늘 나는 정화에 그리 신경을 쓰지 않았고 아내가 우울해졌을 때도 주의를 하지 않았으며 순간적으로 주님을 신뢰하지 않고 부정적인 염려로 내 마음을 채웠습니다. 그리고 그 결과로 아이가 대신 고통을 겪게 되었지요.

예원이는 다리가 어찌나 아픈지 마치 뼈가 부러지는 것 같고 힘줄이 끊어지는 것 같았다고 하였습니다.'

자연적인 질병은 그렇게 갑자기 아프지 않은데 악한 영들에게 공격을 받게 되면 그것은 이유 없이 말로 표현하기 힘들 정도의 고통을 느끼게 됩니다.
나도 사람들을 도와주다가 그러한 공격을 받은 적이 많이 있었지요. 그것은 힘들기는 하지만 그러한 고통의 결과만큼 분별력이 생기게 되었습니다. 그동안의 경험과 지식이 없었더라면 아마 지금쯤 예원이를 데리고 병원에 가고 난리를 꾸몄겠지요. 아이의 고통도 더 심해졌을 것입니다. 그러니 영의 분별은 정말 중요한 것입니다.
특별한 이유 없이 갑자기 아픈 것은 자연적인 질병이 아니며 악한 영들의 공격이라는 것.. 그러므로 자연적인 방식보다 기도로 대처하는 것이 효과적이라는 것.. 이것은 아주 간단한 상식이지만 예전에는 이 상식이 없어서 고생을 많이 했었던 것입니다.
작은 사건이지만 정말 순간순간 깨어있으며 마음을 새롭게 하는 것의 중요성을 깨닫게 된 사건이었습니다.

우리는 어떠한 경우에도 근심을 하면 안 됩니다.
오직 높으신 주님, 그분의 보호와 사랑을 신뢰해야 합니다.
항상 우리는 우리의 마음을 지켜야 합니다.
조금도 세상의 근심이 우리 안에 들어오지 못하도록
우리의 마음을 방비해야 합니다.
항상 감사하는 마음, 주님을 높이고 신뢰하는 마음을 가져야 합니다.

특히 자신이 주님의 영적인 은총을 입었다고 생각하시는 분들은
더욱 조심하십시오.
마음의 평화를 지키고

세상의 마음, 세상의 근심이 내 안에 들어오지 않도록 조심하십시오.
어둡고 우울하고 두려워하는 마음은
사단의 먹이가 될 수 있습니다.
그러므로 우리는 보이는 것을 믿지 말고
보이는 것을 신뢰하지 말고
오직 주님을 신뢰하고
주님의 생각으로만 우리를 채워야 합니다.

부디 순결한 마음으로 주님께 붙어있으십시오.
마음의 평화를 지키십시오.
세상의 근심이 마음 속으로 들어오지 못하게 하십시오.
오늘날 많은 사람들이
주의 이름을 부르면서도 세상의 일로 인하여 근심하나
오직 주님의 마음,
주님의 심장을 구하는 이들은
세상을 초월한 평화와 행복을 경험하게 될 것입니다.

주님의 사람이 되십시오.
주님의 심장이 되십시오.
그것이야말로
이 우주 안에서 가장 안전하며
가장 행복한 사람이 되는 비결인 것입니다.
할렐루야.

2003. 2. 2.

14. 몸도 우리에게 하고 싶은 이야기가 있다

몇 달 전 구정을 하루 앞둔 날의 저녁이었습니다. 갑자기 왼쪽 팔에 극심한 통증이 오기 시작했습니다. 나는 난처해졌지요. 그 의미를 알고 있었기 때문입니다. 작년에 이 증상으로 고생을 한 적이 있었는데 그 때는 그것이 무엇인지 몰랐습니다. 그러다 나중에 그것이 흔히 말하는 오십견이라는 것을 알게 되었지요. 책도 보고 사람들의 이야기들도 듣고 하다 보니 내가 경험했던 증상과 비슷했기 때문입니다.

이 증상이 처음 왔을 때 갑자기 이유 없이 왼쪽 팔에 통증이 왔습니다. 그러더니 조금만 움직여도 통증이 심해져서 움직일 수가 없었습니다. 손가락 하나를 조금만 움직여도 팔 전체에 심한 통증이 왔습니다.
조금만 움직여도 통증이 있으니 걸어 다니는 것도 쉽지 않았지요.
아주 천천히 조심스럽게 움직여야 했습니다.

처음에는 왼쪽 팔뿐이었는데 그 다음에는 어깨, 목, 왼쪽 등.. 하는 식으로 나중에는 왼쪽 전체가 아파서 움직일 수 없었습니다. 통증의 부위가 커져만 갔지요. 가장 불편한 것은 통증으로 인해 밤에 잠을 잘 수 없는 것이었습니다. 잠을 자다 보면 몸을 움직이게 되어 있는데 몸이 조금만 움직이면 나도 모르게 '으악..' 하고 비명을 지르며 깨게 되니 거의 잠을 잘 수가 없는 것이지요.

이 증상이 왜 왔는지는 모릅니다. 아마 경직된 자세로 컴퓨터 앞에 오래 앉아서 글을 쓰다 보니 생기지 않았을까 싶습니다.
자료를 보니 처음에 이 증상이 나타날 때는 2주일 정도 있다가 사라지게 되며 두 번 째는 몇 개월 정도, 그리고 세 번 째 나타나게 되면 수술을 해야 한다는 이야기가 써 있었습니다. 그 말이 맞는 것인지 정말 꼭 두 주일 정도 고생을 하다가 이상하게도 두 주일이 지나자 서서히 통증이 멈추었습니다.
몸이 아프면 신경을 조금 써야하는데 나는 그런 데에 조금 둔한 편입니다. 그냥 아프다 말겠지.. 하는 편이지요.
워낙 병원에 가는 것을 싫어해서 가지 않았기 때문에 의료보험협회에서 상을 받은 적도 있습니다. 보험료는 열심히 내면서도 3년 간 병원에 안 갔다고 문화 상품권이 왔었지요. 물론 감사한 마음으로 책을 샀습니다.
그러니 내가 이런 정도의 고통으로 병원에 갈 리가 없습니다. 한의원에 가서 침을 맞았으면 회복이 훨씬 더 빨랐을 것이라고 하는 이도 있었습니다.

나는 기도로 살다시피 하는 사람이니까 이러한 증상에 대해서 기도를 하면 되지 않을까 싶지만 이상하게도 몸이 아픈 것에 대해서는 별로 기도하고 싶지 않았습니다. 대수롭게 생각하지 않아서인지 잘 기도하지 않게 됩니다.
아무튼 그러한 경력이 있던 차에 왼쪽 팔에 통증이 오자 난처해졌습니다. 내일 구정에는 어머니 댁에 온 가족이 모이게 되어 있기 때문입니다. 몸이 아파서 가족 모임에 가지 못한다면 어머니 걱정이 이만 저만이 아니겠지요.
나는 난감했습니다. 아플 때 아프더라도 일단 내일 이후에 아파야 했습니다. 하지만 이미 통증은 시작되었기 때문에 쉽게 가라앉을 것 같지 않았습니다. 이렇게 되면 식사하기도 아주 불편합니다. 나는 왼손잡이이기 때문에 많은 일을 왼손으로 하는 편이지요.

이것은 무슨 문제일까.. 악한 영들의 공격일까.. 생각하다가 그것은 아닌 것 같고, 내 자신이 몸을 제대로 관리하지 않아서 생긴 자연적인 증상이라고 느껴졌습니다. 그럼 어떻게 해야 하나.. 고민하다가 재미있는 생각이 떠올랐습니다. 그것은 몸과의 대화를 나누어보면 어떨까 하는 생각이었습니다.

나는 가끔 몸과 대화를 나눕니다.
나는 내 몸의 각 부분이 하나의 인격을 가지고 있는 존재라고 생각합니다. 그러니 그들과 좋은 대화를 나누고 그들의 이야기를 듣고 내 입장을 잘 이야기하면 통하지 않을까 하는 생각이 들었습니다.
사람의 몸 안에 있는 모든 장기들은 우리의 사랑스러운 형제들이며 친구들입니다. 우리는 그들을 무시해서는 안 됩니다.
그들의 노고를 칭찬하고 격려하며 그들에게 감사의 마음을 표현해야 합니다. 그리고 그들 나름대로 보는 관점과 시각에 대해서 귀를 기울어야 합니다.

나는 몸 안에 있는 모든 신체의 장기들이 천국의 특성을 가지고 있다고 생각합니다. 그것은 직관적인 깨달음이기 때문에 논리적으로 설명하기는 어렵지만 그것은 각 사람의 사명과도 관련이 있다고 생각합니다.
예를 들어 간의 역할과 사명을 감당하며 죽은 후에 간에 해당하는 천국에 가는 사람이 있고 심장의 역할과 달란트, 사명을 받았으며 사후에 심장에 속하는 천국에 가는 사람이 있고.. 그렇지 않을까 생각합니다.
사람의 몸에서 가장 중요한 것은 심장일 것입니다. 이것이 움직이지 않으면 바로 죽게 되지요. 그러나 반쯤 없어져도 생명에는 지장이 없는 것도 있습니다.
그런데 심장 못지않게 중요한 장기가 바로 간입니다.
간은 사람 안에서 정화를 이루는 곳입니다. 나쁜 음식물이 몸 안에 들어왔을 때 그 독소를 처리하는 것이 간의 역할이지요.
간이 약하면 정화가 이루어지지 않기 때문에 사람의 몸이 탁해지게 됩니다. 그래서 쉽게 피곤을 느끼고 몸이 약해지게 됩니다.

몸이 탁하고 더러워지는 것처럼 마음과 영혼도 마찬가지로 오염이 될 수 있습니다. 또한 물질계도, 영계에도 오염이 있을 수 있습니다.
자연계도 영계나 물질계도 오염이 있을 때는 스스로 정화를 시킵니다. 예를 들어서 폭풍우와 지진, 산불과 같은 것은 정화를 위해 필요한 것입니다.
정화를 위한 것들은 단순히 자연에 대한 정화도 있지만 영적인 정화도 있을 것입니다. 나는 지진이나 홍수와 같은 것들은 사람의 심령이 많이 오염되고 악해졌을 때 그것을 정화하기 위해서 자연이 보내는 재앙이라고 생각합니다.
흔히 천재라고 부르는 것, 또는 인재라고 부르는 것, 가끔 일어나는 대형 사고들.. 그러한 일들도 일종의 정화를 위해서 영계에서 형성되는 것이라고 나는 생각합니다.
사람들의 집단적인 악한 생각과 상념은 영계의 어두운 에너지를 끌어당겨서 재앙과 같은 일이 일어나게 할 수 있습니다. 생각은 하나의 에너지이며 그것이 많은 사람들의 집단 에너지가 될 때 그것은 파괴적인 영향을 줄 것입니다.

전쟁도 일종의 정화의 과정이라고 할 수 있습니다. 사람의 심령이 점점 악해지고 완악해지게 되면 그들의 완악함과 죄악들이 재앙의 에너지를 끌어 당겨서 불행한 일들이 생길 수 있습니다.
한국에는 지금 그러한 영적 기운이 아주 많습니다. 높은 마음, 날카롭고 공격적인 마음들은 그러한 영들을 끌어당깁니다.
각종 사고나 피해를 통하여 사람들의 심령이 낮아지고 통회하는 영의 상태가 되면 재앙을 일으키는 기운과 영들이 소멸됩니다. 그러므로 많은 사람들이 모여서 통회하고 기도해도 전쟁의 영은 소멸됩니다.
이러한 것이 영계의 평형을 유지하는 원리라고 할 수 있습니다.
재앙이나 정화는 결국 같은 것입니다. 표현만 다를 뿐이지요. 그것은 몸을 깨끗이 하기 위해서 샤워를 하는 것과 같은 것입니다.

간도 정화를 위해서 필요한 기관이며 신장도 정화를 위한 기관입니다.
오염된 음식을 먹으면 간의 역할이 너무 많아지게 됩니다. 자연식품이 아닌 인간이 만든 음식은 모두 오염된 음식이지요. 음식에 가공을 많이 할수록 오염도가 심하다고 할 수 있습니다. 그럴수록 간은 고통하게 됩니다.
간이 힘들어지게 되면 사람들이 쉽게 피곤해지며 사소한 것에도 짜증이 많이 나게 됩니다. 간이 약해지면 인내가 약해지기 때문이지요. 그래서 화를 잘 내는 이들은 간이 나쁜 것입니다.
그러니 인스턴트 음식을 많이 먹게 되면 간이 나빠지고 따라서 참을성이 없어지고 공격적이 되는 것은 당연한 것입니다.

신장, 방광은 물에 대한 정화를 이루는 곳입니다. 물고기가 살 수 없는 물을 마시는 것은 전부 다 신장을 힘들게 하는 것이지요. 그만큼 정화를 하기 위해서 고생을 하니까요. 우리가 흔히 마시는 물 이외의 음료수는 신장에게는 독과 같은 것입니다.
이러한 것은 상식적인 이야기들입니다. 아마 모두가 아는 이야기겠지요. 하지만 나도 어느 정도 이러한 상식을 가지고 있지만 그리 잘 지키는 것은 아닙니다. 그래서 항상 간이나 신장에게 미안한 마음을 가지고 있지요.
그래서 나는 가끔 그들, 신장이나 간과 대화를 나누기도 합니다. 또한 위장이라든지 심장과도 대화를 나눕니다. 그들의 생각이나 느낌에 대해서 물어보기도 하지요.
그러면 각 기능과 장부의 마음이 느껴집니다. 뭐라고 표현하기 힘들지만 그 느낌과 성격이 차이가 있는 것같이 느껴집니다.

나는 한동안 그들과 대화를 합니다. 내가 이야기를 하기도 하고 듣기도 합니다. 사실 나는 그러한 이야기를 나누면서도 이것이 내 공상에 지나지 않은 것인지 정말로 대화를 하고 있는 것인지 확신을 가지지 못합니다. 그냥 나 혼자서 독백하는 것 같이 생각되기도 합니다.
하지만 분명한 것은 그 대화는 거의 항상 어느 정도의 효과를 가져온다는 것이었습니다.
방광이 아주 칼로 찌르는 듯이 아프다가도 신장에게 미안하다고 말하며 이러한 대화를 5분쯤하고 있으면 어느새 아주 부드러운 솜으로 만지는 것 같은 느낌이 들기 시작하고 조금 있으면 아픈 것이 낫는 것이었습니다. 심장이나 위장의 경우도 비슷했습니다.
그래서 나는 이것이 단순히 나의 상상에 그친다고 하더라도 어떤 의미가 있는 것이라고 생각하게 되었습니다.

나는 그래서 그런 식으로 왼쪽 팔과 대화를 해야겠다고 마음을 먹었습니다. 그가 아픈 이유가 무엇인지 그리고 내가 무엇을 해야 하는지 아니면 무엇인가 말을 하고 싶은 것이 나에게 있는 것인지.. 나는 그에게 묻기로 했습니다.
나는 조용히 내 방의 불을 끄고 누워서 마음을 왼쪽 팔에 집중하기 시작했습니다. 그리고 왼쪽 팔에게 인사를 건네며 그의 이야기를 듣고자 했습니다.
나는 마음 속에 하나의 메시지가 떠오르는 것을 느꼈습니다.

그것은 왼쪽 팔이 한 말인지.. 아니면 나의 영혼이 한 말인지.. 아니면 이를 통해서 주님께서 말씀하시는 것인지 모릅니다. 아무튼 분명하게 메시지가 떠오르는 것이 느껴졌습니다.

"나는 당신의 팔입니다. 나는 왼쪽 팔입니다. 그러나 나의 통증에 대해서 그렇게 많이 부담을 가지지는 마십시오. 우리는 당신이 나에게 관심을 기울인 것을 아주 감사하게 생각합니다. 왜냐하면 우리는 당신에게 메시지를 주기 위해서 이렇게 스스로 아프게 하는 것 외에는 방법이 없으니까요.
당신은 알다시피 왼손잡이 입니다. 그러므로 왼손은 당신 전체와 관련이 되어 있는 것입니다. 그리고 팔이라는 것은 일을 하는 것이지요. 그러므로 왼쪽 팔은 당신과 당신의 일, 사역을 의미하고 있는 것입니다.

당신은 사명을 받았습니다. 무엇보다 더 글에 대한 사명을 받았습니다.
하지만 당신은 이에 대하여 너무 지나치게 부담을 가지고 있습니다.
아직 감추어진 많은 진리들에 대해서 당신이 이 땅을 떠나기 전에 많이 쏟아놓아야 한다고 하는 마음이 당신에게 너무 부담을 주고 있습니다.
당신은 사람들에게 안식을 많이 가르치면서 막상 당신은 당신의 사역에 대하여 안식을 하지 못하고 있습니다.
이제 당신은 당신의 부담, 사역에 대한 부담, 글에 대한 부담, 책에 대한 부담을 주님께 내려놓아야 합니다.
당신은 당신이 해야 한다고 생각하는 것에 대하여 다 이루지 못하고 간다고 하더라도 그것을 편안하게 받아들여야 합니다.
우리는 당신이 이 메시지를 분명하게 깨닫지 않는 한 당분간 일을 하지 않기로 결정했습니다. 이는 우리가 당신을 사랑하고 있기 때문에 그렇게 결정한 것입니다. 나는 왼쪽 팔이지만 우리들은 모두 다 서로 대화를 나누며 우리의 일을 결정하고 있습니다. 그러므로 우리는 모두 서로 같은 의견을 가지고 있습니다.
만일 당신이 우리의 메시지를 충분히 이해한다면 우리는 내일 당신이 어머니를 만나러 갈 수 있도록 팔을 회복시킬 것입니다.
그러나 아직도 당신이 일과 사명에 대한 부담에 매어있고 고집을 부린다면 당신은 당분간 이 팔을 사용할 수 없을 것입니다."

그의 메시지는 끝이 났습니다. 이것은 단지 나의 공상에 지나지 않은 것일까요? 나는 그 메시지를 들으며 눈물이 흐르는 것을 느꼈습니다. 그리고 나의 부담을 주님께 맡기고 나의 사역이 주님보다 먼저 가지 않도록 기도했습니다.
시간이 얼마나 지났을까요.. 아마 한 시간쯤이 지났는지..
나는 자리에서 일어났습니다.
왼쪽 팔의 통증은 사라지고 없었습니다.
조금 전까지 손가락 하나 움직여도 통증이 있었지만 지금은 그 통증이 시작하기 전처럼 멀쩡했습니다. 그건 정말 신기한 일이었습니다.
나는 감사의 기도를 드리고 잠이 들었습니다. 그리고 그 다음날 무사히 가족들과 만나서 즐거운 시간을 보낼 수 있었습니다.

나는 내가 썼던 〈문제는 주님의 음성입니다〉라는 책에서 〈만물에는 듣는 귀가 있다〉라는 항목을 쓴 적이 있습니다.
지금 나는 거기에 덧붙이고 싶은 것이 있습니다.
〈만물에는 듣는 귀가 있으며 또한 말하는 입이 있다〉는 것입니다.
그리고 〈우리 몸에도 듣는 귀가 있으며 말하는 입이 있다〉는 것입니다.
그러므로 우리는 만물이, 그리고 우리 몸이 우리에게 말하려고 하는 것에 귀를 기울여야 합니다. 조심스럽게 그들의 이야기에 우리 마음을 집중할 필요가 있습니다. 특히 힘들거나 어려운 일이 있을 때 그럴 필요가 있을 것입니다.

주님은 자연을 통해서도, 그리고 모든 것들을 통하여 우리에게 말씀하실 수 있습니다. 그리고 그렇게 하고 계십니다.
그러므로 우리가 겸손하고 열린 마음을 가지고 항상 귀를 기울이기 원한다면 우리는 주님의 가르치심에 대하여, 그 아름답고 놀라운 진리를 향하여 조금 더 가까이 나아갈 수 있게 될 것입니다. 할렐루야.

2003. 4. 23

15. 주님을 추구하는 모임의 행복

며칠 전에 J자매 집에서 월요기도회를 한다는 이야기를 들었습니다. 아내는 자기도 모처럼 참석할 거라고, 나보고도 같이 가자고 열심히 권유를 하는 것이었습니다.
월요 기도모임은 나의 문서 사역을 위해서 중보기도를 하자고 소수의 인원이 모여서 시작된 것입니다. 여럿이 모여서 기도와 교제, 그리고 식사를 나눕니다.
내 기억으로는 월요 기도모임에 작년에는 가끔 가곤 했었는데 올해에는 간 적이 없었습니다. 모임 하루, 이틀 전부터 아내가 자꾸 가자고 하는데 J자매의 아가가 불현듯 보고 싶은 마음이 간절하게 들었습니다.
나는 어린아이를 보는 것을 참 좋아합니다. 너무나 이쁜 아가 S.. 이 녀석의 재롱 부리고 장난치는 모습.. 이제 한참 말을 배우고 있다고 했는데.. 그 모습이 자꾸 뇌리를 스치고 지나갔습니다.

나는 항상 미리 어떤 계획을 세우는 것을 싫어합니다. 내일이나 모레 일을 약속하는 일은 거의 없습니다. 그래서 항상 당일에 모든 결정을 합니다.
당일 아침에 갈까 말까 생각하다가 결국 가기로 했습니다. 그 전날 밤에 글을 쓰느라고 3시가 넘어서 잠을 자는 바람에 조금 졸리기는 했지만 아이를 보면 모든 피곤이 다 사라질 것 같았습니다.
그래서 나는 10시쯤 아내에게 가겠다고 이야기했습니다. 월요 기도모임이라고 해야 참석하는 이들은 몇 명 안 되기 때문에 그냥 아이하고 놀고 김밥 같은 것으로 점심을 때우고 근처에 있는 공원에 다들 같이 나가서 따뜻한 햇살을 구경하면 좋을 것 같았습니다.
아내는 내가 간다는 말이 떨어지기 무섭게 여기 저기 전화를 하기 시작했습니다. 목사님이 오늘 J자매의 집에 가니까 목사님을 보고 싶은 사람은 그리로 오라는 것이지요. 아내는 이러한 것을 좋아합니다.
사실 아내는 항상 나를 찾는 전화에 시달리는 편입니다. 하지만 면담을 요청하는 이들이 너무 많으니 거의 거절할 수밖에 없지요. 무턱대고 집 앞까지 왔다가 그냥 돌아가는 이들도 있습니다.
그래서 미안한 마음을 많이 가지고 있으니 내가 어쩌다 어디에 가기만 하면 사람들에게 연락을 해서 오라고 하는 것입니다. 아내는 내가 한 두 사람을 만나는 것보다 이왕이면 좀 더 많은 사람들을 접촉하고 도와주기를 바랍니다.

아마 당일 날에 전화를 해서 당장 어디로 나오라고 말하는 사람은 별로 없겠지요. 대부분의 사람들은 각자 그 날의 계획을 가지고 있으니까요. 그러니 아내는 사람들에게 전화를 하면서 시간이 되는 사람은 오고 그렇지 않은 사람은 다음 기회에.. 하는 식으로 전하는 것입니다.
아파트가 24평이어서 많은 이들을 수용할 수 없었습니다. 그러므로 많은 이들에게 전화 연락을 할 수는 없습니다.
그러므로 아무래도 카페에 열심히 글도 쓰고 참여하고 하는 적극적인 사람들에게 연락을 하게 됩니다.

12시쯤 되어 J자매의 집에 도착했는데 깜짝 놀랐습니다. 18명이나 모여 있었습니다. 어쩌면 그렇게 순식간에 연락을 받고 모이는지 모릅니다. 정말 대단한 기동력이었습니다. 인천에서, 광명시에서, 안산에서, 강동에서 서대문까지 그들은 전화를 받자마자 순식간에 달려온 모양입니다. 전화를 받은 이들은 거의 다 참석을 한 것 같았습니다.
어떻게 다들 시간이 있었을까 싶었는데 이야기를 듣고 보니 미안한 마음이 들었습니다. 다들 한두 가지의 약속을 펑크내고 온 것이었습니다.
집에 오기로 한 손님들과의 약속을 취소한 이도 있었고 업무상의 일을 집어치우고 오신 분도 있었습니다. 장사를 그만두고 온 이도 있었고 수업을 빠져먹고 온 이도 있었습니다.
전화 연락을 받은 분들 중 한 분만이 오시지 못했는데 그분은 먼 곳으로 가 있는 바람에 올 수가 없어서 억울해서 막 속상해하셨다고 하였습니다.
그들의 이야기를 들으면서 주님에 대한, 영성에 대한 그들의 열망에 깊이 감동이 되었습니다.

오랜만에 보고 싶었던 많은 이들을 보니 몹시 반갑고 즐거웠습니다. 오늘은 예배나 기도회보다는 그냥 이야기를 하면서 놀고 싶었는데 아무튼 만났으니 기념으로 찬양을 한 곡 하자고 기타를 들었지요. 하지만 여태껏 그러했듯이 그것이 도화선이 되었습니다.
잠깐 한 곡 하려고 한 것이 결국 세 시간 정도의 부흥회가 되어버렸습니다.
처음에는 웃으며 시작했다가 곧 눈물과 감격과 통곡들이 쏟아져 나오기 시작했습니다. 주님께 사랑을 고백하며 감사와 찬양과 경배를 드리는 데 눈물과 감격을 절제하는 것은 쉬운 일이 아니기 때문입니다.
처음에는 나도 장난스럽게 시작했습니다.
항상 모이기만 하면 눈물 바다의 아수라장이 되니 오늘은 조용히 모임을 인도하고 싶어서지요. 뭐 이런 식입니다. 〈문들아, 머리 들어라〉 이 찬양을 드리다가 나는 옆에 있는 L전도사님께 묻습니다.

"전도사님.. 왜 문들아, 머리 들어라.. 하는지 아세요?"
"아이고, 목사님. 제가 어떻게 알아요."
"문들아.. 꼬리 들어라, 하면 이상하잖아요.."
그러면 모든 이들은 폭소를 터트립니다.
이런 식의 장난을 하는 이유는 너무 심각한 분위기가 되지 않고 가볍고 편안하게 즐거움을 유지하면서 모임을 인도하려고 하기 때문입니다.
하지만 처음에는 그렇게 시작했지만 하다 보니 그게 마음대로 되지 않았습니다. 찬양과 경배, 그리고 감사.. 그러면 하나님의 영이 임하시게 되고 그러면 자연히 눈물과 감격이 흐르게 되어 통곡의 바다 속에 들어가게 되니까요.
아무튼 찬양을 드리다가 나도 자연스럽게 주의 영으로 사로잡히게 되었고 주님의 은혜와 사랑에 감격하여 같이 부르짖고 기도하고 사랑과 헌신을 고백하고.. 하는 분위기가 되었습니다.

우리는 주님이 우리의 주인이심을..
그리고 우리의 삶의 목적이심을..
우리가 주님을 사랑한다는 것을 반복하여 고백하였습니다.
"주님.. 당신을 사랑합니다.
당신을 찬양합니다.
당신은 내 삶의 목적입니다. 의미입니다.
당신이 없다면 살 필요도 없습니다.
당신을 위해서 일 백 번이라도 죽고 싶습니다.
우리는 당신의 소유입니다.."
다 같이 고백하는 가운데 계속하여 눈물이 뺨 위로 흘러내렸습니다. 사람이 하는 고백 중에서 이처럼 아름답고 행복하며 영광스러운 고백이 있을까요..

우리는 다 같이 흐느끼며 이러한 고백과 기도를 드렸습니다. 좀 더 헌신을 표현하기 위해서 〈주님.. 내가 여기 있사오니..〉 하고 찬양을 드릴 때에는 마른 눈을 가지고 있는 이들을 찾을 수 없었습니다.
모두들 간절한 마음으로 주의 이름을 높이고 주의 이름을 불렀습니다.
'예수! 예수! 예수! 예수는 왕! 예수는 왕!' 하고 외쳤습니다. 그것은 너무나 가슴이 후련해지는 기쁘고 신나는 고백이었지요. 여기 저기에서 휴지를 찾고, 쓰러지고 통곡을 하고.. 그렇게 다시 아수라장이 되어버렸습니다. 하지만 그것은 행복한 아수라장이었습니다.

기도와 찬양을 인도하는 중에 몇 가지 메시지를 전했습니다.
메시지를 준비하지 않더라도 찬양을 드리다 보면 떠오르는 메시지가 있게 마련입니다. 그리고 대부분 그 때 그 때 떠오르는 메시지는 그 곳에 있는 사람들에게 필요한 메시지인 경우가 많습니다. 주님은 항상 우리의 필요를 아시는 분이기 때문입니다.
오직 예수가 우리의 모델이며 예수의 영으로만 살아가야 하는 것에 대해서..
우리의 가슴을 채워주는 해답은 형통함과 문제 해결이 아니고 오직 예수에 대한 갈망임에 대해서..
모든 문제는 해결이 중요한 것이 아니라 그 문제에 해당되는 새로운 하나님 체험이 필요하다는 면에 대해서,
그리고 부르짖는 기도를 통해서 응답이 실제로 끌어당겨지는 것에 대해서,
그리고 부르짖는 기도나 시인이 있을 때 이에 대한 반작용의 역사가 있으며 이것을 다시 대적하고 제거해야 진정한 자유와 실제가 오는 것에 대해서,
모든 사람들이 어떻게 해야 하는지 알지만 이루지 못하는 것은 중심 키워드를 모르기 때문인데 그 우주적인 중심 키워드가 바로 주님을 사랑하고 그에게 함몰되

는 것이라는 점에 대해서,
자식이나 가족들에 대한 집착에서 벗어나지 않으면 기도 응답이 없으며 묶임에서 벗어날 수 없는 것에 대해서,
마음과 정신력의 법칙과 그 공격성과 반작용의 법칙에 대해서..
등등에 대해서 이야기를 나누었습니다.

울기도 하고 탄성을 올리기도 하고 웃기도 하고 질문도 하면서 그렇게 시간이 지나갔습니다.
찬양을 하고 기도를 드리다가 다시 메시지를 나누고.. 그러다가 나중에는 배가 고파서 더 이상 떠들기가 힘들게 되었습니다.
그래서 다같이 짜장면을 먹으면서 교제를 나누고, 그리고 다시 2부 집회가 이어졌습니다. 식전에는 주로 찬양을 했지만 식후에는 주로 교제와 대화, 그리고 질문에 대한 메시지가 있었습니다.
어느 정도 시간이 흘러서 서로 자기를 소개하고 소감을 나누는 시간을 가졌지요.
장사를 때려치우고 오신 J집사님은 가족의 문제로 몹시 힘들었는데 해답을 얻었다고 몹시 기뻐하셨습니다.
L집사님은 이렇게 후련한 모임과 집회는 처음이라고 행복해하셨습니다.
Y목사님은 오늘 목회의 갈림길에서 갈등하고 있었는데 새 힘을 얻고 방향을 분명히 할 수 있게 되었다고 기뻐하셨습니다. Y목사님의 유머가 담긴 멘트는 항상 사람들에게 즐거움과 웃음을 선사하는 것이었습니다.

시간이 저녁때가 되어 끝나갈 무렵에는 다같이 부흥에 대한 기도와 찬양을 드렸습니다. 다 같이 우리의 가정에, 나에게, 교회에, 이 나라에 하나님의 영광과 임재가 넘치는 부흥이 오도록 부르짖으며 기도하면서 〈이 땅의 황무함을 보소서〉,

〈모든 민족에게 주 성령 부어주소서〉를 찬양할 때는 여기 저기서 커다란 울음소리와 기도소리가 터져 나와서 조금 걱정이 되었습니다.
그래서 옆집 사람들에게 피해를 주지 않을까 걱정이 되어 절제를 시키고 중단할 수밖에 없었지요. 하지만 진정으로 영적 부흥은 우리의 소원이며 주님의 가장 기뻐하시는 것입니다. 그러한 기도와 찬양은 우리의 가슴을 가장 뜨겁게 하는 것이었습니다.

항상 우리의 마지막 순서에는 축복과 포옹과 하나됨의 고백과 찬양이 있었습니다. 다들 〈하나되게 하소서〉, 〈예수 사랑〉을 부르며 포옹을 하고 모임을 마무리 지었습니다. 사람들은 항상 포옹을 하면 꼭 껴안고 울면서 잘 떨어지지 않기 때문에 강제로 떼어놓고 진행을 시키곤 하였습니다.
시간이 저녁때가 되어 우리는 집을 나왔습니다. 어느덧 훌쩍 시간이 대여섯 시간이 지나간 것이지요. 집회를 하러 온 것이 아닌데.. 그저 아이와 놀고 싶었는데.. 하지만 주님을 사랑하는 이들이 모이다 보면 결국 부흥회가 되어버리고 맙니다.

역시 헤어지는 것은 힘들었습니다. 사람들은 서로 아쉬워서 인사하고 악수하고, 또 인사하고 다시 손을 흔들고.. 그러한 것을 계속 반복하면서 간신히 우리는 집으로 왔습니다.
이별은 항상 아쉬운 것이지만 이렇게 주 안에서의 만남은 감동과 희열과 뿌듯함이 남게 마련입니다.
집에 오니 너무 열심히 기도와 찬양을 드려서 그런지 몸이 여기 저기 묵직하고 아팠습니다. 하지만 마음을 다해서 주님께 외치고 부르짖는 것만큼 행복한 일도 세상에 다시없을 것입니다. 그것은 피곤하고 힘들기는 하지만 정말 쾌적하고 행복한 탈진입니다.

좁은 아파트이기 때문에 더 열심히, 충만하게 찬양과 기도를 드리지 못하는 것이 아쉬웠습니다.
그래서 이런 모임을 가지고 나면 정식으로 집회를 하고 싶은 마음이 들기도 합니다. 정말 마음과 심령을 다해서 간절하게 주님을 구하고 그 영광의 임함을 사모하고 싶으니까요.
수많은 사람들이 모여서 부르짖고 기도하며 주를 높이고 외치고 찬양하고 선포하면 어떻게 될까요?
그 대답은 아주 간단합니다. 놀라운 부흥, 놀라운 역사가 오게 되지요. 하나님의 영광이 강력하게 임할 것이며 우리의 심령은 천국이 될 것이며 우리의 삶의 많은 부분들이 묶임에서 벗어나 영광의 세계, 자유와 참된 행복의 세계에 들어가게 될 것입니다.

집에 오면서 그런 생각이 들었습니다.
정말 부흥은 아름다운 것이다.
이 부흥이 와야 한다.
이 부흥을 위해서 기도해야 한다.
우리의 만남은 바로 부흥을 위한 것이다.

주 안에서 주를 사모하는 이들과의 만남은
항상 진한 감동과 기쁨을 남기는 것이었습니다.
불과 이틀이 지났지만 다시 그들이 보고 싶고 다시 같이 주를 찬송하고 싶은 마음이 간절했습니다.
바로 이것이 천국이겠지요.
그리움, 사랑.. 기쁨.. 웃음, 눈물.. 행복.

그것이 바로 천국이겠지요.
이 땅에 부흥이 가득할 때
우리는 진정한 영혼의 자유를 만끽할 것이며
그러한 감동과 사랑과 기쁨과 그리움 속에서 살게 될 것입니다.
오, 진정한 부흥과 그 영광이 우리에게, 이 땅에 임하기를..
간절히 기도하고 사모합니다.
주님을 찬양합니다.
할렐루야..

        2003. 5. 14

16. 핸드폰 사건을 통해 깨닫게 되는 주님의 마음

1.
며칠 전 아내와 예원이와 함께 길을 가고 있는데 아내와 예원이가 "핸드폰을 어디에서 사지?" 하고 소곤거리는 소리가 들렸습니다.
나는 놀래서 "무슨 핸드폰?" 하고 물었습니다.
예원이는 엄마의 눈치를 보더니 "엄마.. 아빠에게 이야기 안 했어?" 하는 것이었습니다.

그러자 아내는 "예원이 핸드폰이 며칠 전에 망가졌대요. 친구에게 맡겨 놓았는데 그만 개가 떨어뜨려서 액정이 깨지고 말았대요." 하고 말합니다.
나는 물었지요.
"그런데 왜 나에게 말하지 않았어?"
그러자 아직 어떻게 해야할지 결정하지 않았고 가격도 얼마가 될지 몰라서 이야기를 안 했다고 합니다.

나는 중학생 밖에 안된 어린아이들이 핸드폰을 사용하는 것을 그리 탐탁지 않게 생각하는 편입니다. 핸드폰 요금도 많이 비싼 편인데 꼭 해야할 이야기가 아니라면 아이들이 그렇게 비싼 요금을 내면서 통화를 하는 것은 사치라고 생각하지요. 그래서 아들 주원이는 중학교 3학년이지만 핸드폰을 사주지 않았습니다.

그러나 예원이의 경우에는 학원이 늦게 끝나는데 무서움도 많이 타는 편이라 엄마가 데리러 나가야 하기 때문에 연락을 할 때 필요한 면이 있었습니다. 그래서 당초의 방침을 바꾸어서 사주기로 했지요. 물론 한 달에 일정 요금을 내고 하는 정액제를 신청했지요. 그 요금을 넘어서게 되면 자동으로 통화가 끊기는 것 말입니다.

예원이 핸드폰을 어디서 구입하느냐 하는 것이 문제였습니다.
대리점에서 사는 것은 가격이 워낙 끔찍하게 비쌌기 때문에 엄두가 나지 않았지요. 그래서 아내가 여기 저기 헤매다가 지하도에서 싸게 파는 것을 구입할 수 있었습니다. 예원이가 얼마나 기뻐하는지..
어른들은 대체로 핸드폰을 사용해봤자 여러 가지 다양한 기능에 관심이 없고 오직 전화를 받고 하는 것 외에는 다른 기능을 잘 사용하지 않습니다. 그러나 아이들은 문자를 보낸다든지, 메모를 하고 일정을 정리한다든지.. 뭐 하여튼 여러 가지의 기능을 사용하고 즐기면서 만지고 놀지요.
예원이는 그 핸드폰을 마치 딸을 키우듯이 가지고 놀았습니다. 예쁜 악세사리로 핸드폰을 장식하기도 하고.. 자기 전에도 가지고 놀고 아침에 깨면 또 만지작거리기 시작합니다.
한 번은 내가 예원이에게 "핸드폰과 주님.. 무엇이 더 좋니?" 하고 물어보기도 했으니까요. 물론 예원이는 그 순간 기가 팍 죽었지요.

그런데 그 핸드폰을 깨뜨리게 된 것입니다. 아마 충격이 크겠지요. 또 비싼 것을 깨뜨렸으니까 혼이 날까봐 걱정도 되었을 것입니다. 예원이는 오랫동안 모아두었던 저금 5만원을 꺼내서 엄마에게 드리려고 했다는군요. 죄송하다고..
나는 그 날 밤 예원이와 이야기를 나누었습니다.

내가 말했지요.
"예원아. 핸드폰을 망가뜨린 것을 왜 아빠에게 이야기하지 않았어? 아빠에게 야단을 맞을까봐 무서웠니? 아빠는 고의가 아닌 실수를 할 경우에는 야단치지 않는다는 것 알고 있잖아. 아빠도 실수를 많이 자주 하기 때문에 잘못하는 것에는 야단치지 않는데.."
실제로 내가 아이들이 실수한 것에 대해 꾸짖는 적은 거의 없습니다.
나도 맨날 실수를 하니까요. 그래서 항상 "괜찮아. 살다 보면 그럴 수도 있지. 아빠는 너희 나이 때에 너희보다 훨씬 더했단다.." 그렇게 이야기하는 편입니다. 하지만 아이들이 예의가 없다든지 하는 것은 내버려두지 않지요. 사랑은 상호 존중이기 때문입니다.

예원이는 대답했습니다.
"아빠. 나도 아빠가 야단칠 거라고는 생각 안 했어요. 그래서 아빠에게 이야기하라고 했는데 엄마가 어떻게 할건지 결정하고 나서 이야기하자고 해서 엄마에게 맡겼지요.."
"그래. 나도 엄마에게 들었어.
하지만 결국 너와 엄마만 안 것이고 아빠는 모르는 거잖아. 깨진 핸드폰을 어떻게 해야 하는지 고쳐야 하는지 아니면 새것으로 구입해야 하는지 어떤 것을 선택해야 하는지 아빠와 같이 기도도 하고 의논도 하는 것이 좋았을 텐데.. 그런데 아빠만 혼자 몰랐으니까 마음이 조금 서운해지려고 해.."

나는 이어서 말했습니다.
"예원아. 사랑에는 비밀이 없단다. 모든 것을 같이 나누고 마음을 모으는 것. 그것이 바로 사랑이거든.."

예원이도 대답했습니다.
"예. 아빠.. 나도 아빠 사랑해요.. 사랑에는 비밀이 없다는 것 기억할게요.."
나는 예원이와 대화를 마치고 내 방으로 왔습니다. 사랑하는 딸아이와 이야기를 나누는 것은 언제나 어디서나 행복한 일입니다.
나는 아직도 딸아이와 이야기를 할 때는 가슴이 뜁니다.

그녀가 밥을 먹고 있는 것을 가만히 지켜보기만 해도 마음이 너무나 행복해지지요. 그래서인지 예원이도 밥을 먹을 때는 꼭 내가 옆에서 지켜봐 주는 것을 좋아합니다.
나는 즐거운 마음으로 내 방에 옵니다. 그러나 아직 핸드폰 이야기는 끝이 난 것이 아니었습니다.

2.
아내는 핸드폰 회사에 전화를 걸었습니다. 깨진 액정화면을 수리하는 데 비용이 얼마나 드느냐고.. 전화를 끊고 난 아내는 고개를 저었습니다.
배보다 배꼽이 더 크다는 것입니다.
우리가 싼 가격으로 구입을 했기 때문에 수리하는 데 드는 비용이면 새것을 사는 것이나 별로 차이가 없었습니다. 그래서 우리는 싸게 살 수 있는 방법이 있다면 새것을 구입하기로 마음을 먹었습니다. 문제는 어디서 싸게 살 수 있느냐 하는 것이었지요.
아내는 여기 저기 헤맨 끝에 인터넷에서 싸게 핸드폰을 구입할 수 있는 사이트가 있는 것을 알게 되었습니다. 아내는 사이트에 들어가 이것저것을 구경하더니 나를 부르는 것이었습니다. 무엇을 선택했으면 좋겠느냐고 묻는 것이지요.

정말 가격이 쌌습니다. 시중의 대리점에서 구입하는 것보다 반도 안 되는 가격에 최신형의 여러 기종들이 있었지요.

나는 예원이가 친구들의 핸드폰을 부러워하는 이야기를 더러 듣곤 했습니다. 친구들의 것은 벨소리도 40화음이고.. 화면도 컬러이고. 카메라가 되는 것도 있어서 지금 있는 곳을 전송해 보낼 수도 있고.. 등등..

우리 어른들에게는 정말 웃기는 이야기지요. 전화기는 통화만 할 수 있으면 된다고 여기는 것이 우리 입장이니까요. 하지만 이 아이들에게는 그것이 하나의 놀이이며 의미이기 때문에 이해가 되는 측면도 있었습니다. 나는 이 기회에 싸면서도 여러 가지의 기능이 있는 것으로 바꾸어주고 싶었습니다. 사랑이란, 나의 즐거움이 아닌 상대방의 즐거움을 위하는 것이니까요.

저녁이 되어 예원이가 집에 올 시간이 되었습니다.

나는 예원이의 마중을 나갔습니다. 그리고 예원이의 손을 잡고 집으로 들어왔지요. 예원이는 많이 피곤한지 힘이 하나도 없이 지친 발걸음으로 걸어오고 있었습니다.

나는 예원이에게 그 이야기를 했지요. 지금 엄마가 인터넷에서 너에게 사주려고 핸드폰을 고르고 있다고.. 그러자 지쳐있던 예원이가 그 이야기를 듣더니 갑자기 집으로 뛰어 올라가는 것이었습니다. 핸드폰이 그렇게 능력이 있는 것일까요?

예수님이 요즘 시대에 살고 계셨다면 아마 죽은 나사로에게 "나사로야! 나오라!" 하고 외치시지 않고 "나사로야! 새 핸드폰 사줄게! 40화음! 컬러! 카메라폰! 배터리 두 개 증정!" 하지 않았을까요? 그러면 그 순간에 나사로가 벌떡 일어나지 않았을까요? "주님! 정말이세요?" 하고.

저녁 아홉시 반이 넘은 시간에 저녁밥도 안 먹은 예원이, 신이 나서 이 핸드폰, 저 핸드폰을 여기 저기 클릭해서 그 기능을 꼼꼼하게 살펴보고 있는 것이었습니다.
"아, 이것은 내 친구 누구가 가지고 있는 거다. 아, 요건 친구 누구 것과 같은 거네.." 하면서요..
아내는 예원이에게 "안 돼.. 요것아.. 카메라 기능이 있는 건 너무 비싸!" 하고 소리 지르고.. 나는 옆에서 "여보.. 지금 시절이 다시 오지 않아요. 얘들에게는 이것이 중요해요. 친구들과 같이 좋은 곳에 있을 때 카메라로 그 장면을 쉽게 남길 수 있으면 그것도 추억이 되지 않겠어요?" 하고 설득하고 있었지요.

우리는 가격과 기능을 비교해서 몇 개의 후보를 선택했습니다.
그 안에서 예원이에게 고르라고 선택권을 주었지요. 뭐 그래도 보통 핸드폰 가격의 반값이 안 되는 것이니까요.
예원이는 계속 시간이 가는 줄도 모르고 이것저것을 구경하고 있었습니다.
그런데 이상하게 뒤에서 그 모습을 보면서 나는 가슴이 뭉클하면서 기쁨이 샘솟듯이 솟아오르는 것을 느꼈습니다.
정말 아빠의 마음, 아빠의 기쁨이 어떤 것인지 선명하게 깨닫게 되는 순간이었습니다.

이 아이가 이렇게 기뻐하면서 자기의 원하는 것을 고르고 있는 모습.. 그것은 아빠에게는 정말 행복하고 즐거운 순간이었고 그 어떤 것으로도 얻을 수 없고 느낄 수 없는 감동이었지요. 자기가 기뻐하는 것보다 사랑하는 사람의 기쁨과 행복이 그 무엇보다도 더 즐겁고 기쁨이 된다는 것, 그것은 정말 명백한 진리였습니다. 나는 그러한 감동이 물밀듯이 밀려오는 것을 느꼈습니다.
아, 이 아이가 즐거워하고 기뻐하는 것이라면 정말 무엇이든지 아깝지 않다. 내

목숨이라도.. 정말 모든 것을 해주고 싶다. 그런 마음이 마구 일어나는 것이었습니다.
나는 평소에 절약하는 것을 좋아합니다.
아내는 내가 면도를 깨끗이 하지 않는다고 불평을 하기도 하지만 그것은 사실 내가 200원 짜리 1회용 면도기를 몇 번 사용하고 버리지 않고 몇 달 동안 계속 사용하기 때문입니다.
그래서 나중에는 날이 무디어져서 거의 잘 깎이지 않지요. 그러다가 조금 더 무리하면 피가 날 정도가 될 때 비로소 버립니다. 나는 아주 가난하게 살아왔고 또 이 땅에 가난한 이들이 많이 있기 때문에 그렇게 절약하는 것이 좋다고 생각합니다. 하지만 자신에게 쓰는 것은 정말 아까워도 사랑하는 이에 대해서는 전혀 아깝지 않고 모든 것을 주고 싶다는 마음뿐이었습니다.

그러면서 동시에 주님의 마음이 느껴졌지요..
아.. 이것이 주님의 마음이구나.. 나를 보시는, 그리고 우리 모두를 보시는 주님의 마음이구나.. 그래서 자기의 마지막 피 한 방울도 아끼지 않고 흘리시는 것을 그 분은 기뻐하시는 구나..
주님의 사랑이 갑자기 그렇게 가슴에 미어지게 와 닿아서 눈물을 억제하기 힘들었습니다. 그래서 나는 내 방에 들어가서 내 방문을 닫고 울었습니다.
주님.. 감사합니다.. 그저 그러면서 울었지요..

3.
그 날은 참 기쁜 날이었습니다.
지치고 피곤했던 딸에게 기쁨과 소망을 주었고 나도 새삼 주님의 마음과 사랑을 느끼게 되었으니까요.

하지만 상황은 그것으로 끝나지 않았습니다.

새 핸드폰을 사주려면 예전에 있던 핸드폰을 해지해야 합니다. 그런데 이 해지를 하는 과정이 참 힘들었습니다. 핸드폰 회사의 상술이겠지만 가입하는 것은 쉬워도 해지하는 것은 몹시 힘들고 귀찮게 합니다.

해지 신청서를 받으려면 동네 대리점에서 안 되고 멀리까지 가야 하는데 시간도 없고 해서 아내는 여기 저기 알아보다가 그 쪽에서 우리 집의 팩스로 해지 신청서를 보내 주겠다는 허락을 받게 되었습니다.

그런데 그 쪽에서 해지 신청서를 몇 번이나 팩스로 보냈는데 이상하게도 갑자기 팩스가 고장이 나서 전혀 받을 수 없는 것이었습니다.

나중에 팩스를 고치려고 A/S에 접수를 했는데 팩스는 멀쩡하게 작동이 되었습니다. 그러니 멀쩡하던 팩스가 해지 신청서를 받으려는 그 순간에만 갑자기 말을 듣지 않았던 것이었습니다.

아무튼 상황이 이렇게 되자 우리는 다시 마음을 바꾸게 되었습니다. 무엇에든 우연은 없으며 주님의 허락이 있었던 것이라 생각하기에, 우리는 어떤 상황이 잘 풀리지 않으면 다시 기도하고 주님의 뜻을 묻는 습관이 되어 있었습니다.

그래서 우리는 핸드폰을 새것으로 구입하는 것이 주님의 뜻에 합당하지 않은 것인지 다시 기도하게 되었습니다. 그리고 나서 아내가 여기 저기 알아본 결과 결국 망가진 액정 화면을 얼마 되지 않은 가격으로 고칠 길이 있는 것이었습니다. 정말 어처구니가 없는 일이었습니다. 그렇게 하면 여태까지 우리가 한 짓은 다 원점으로 돌아가는 것이었지요.

아내와 나는 기도하고 주님의 뜻을 구했습니다. 핸드폰의 액정을 고쳐서 사용해야 할지, 아니면 새것으로 사주어야 할지..

하지만 얼마 기도를 하지 않아도 답은 너무 선명했습니다. 싸게 고칠 수 있는 것을 포기하고 새것을 장만한다는 것은 전혀 말이 되지 않는 것이었습니다. 게다가 아직 사용한지 1년도 안 된 새것이나 마찬가지인데..
우리가 그냥 새것을 구입하려고 하면 마음이 답답하고 불편했습니다. 심령에 기쁨이 없었습니다. 그러나 포기를 하고 고쳐서 쓰려고 하면 마음에 평안이 왔습니다. 그러니 주님이 무엇을 원하시는 지는 너무나 뻔한 일이었습니다.

기도 끝에 결국 우리는 핸드폰을 고쳐서 쓰기로 결정했습니다.
문제는 한참 들떠있는 예원이의 마음이었습니다. 이 아이에게 어떻게 이야기를 해야할지.. 그것이 문제였습니다.
예원이는 기쁨이 충만해서 새 핸드폰의 기종을 어떤 것으로 결정할까 친구들과 열심히 의논하고 있는 중이었습니다. 예원이는 반에서 반장이라 (아, 요즘은 회장이라고 하는군요..) 친구들도 많았습니다.
어떻게 예원이를 위로할까 머리를 짜내다가 결국 아내가 예원이에게 위로금을 주기로 결정을 했습니다.

그러고 있는데 낮에 학교에 있는 예원이에게서 전화가 왔습니다. 핸드폰에 대한 친구들의 조언을 모아서 결정한 사항을 엄마에게 이야기하려는 것이었지요.
그런데 엄마가 그 이야기를 하자 그녀는 그 순간에 말을 잊어버렸습니다.
아마 풀이 죽었겠지요.
그녀는 침묵을 지키다가 알았다고 대답하고 전화를 끊었습니다.
나와 아내는 마음이 아프고 난감했습니다.
아내는 대리점에서 핸드폰을 고쳐왔습니다.

우리는 이것이 주님의 뜻에 합당하다는 것을 알았지만 어떻게 예원이를 달래야 할지 걱정이 되었습니다.
왜냐하면 충분히 알아보지도 않고 새것을 사주기로 경솔하게 약속을 하고 바람을 넣은 것은 우리의 잘못이기 때문입니다. 아무리 부모라도 잘못을 했을 때는 할 말이 없어지는 것이니까요. 나는 대화로 예원이를 위로해주고 아내는 돈으로 예원이의 입을 막기로 했습니다.

밤이 되어 예원이가 힘없이 집으로 들어왔습니다.
힘없이 걸어 들어오는 예원이를 보는 데 정말 마음이 아팠습니다.
정말 당장이라도 다 취소하고 예원이가 좋아하는 것을 사 주고 싶었습니다.
하지만 문제는 돈이 아니었습니다.
우리는 바른 것을 가르쳐야 하는 부모의 입장이었습니다. 우리는 범사에 사소한 것에도 주님의 뜻을 구해야 하는 것을 아이에게 가르쳐야 하는 부모였습니다. 주님의 뜻을 아이에게 제대로 가르치지 못하면 그것은 우리가 사명을 바르게 감당하지 못하고 있는 것입니다.
그러므로 마음이 아파도 우리는 우리의 실수를 인정하고 사과를 하고 예원이에게 모든 경우에 오직 주님의 뜻을 구하는 것을 가르쳐야 했습니다.

나는 시무룩한 예원이에게 우리가 기도한 것과 마음의 평화를 통해서 확신을 얻은 것을 이야기했습니다.
그리고 물질적이고 세상적인 일시적인 즐거움보다 영원한 즐거움, 영혼의 기쁨을 구할 것에 대해서 이야기했습니다. 주님께 순종했을 때의 기쁨에 대해서 말입니다. 예원이도 주님의 임재와 만져주심에 대한 경험들이 있었기 때문에 그것을 이해할 수 있었습니다.

그리고 아빠의 어린 시절에 대해서 이야기하고 주님의 삶에 대해서도 이야기했습니다. 그 다음에 엄마가 예원이에게 돈을 꺼냈습니다. 그러나 아직 예원이의 얼굴이 별로 펴지지 않았습니다.

그러자 아내가 돈을 조금 더 꺼냈습니다. 그러자 예원이의 얼굴이 활짝 펴지며 웃는 것이었습니다. 우리의 작전은 성공한 것 같았습니다.

우리는 비로소 마음을 놓게 되었습니다.

예원이는 마음에 상처를 받지 않았고, 상황은 잘 끝난 것 같았습니다.

아내는 다시는 어떤 일이 있을 때 섣불리 빨리 결정하지 말고 조심하고 기도해야겠다고 말했습니다. 이 일은 우리 모두에게 좋은 교훈이 되었습니다.

4.

상황이 잘 끝이 나서 다시 우리 집에 웃음과 즐거움의 소리가 가득 차게 되었습니다. 그런데 거실에서 한바탕 웃음소리가 나더니 글을 쓰고 있는 내게 아내가 와서 웃으면서 말했습니다.

"여보.. 있잖아.."

"응.. 왜?"

"내가 예원이에게 말했거든. 예원아.. 우리의 삶에 우연은 없고 항상 우리의 마음이 환경을 끌어당기는 거야.. 그런데 네 핸드폰이 망가진 것을 보니까 네가 혹시 속에서 내 핸드폰이 망가졌으면.. 하고 생각하지 않았니? 친구들의 핸드폰을 보고 부러워서 말이야.. 하고 말했는데.."

"응. 그러니까 예원이가 뭐래?"

"후후후. 막 이렇게 눈을 뜨고 째려보는 거야. 엄마. 내가 그렇게 나쁜 아이로 보여? 하면서 말이야.."

아내는 예원이가 눈을 째려보는 흉내를 내면서 웃었습니다.

나는 거실에서 사과를 먹고 있는 예원이에게 갔습니다.
그리고 말했습니다.
"예원아. 엄마가 예원이를 놀렸다고?"
"응. 엄마는 못 됐어.."
아내는 옆에서 계속 웃고 있었습니다.
"맞아. 엄마가 너무 심했지. 어떻게 예원이가 그런 생각을 하겠니? 도대체 예원이를 어떻게 보는 거야?"
그러면서 나는 웃으며 한 마디 더 했습니다.
"예원아. 그런데 너 정말 그런 생각 안 했니?"
예원이는 내 말을 듣고 울었습니다.
"잉.. 이제는 아빠까지 나를 놀려.."
아내가 나를 때렸습니다.
"당신까지 장난치면 어떡해요.."
나도 웃으며 예원이를 안아주었습니다.

5.
핸드폰 이야기는 이제 마지막입니다.
이것은 나중에 예원이에게 들은 이야기입니다. 우리는 예원이에게 상처를 주게 되지 않을까 염려하기는 했지만 그리 심하게 걱정을 하지는 않았습니다.
왜냐하면 예원이는 성품이 밝고 환하기 때문입니다.
이 아이는 무엇이든지 아주 열정적으로 하다가도 이게 아니다 싶으면 쉽게 포기를 하는 아이였습니다. 그래서 어떤 상황이 되어도 쉽게 그 상황에 적응하는 편입니다. 그래서 우리는 그다지 걱정이 되지는 않았습니다.
예원이는 엄마의 이야기를 듣고 처음에는 마음이 상했다고 합니다. 그러나 어차피 결정이 된 것 속상하면 뭐하냐 하는 생각이 들었는데다가 엄마가 위로금을 준다는 이야기를 하자 귀가 솔깃했습니다.
그래서 엄마가 위로금을 얼마나 줄까 생각을 하다가 좀 더 많이 타내려면 심각한 얼굴로 마음이 아픈 척 연기를 해야겠다고 생각했다고 합니다.
그런데 집에 올 때까지 그 생각을 잊어먹고 있다가 집 앞에 와서야 생각이 났습니다. 그래서 최대한 심각하고 기운 없는 모습으로 들어왔다고 합니다.
예원이는 집에 와서 엄마의 분위기를 살폈습니다.
인상을 쓰고 있을 때 엄마의 기분에 따라 어떨 때는 더 혼이 나고 어떨 때는 더 많이 챙길 수 있다고 합니다.
그래서 처음에는 엄마가 돈을 꺼냈을 때 그만 얼굴을 풀까 하다가 분위기를 보니까 잘하면 조금 더 받을 수 있을 것 같다는 생각을 했답니다.
그런데 두 번째 엄마가 돈을 제시했을 때 거기서 조금 더 연기를 계속할까 하다가 그것은 조금 위험한 것 같다고 판단했다고 합니다. 거기서 조금 더 가면 받을 수 있는 것도 다 빼앗기고 오히려 터질 것 같아서 거기서 얼굴을 펴고 웃었다고 합니다.

상황이 다 끝난 후에 예원이의 이 이야기를 듣자 아내는 씩씩거렸습니다. 내가 이것의 연기에 속았다고.. 씩씩거리는 것이었습니다.
하지만 그것은 바로 아내가 지난 시절에 그녀의 아버지에게 맨날 하던 수법이었지요. 그녀도 항상 아버지에게 여러 가지 방법으로 돈을 뜯어냈으니까요.. 사지도 않을 책값이라든가 하는 식으로 말입니다. 아무튼 예원이의 이야기를 듣고 우리는 한참동안 같이 웃었습니다.
피곤한 예원이가 먼저 잠이 들고 나와 아내는 식탁에 앉아서 여러 이야기를 나누고 있는데 아내가 말했습니다.

"아휴, 저것이 이제는 나보다 수가 더 높다니까.. 내 마음을 훤히 읽고 있어요. 내가 이렇게 당하다니.. 아이고, 억울해라.."
"후후. 그렇지요. 결국 예원이가 잘못을 해서 핸드폰을 깨뜨린 것인데 결국 고쳐주고 위로금까지 받았으니 쟤로서는 잘 된 거지요.
하지만 일단 당신이 예원이에게 바람을 넣었으니 그 책임을 져야 하지요.
아무튼 예원이가 행동하는 것을 보면 참 지혜로와요. 사람의 마음을 이해하고 상황에 합당하게 대처하고 행동한다는 것은 좋은 일이지요. 그러니 쟤는 인생을 슬기롭게 잘 헤쳐나갈 거예요..
그리고 우리들은 이제 점점 떠나가야 하는 인생이고 쟤들은 이제 피어나는 인생인데 우리가 당하는 것이 당연하지 않겠어요?"

나는 한 마디 더 보탰습니다.
"하지만.. 나는 예원이가 연기를 하는 것을 알았다고 해도 예원이에게 넘어갈 수밖에 없을 것 같아요.
예원이가 비록 연기라고 해도 그 얼굴이 시무룩하고 어두울 때 내 마음이 찢어지는 것 같이 아팠거든.. 사랑이란 게 그런 것인가 봐요.."

이제 핸드폰 이야기는 끝입니다.
간단한 일이었지만
나는 이 일로 인하여
사랑이 무엇인지
아빠의 마음이 무엇인지
주님의 마음이 어떠한 것인지
이제 조금 더 알 것 같은 느낌이었습니다.

사랑이란
주님의 사랑이란
정말 참 좋은 것입니다.
그것은 아름답고 따뜻하고
정말 사람의 마음을 행복하게 만들어주니까요.
주님의 마음을 느낀다는 것..
그리고 그 사랑의 마음으로 산다는 것..
그건 정말 아름답고 행복한 일입니다.
그 기쁨을 주시는 주님을 찬양합니다.
예수님.
정말 감사합니다.
사랑합니다..
할렐루야..

2003. 4. 11.

17. 보일러 이야기

나는 신학 대학원 2학년 때 개척 교회를 시작했습니다. 주님의 인도 속에서 즐겁게 시작하게 되었는데 조금 어려운 문제가 있었습니다.
상가 건물에 우리가 살아야 할 방을 꾸며야 했는데 나무로 칸막이를 만들어야 했고 보일러도 놓아야 하는 것이었습니다. 나는 그러한 일에는 전혀 경험이 없었는데 그렇다고 일꾼을 쓰자니 돈이 너무 많이 들었습니다.
그런데 마침 아주 가까운 곳에 구세주가 있었습니다. 기숙사에서 같은 방을 쓰고 있던 형님이 도와주겠다고 한 것입니다. 그는 나와 같은 학년 같은 반이었지만 나보다 더 나이가 많고 사회 경험이 많았습니다. 듣기에는 철도 기관사를 비롯해서 안 해본 일이 없다는 것이었습니다.
이 형님은 참으로 재미있고 매력적인 캐릭터를 가지고 있었습니다. 그는 무슨 말을 하든지 간에 불과 몇 분만에 상대방을 압도해버리는 힘을 가지고 있었습니다. 그것은 그의 유창한 논리와 어디서 얻었는지는 모르지만 전문적인 지식을 통한 것이었습니다.

한 예를 들면 이렇습니다. 누군가 우유에 대한 이야기를 했다고 합시다.
그러면 그는 우유에 대해서 이야기를 시작합니다. 우유의 특성, 성분, 장단점, 우유가 왜 몸에 좋지 않으며 소화에 어려움이 있는 지를 설명합니다. 그런데 설명하는 과정에서 우유에서 나오는 어떤 성분.. 그리고 우리 몸 안에서 일어나는 어떤 효소.. 하면서 언급을 하는데 여기서 알아듣기 힘든 전문 용어가 (물론 외국어입니다) 계속 쏟아져 나옵니다. 일단 그게 맞는 말인지는 모르지만 기가 죽을 수 밖에 없는 것입니다. 그의 유식함, 박식함에 대해서 놀라게 되는 것입니다.
아무튼 무슨 화제가 나오든 항상 그런 전문적인 용어를 구사하며 자기의 논지를 설명해 가는데, 거기에 토를 다는 사람은 없습니다. 그러면 전문 용어가 대 여섯 개가 더 나오게됩니다.

신대원에 다닐 때 나는 히브리어를 잘 몰라서 고생을 하고 있었습니다. 내가 히브리어를 어려워하는 것을 보고 이 형님은 말하기를 "히브리의 급소는 이것인데, 이것만 알면 끝나는 거야. 그리고 히브리 역사적인 관점에서.." 하면서 유창하게 이야기를 쏟아놓는 것입니다. 도움은 전혀 안 되었지만.. 아무튼 그것은 멋진 이야기였습니다.
이 형님과 같이 길을 가다가 버스 정류장에서 어떤 학생을 만난 적이 있는데 이 형님 전도사님이 그 학생을 보자마자 다짜고짜로 영어 공부를 잘하는 비결이 뭔지 아느냐고 묻는 것이었습니다.
그 학생이 모른다고 하자 모든 영어 단어의 끝이 어떤 특성을 가지고 있는지 아느냐고 묻더니 거기서부터 시작해서 영어 단어 암기의 비결과 영어 공부의 비결을 전문가적인 관점이라고 하면서 열심히 이야기하는 것이었습니다.

그 학생이 입을 벌리고 열심히 듣고 있던 중에 버스가 오는 바람에 우리는 그냥 떠날 수밖에 없었는데 나는 처음 만난 학생을 그렇게 몰입하게 만드는 재주가 있는 이 형님이 정말 존경스러웠습니다.
나중에 알고 보니 그는 별로 영어를 잘 하는 것은 아니었고 영어에 대한 비법을 가지고 있는 것은 더구나 아니었습니다. 하여튼 간에 그는 그렇게 사람을 사로잡는 능력이 있었습니다.

법률이라든지 상식이라든지 사회 비리에 대해서도 모르는 것이 없었기 때문에 반에서도 이 형님이 이야기를 하면 인기를 독차지했습니다. 나중에 그 화려한 언변으로 원우회 선거에 부회장으로 출마해서 당선되기도 했지요.

그런데 이 다재다능한 형님이 나에게 염려하지 말라고, 자기가 도와주겠다는 것이었습니다. 그래서 나는 놀라서 형님이 목수일과 보일러일도 할 수 있느냐고 물었지요. 이 형님은 여유만만한 미소를 짓더니 현대 목수들의 문제점과 보일러공들의 문제점에 대해서 전문가적인 관점으로 이야기를 하는 것이었습니다.
그는 보일러를 설치하는 과정에서 시멘트를 어떻게 깔아야 하고 평형을 유지해야 하는지에 대해서 직접 몸으로 기본 자세와 몸의 각도와 움직임을 시범적으로 보여 주었습니다.
그런데 보일러를 하는 이들이 이런 자세의 기초를 모르고 다른 자세로 시멘트를 바르기 때문에 방의 보온과 평형에 문제가 생긴다는 것이었습니다.
나는 그 모습을 보면서 감동했습니다. 진짜인지 아닌지는 모르지만 아무튼 그 자신만만하고 확신이 넘치는 모습을 보면 감동을 하지 않을 수는 없을 것입니다.

그렇게 되어 얼마 후부터 이 형님이 우리에게 와서 공사를 시작했습니다.
먼저 방을 만드는 작업을 시작했지요.
합판을 몇 개 사온 후에 그는 천정에 실을 연결했습니다. 그러더니 실에다 조그만 연필을 달아매는 것이었습니다. 그러고는 연필을 땅바닥까지 내려오게 하고는 가만히 지켜보고 있는 것이었습니다.
나는 그에게 물었지요. 형님.. 지금 뭐 하고 있는 겁니까? 라고요.
그는 나를 의연한 태도로 쳐다보았습니다.
그러더니 땅의 기울어짐, 바닥의 평형도를 측정하고 있다고 말하고는 대형 건물이나 아파트를 건축하는 것을 본적이 없느냐고 물었습니다. 그러더니 다시 깊은 생각에 잠겨서 그 연필의 각도를 보고 있는 것이었습니다. 나는 그 장면에서 정말 감동을 먹을 수밖에 없었습니다. 이렇게 수준 높은 지식과 경험을 가진 형님이 나의 일을 도와준다는 것이 너무나 감격스러웠습니다.

하여튼 그렇게 시작해서 며칠만에 형님은 방의 형태를 다 만들었습니다. 그 동안에 내가 목수일의 의미, 디자인의 비법.. 등에 대해서 여러 강의를 들은 것은 당연한 일이지요.

형님이 주장하는 만큼 완벽한 방은 아니었지만 (예를 들어서 구멍이 숭숭 뚫려서 바람이 방안에 너무 많이 들어와서 온도차이가 바깥과 별로 나지 않았다든지..) 일단 사람이 살 수 있을 정도의 방이 만들어지기는 했습니다.

이제 남은 것은 보일러 공사였습니다.
그는 며칠 동안 여러 상념에 잠기는 눈치더니 보일러의 종류와 가격, 역사, 경제성, 성능.. 등에 대해서 많은 설명을 했습니다. 그러더니 여러 보일러 중에서 가장 세련되고 가격도 획기적인 보일러를 놓아주겠다고 했습니다.

그것은 가스 보일러였습니다. 그는 자기가 직접 가스 보일러를 손수 제작해서 놓아주겠다는 것이었습니다.

나는 놀랐습니다. 당시에는 가장 많이 사용하는 보일러가 연탄 보일러였습니다. 기름보일러도 있었지만 그것은 가격이 많이 비싸서 나로서는 엄두도 낼 수 없는 것이었지요. 그런데 기름보일러도 아닌 가스 보일러를 놓아주겠다니.. 나는 정말 놀라지 않을 수가 없었습니다.

그는 덧붙여서 말했습니다. 자기가 놓아주는 가스보일러는 세계에서 사상 최초로 시도되는 자기의 발명품이라고.. 이것은 순수한 자기의 아이디어이며 돈도 거의 들지 않는다고.. 그러니 놀라지 말고 구경만 하고 있으라고..

기대감 속에서 드디어 그의 작품이 완공되어 그 모습을 보게 되었는데 그것은 거창했던 말에 비해서 아주 간단한 것이었습니다. 온수용으로 물을 조금 덥히기 위해서 사용하는 보일러 통을 가스렌지에 올려놓은 것이었습니다. 그 보일러통이 가스렌지의 열기로 뜨거워지면 그 열기가 방바닥으로 가기 때문에 방이 뜨거워진다는 이론이었습니다.

그것은 참으로 위험한 일이었습니다. 그 정도의 열기로는 방이 뜨거워질 리도 만무하거니와 하루 종일 가스렌지를 켜놓아야 하기 때문에 가스의 비용도 만만한 것이 아니었습니다. 게다가 가스렌지가 바람이 불면 꺼질 수도 있는데 그렇게 되면 가스가 새어나오게 됩니다. 자칫 잘못하면 폭발할 수가 있는 것이지요. 한 마디로 그것은 정말 어처구니없는 짓이었습니다.

아무튼 아무 것도 몰랐던 나와 아내는 그 최신 발명품인 가스 보일러를 작동을 시켰습니다. 그러나 아무리 오래 시간이 흘러도 방은 전혀 뜨거워지지 않는 것이었습니다.

그런데 마침 그 때 안면이 있는 집사님이 방문을 하였습니다. 그리고는 이 해괴한 모습을 발견하게 되었지요. 그 집사님의 기가 막혀 하는 모습이 아직도 잊혀지지 않습니다. 그는 오직 한마디만을 했지요. 그의 말은 죽으려고 작정을 했느냐는 한 마디였습니다.

나는 그 형님의 집으로 연락을 하였습니다. 그는 와서 그 상황을 보고 고개를 젓더니 아직 이 발명품이 한국에서 뿌리를 내리는 데에는 시간이나 상황의 변화가 좀 더 필요한 것 같다고 하였습니다.

그리고 충분히 상황을 바꾸어놓을 수가 있지만 지금 시간이 별로 여유가 없으니 그냥 가장 일반적이고 쉬운 방법으로 연탄보일러로 하겠다고 했습니다.

나는 아무래도 좋으니 그냥 춥지만 않게 해달라고 했지요. 아무튼 그 형님은 일을 마치고 집으로 돌아갔습니다. 우리는 드디어 형님이 제작 설치한 보일러를 틀었고 방은 따뜻해졌습니다. 마음이 아주 흐뭇했지요.

하지만 상황은 거기서 끝난 것이 아니었습니다. 방은 처음에는 따뜻했지만 조금 시간이 지나자 더 이상 따뜻해지지 않았고 보일러를 연결한 호스가 다 녹아버리고 말았습니다. 그리고는 우리 가족 모두가 머리가 아파지기 시작했습니다.
그 다음 일은 별로 설명하고 싶지 않지만.. 간단하게 말하자면.. 우리 가족 모두는 연탄가스를 먹고 죽을 뻔했습니다.
그 다음 날에 머리가 깨지는 것 같이 아파서 나는 그 형님에게 전화를 하지 않고 가까이에 있는 보일러 아저씨를 불러왔습니다.

그 아저씨가 오더니 보일러를 보고 큰 소리로 외쳤습니다.
"이거 어떤 놈이 이 따위로 한 거야?"
그의 외침이 모든 것을 말해주고 있었습니다. 아저씨는 우리에게 살아있는 것이 기적이라며 처음부터 다시 뜯어내고 보일러를 놓아주었습니다. 그리고 그것으로 우리의 보일러 문제는 마무리가 되었습니다.
나중에 학교에 가서 조금 억울하기도 하고 어처구니가 없기도 해서 그 형님에게 물어보았습니다. 형님.. 보일러가 이상하던데요. 그래서 가스 먹고 죽을 뻔했잖아요.. 라고..
그 형님이 한참을 묵상하더니 이렇게 이야기했습니다.
"사실.. 나는 목수 일은 잘 하지만 보일러는 잘 몰라. 나는 예수님을 사랑하거든. 그런데 예수님은 목수 일을 잘 하셨지만 예수님이 보일러를 잘 하셨다는 말은 성경에 없잖아.. 예수님이 보일러 공이셨다면 나도 보일러를 잘 했을 거야.."

나는 그 형님의 은혜스러운 대답에 또 다시 감동을 받았습니다.
하지만 이 사건을 통해서 배운 것이 분명히 한 가지는 있었습니다. 그것은 말을 잘 하는 사람을 조심해야 한다는 것이었지요. 특히 전문용어를 완벽하게 구사하는 사람은 조심하는 것이 좋다는 것을 깨달았습니다.
우리 집의 보일러를 고쳐주고 간 아저씨가 보일러를 완벽하게 고치면서도 한 마디의 말도 하지 않고 일을 마친 것을 보면 실력 있는 사람은 말이 별로 없는 모양입니다.

아무튼 그 때 고생을 하기는 했지만 그래도 가끔 그 형님이 생각이 나고 그립습니다. 조금 과장이 있고 엉터리이기는 해도.. 그래도 그의 이야기는 너무나 재미가 있었으니까요. 그리고 재미있는 이야기를 들으며 교제를 나누는 것은 아주 즐거운 일이니까요.
뻥도 치고.. 속기도 하고.. 어떻게 보면.. 그것도 사람 사는 재미가 아닌가요? 하하하..

2003. 5. 19

18. 거짓의 영에 속지말고 진리를 고백하라

며칠 전 오후, 글을 쓰다가 잠시 쉬려고 아내의 방으로 들어갔습니다. 아내의 방으로 들어가는 순간에 머리가 부서지는 듯이 아파서 아내에게 물었습니다.
"아이고.. 머리 아파.. 안 좋은 영이 있군요. 누구와 통화했어요?"
우리 집에 들어오는 영들의 통로는 뻔하지요. 아마 이상한 전화가 왔을 것입니다. 아니나 다를까 아내가 대답합니다.
"응.. 어떤 분이 전화해서요.. 막 뭘 물어보고 따지고.. 나도 전화를 받으면서 머리가 너무 아파서 끊었는데 지금까지 아프네요.."
그녀의 머리에 있는 흑암과 고통이 아주 커서 나까지 구역질이 나고 머리가 어지럽습니다. 나는 말합니다.
"잠깐.. 대화를 하기 전에 악한 기운을 조금 처리해야 되겠어.. 나도 머리가 아파서 대화가 안 돼."
나는 그녀에게 기도를 해주고 머리를 두드리며 나쁜 기운을 뽑아냈습니다.
그녀는 조금 나아졌다며 '휴..' 하고 한숨을 쉽니다.

우리 집에는 예전보다는 조금 덜하지만 참 많은 전화가 옵니다. 몇 년 동안 전화와 메일에 너무 기력을 빼앗겨서 지금은 많이 탈진한 상태에 있지요. 그래서 나는 거의 전화를 받지 못합니다.
최근에 아내가 내가 지금까지 써왔던 메일을 정리하고 있는데 예전에는 내가 아주 자세하게 많은 분량으로 답을 써주었다고 하더군요. 그러나 지금은 답을 잘

못하고 하더라도 아주 짧게 요점만을 쓰는 편입니다. 그만큼 탈진이 되었기 때문입니다.

우리 집에 오는 전화는 대부분 나의 책으로 인하여 삶이 바뀌게 되었다고 감사를 표현하는 내용이거나 아니면 상담을 요청하는 것입니다. 다급한 상황에서 전화를 주는 경우가 많기 때문에 울면서 기도를 요청하기도 하고 하소연을 하기도 합니다. 하지만 그들이 원하는 만큼 잘 도움을 주지 못하는 경우가 많지요.

조금 난처한 전화도 있습니다. 그것은 내 생각을 교정하고 싶어하는 이들의 전화입니다. 목사님의 글이 99%는 다 맞는데 빠진 것이 있으니 이 부분을 보충해라.. 라든지 이런 것은 옳지 않다.. 는 등의 이야기들이 많지요. 대체로 신학생이나 목회자들이 그러한 이야기들을 많이 합니다.

대체로 평신도들은 나의 책을 읽고 도움을 많이 요청하는 편이며 사역자들은 뭔가를 가르치고 싶어합니다.

그것은 사역자들이 흔히 가지고 있는 성향인데 그러한 가르치고 싶은 성향을 극복해야 성도들에게 도움을 줄 수 있는 것입니다. 그러한 성향을 버리지 않으면 자기 확신에 빠져 사람들에게 자신이 원하는 것을 강요하게 됩니다. 그것은 사람을 자유롭게 하는 것이 아니라 짐을 지워주고 피곤하게 만들지요. 자신의 확신과 주장을 내려놓고 자유롭게 될 때 비로소 상대방의 영적 상태를 잘 이해하고 분별할 수 있으며, 자신이 좋아하는 것이 아니라 상대방에게 필요한 것을 공급해줄 수 있는 것입니다.

어떤 이들은 왜 이런 내용이 빠졌느냐고 항의를 하다가 전화를 하면서 '아.. 책의 뒷 부분에 그 이야기가 있군요.' 하는 분도 있습니다. 아직 책을 다 읽기도 전에 전화를 먼저 해서 자신이 하고 싶은 이야기를 하는 것입니다. 이렇게 성질이

급한 이들이 많이 있습니다. 또 어떤 부분에 대해서 자세한 답을 요구하기에 어떤 책에 그것을 설명해놓았다고 하면 자기는 책을 읽을 시간이 없다고 하는 이도 있습니다. 아무튼 도움을 요청하는 이들의 성향은 다양합니다.

아내에게 무슨 전화를 받았는지 물었습니다. 아내는 어디서 영성훈련을 받고 졸업했다는 분이 전화했다고 합니다. 나의 책 〈문제는 주님의 음성입니다〉를 읽고 전화를 걸었다는 것입니다.
내용이 다 좋지만 한 가지 잘못된 것이 있는데 그것은 하나님은 조금만 잘못하면 치시는 분인데 너무 사랑의 주님만 강조했다고 하는 것입니다. 자신은 아주 조금만 잘못하면 하나님이 즉시로 치시기 때문에 아주 박살이 난다고 합니다. 그래서 그 부분을 토론하고 싶다고 전화를 드렸다는 것입니다.

나는 웃습니다. 나는 토론을 별로 좋아하지 않으니까요. 나는 각자가 자신이 좋은 대로 믿는 것이 좋다고 생각합니다. 각자가 나름대로 확신을 가지고 있다면 그것을 붙들고 살면 되겠지요. 나는 상대방의 생각과 확신을 바꾸고 싶은 마음이 전혀 없습니다.
강요하고 설득하는 것은 나에게 전혀 맞지 않는 사역일 것입니다.
아내가 그녀에게 물었다고 합니다. 하나님이 그렇게 수시로 치시는데 행복하느냐고.. 그랬더니 그녀는 대답하기를 너무 하나님이 그러시니까 짜증이 난다는 것입니다. 아내는 그녀의 이야기를 듣고 있는데 머리가 너무 아파서 대충 인사를 하고 끊었다고 하였습니다.
그러면서 나에게 묻습니다.
"왜 그녀는 조금만 잘못하면 고통을 겪게 되지요?"
나는 대답합니다.

"두려운 하나님을 믿고 있으니까 그렇지요.. 우리의 현실 환경은 다 우리의 마음과 영혼이 만드는 것을 하나님이 허락하시는 것인데.. 어떤 경우에도 하나님은 좋으신 분이고 사랑의 주님이라고 믿고 시인하면 반드시 환경이 아름다운 방향으로 변화하게 되지요.
그런데 그녀는 자신의 어두운 믿음과 어두운 생각이 악한 영들, 재앙의 영들을 끌어당기는 줄을 모르고 그것이 하나님의 역사라고 생각해요. 그러니 그녀는 계속적으로 고통을 겪을 수밖에 없는 거지요."

나는 덧붙입니다.
"더 무서운 문제는 이것이지요. 그녀의 영혼은 어둡고 비참한 상태에 처하여있으면서도 자신의 영이 깊고 신앙이 훌륭한 것으로 생각해요. 예의도 부족하고 다른 이들을 배려하지 않고 사랑하지도 않으며 행복하게 살지도 못하면서 그래도 자신은 신앙이 좋고 영적으로 깊다고 생각하지요.
그것이 가장 무서운 거죠. 그런 상태에서는 주님이 오실 수 없고 천사들도 도울 수 없으니까 그녀는 오랫동안 더 고통을 겪게 되겠지요.

많은 고통의 시간이 지난 후에 낮아지고 절망해서 가르침과 빛을 받을 준비가 되면 그녀는 그 암흑에서 벗어날 수 있겠지요. 하지만 지금은 좀 더 어둠 속에서 고통을 겪어야 할 거예요. 아직 자신을 보지 못하고 있으니까.
세상에 자신의 믿음의 수준이 높다고 생각하는 것보다 더 무서운 것은 없어요. 거기서부터 지옥이 시작되니까요.
그것은 암보다 더 무서운 거지요. 주님은 오실 수 없고.. 악한 영들은 단체로 와서 괴롭히고 공격하고.. 그러므로 높은 마음을 가지는 것, 그런 상태로 영적 지도자가 되는 것, 목회자가 된다는 것은 조심하지 않으면 정말 무서운 일이지요. "

아내는 아직도 머리가 조금 아프다고 하면서 왜 그러한 이들과 대화를 나누면 머리가 아픈지를 물어봅니다.
나는 조금 생각하다가 대답합니다.

"사람은 육체로는 같은 세상에 살지만 그들의 영혼은 발전 상태에 따라서 다 각자 다른 곳에 소속되고 교통하고 있어요. 그것은 외적 지위와 상관없이 각자 영혼의 발전 상태와 관련이 있는 것입니다.
그 영혼이 높은 산의 영계에 속하여 있는 사람, 산 중턱에 속하여 있는 사람, 산아래 빛이 비춰지지 않는 낮은 골짜기에 속하여 있는 사람..등 그 수준과 상태는 다양하지요. 그렇게 각자가 속한 영계에서 오는 생각과 감정을 수신하게 돼요.
높은 곳에서 있는 이들은 온전하고 밝은 빛 속에서 겸손과 온유와 순결한 사랑의 에너지를 수신하게 되기 때문에 그 심령이 항상 가볍고 행복하지요.

그러나 육체의 정욕과 감각으로만 살아온 사람들은 영혼이 발전하지 않아서 낮은 영역에 속하여 있어요. 그래서 그들은 낮은 골짜기에 빛이 오지 않는 것처럼 영적인 깨달음의 빛이 비추어지지 않아서 아무 것도 보이지 않기 때문에 항상 어두움의 생각에 속게 되지요.
그래서 그들은 자신을 대단한 존재로 생각하며 자신이 높임을 받기 원하고 어두운 생각과 마음, 교만, 불안, 두려움, 번민..등의 상념에게 사로잡히게 되지요.
그래서 그들은 항상 억울해하고 원망하고 분노하며 다른 이들에 대한 복수심이나 시기의 마음을 가지고 있지요.
그리고 그들의 불행한 상태의 원인이 자신의 마음과 생각이 낮고 어두운 것에 있다는 사실을 알지 못하고 환경 때문에, 사람 때문에 자기가 고통을 겪고 있다고 생각하고 원망만 하고 있는 것이지요. 누구 때문에, 부모 때문에, 배우자 때문에 내 인생을 망쳤다.. 그런 식으로 원망하고 사는 거예요.
그렇게 어두운 마음과 생각을 가지고 사는 이들은 그러한 상태에 익숙해있기 때문에 자기의 상태에 그다지 고통을 느끼지 못합니다. 그것은 구더기가 재래식 화장실에서 고통을 느끼지 못하는 것과 같아요.
그러나 밝은 빛 가운데 거하는 이들은 그러한 어두움의 상태를 아주 고통스럽게 느끼게 됩니다. 그런 기운을 가지고 있는 사람의 근처에 가까이 가기만 해도 머리가 아프고 힘들게 되지요. 그것은 서로 영의 파장이 다르기 때문입니다.
그래서 은혜를 받고 주님의 아름답고 순결한 빛을 경험하고 나면 예전에는 친하게 지냈던 사람이라고 해도 상대방들이 가지고 있는 어두움의 기운이 느껴져서 고통을 겪게 되는 경우도 많지요."

나는 덧붙입니다.
"머리가 아픈 이유는 많이 있어요. 하지만 간단하게 말하자면 그것은 악한 영들이 사람들의 머리 속에 넣어주는 생각들이 근본적으로 거짓의 영이기 때문이지요.."
아내는 묻습니다.
"거짓의 영? 거짓말?"
나는 대답합니다.
"그렇지요. 악령들이 사람에게 넣어주는 생각은 모두 다 거짓인데 진리에 반대가 되는 거짓의 생각들이 사람의 안에 들어오면 사람들은 머리가 아프게 되어 있어요. 근본적으로 사람은 빛에 속한 존재로 창조되었으니까.. 그래서 악을 고통스럽게 느끼지요."
"거짓의 생각이란 어떤 생각을 말하는 거지요?"

"가장 중요하고 기본적인 진리들이 있지요.
주님은 이 우주의 주인이시다.
그분은 사랑이시다.
우리는 그 분의 품안에 있으며 안전하다.
우리는 그분을 추구하기 위해서 태어났다.
이러한 것들이 우주적인 기본 진리들이라고 할 수 있지요.
이러한 진리는 우리의 영혼을 맑게 해요.

그래서 예배에서 이런 고백을 시키는 것이지요.
오.. 주님.. 너무나 감사합니다.
저는 주님만을 사랑하기 원합니다.
오직 모든 영광을 당신께 돌리겠습니다.
저는 너무나 부족한 사람이지만..
저를 향한 당신의 끝없는 사랑으로 인하여 감사드립니다..

그런 고백을 드리다보면
우리의 영혼이 맑아지는 것을 느낄 수 있게 돼요.
가슴은 뜨거워지고 눈에서는 눈물이 나고..
모든 것이 너무 행복해지지요.
그것은 그러한 언어와 고백이 빛으로부터
진리로부터 왔기 때문이지요.

그러나 마귀는 오직 속이는 존재입니다.
그들은 항상 어둠 속에서 그럴듯해 보이는 거짓으로 속이는 거예요.

인생이란 아주 힘들고 고통스러운 것이다.
하나님은 두려운 분이다.
남들이 너를 무시하고 있고..
그래서 용서하면 너만 바보가 된다..
너는 누구 때문에 인생이 불행해졌다..
아무도 네 마음을 모르며 너는 억울한 인생이다..
그들은 그런 식으로 계속 거짓을 속삭이고 있지요.

마귀가 심어주는 그러한 이야기를 계속 듣고 있으면
마음이 어두워지고 점점 영혼이 산골짜기의 낮고 깊은 곳으로 떨어지게 돼요. 모든 그리스도인들이 어둡고 눌린 삶을 살고 있는 것은 다들 그러한 마귀의 거짓말을 듣고 받고 믿고 있기 때문이지요."

나는 창문 바깥을 바라보며 말했습니다.
"저 바깥의 하늘을 봐.. 오늘 날씨가 참 좋지요?
환하고 아름다운 태양의 빛들..
저게 하나님의 마음을 보여주는 것이지요.
밝고 맑고 환하고..
아름다운 빛의 마음, 빛의 생각이지요.
그런데 마귀는 어두운 생각을 줘요.
거짓의 생각은 항상 어두움이죠.

그래서 어두운 곳에서 오래 생활하는 사람은
마음이 어두워지고 거짓의 생각에 잡히기 쉬워요.

아직도 머리가 조금 아프다고 했죠?
저 바깥의 환한 빛을 보고 있어 봐요.
그러면 머리가 곧 시원해지게 되요.
빛은 밝은 생각을 넣어주니까..
그래서 아무리 부정적인 사람이라도
밝은 햇볕 가운데 있으면 곧 마음이 밝아지게 되요."
아내는 내 말을 듣고 잠시 바깥을 바라봅니다.
그러더니 탄성을 올립니다.
"와! 정말 신기하네. 환한 것을 보니까 머리가 점점 시원해지는군요."
나는 웃습니다.

"꼭 기억해야 되요.
거짓은 머리를 아프게 해요.
우리는 하나님과 교통하도록 지어졌고 선한 것을 즐기도록 지음을 받았기 때문에 빛의 생각, 하나님의 생각이 들어올 때 우리 몸도 마음도 시원하고 기쁘게 되요.
머리는 시원하고 가슴은 따뜻해지고 온 몸은 날듯이 가벼워지지요.
그러나 어둠의 영들, 거짓의 생각들이 들어오면 머리가 아프고 몸이 무거워지고, 마음은 답답하고 모든 질서와 조화가 파괴되는 거지요.
잘난척하거나 남을 비방하거나 원망하거나 하는 이들의 얼굴을 봐요. 환한 사람이 있는가. 하나같이 어둡고 일그러지고 비참한 표정으로 이야기를 하고 있지요. 그것으로 그들이 어떠한 영에 잡혀있는지 알 수 있는 거지요.
그러니 거짓의 생각에서 벗어나 항상 주님이 주시는 밝고 맑은 생각과 감동 속에서 살아야 되요. 그것이 곧 천국이거든."

아내는 무척 기뻐하는 것이었습니다.
"와.. 여보.. 머리 아픈 덕분에 좋은 이야기를 들었다!
여보, 이 내용을 카페에 올려주면 안돼요? 나는 이야기를 들을 때는 좋은 것 같은데 내가 쓰려고 하면 하나도 기억이 안 나거든.."

나는 껄껄 웃었습니다.
아내는 툭하면 내 이야기를 카페에 올리라고 합니다.
집에서 우리끼리 잠시 예배를 드려도 아깝다고, 메시지의 내용을 글로 올리라고 아우성입니다.
나는 그녀에게 약속합니다.
"그래요. 나중에 올릴게. 지금은 다른 것을 해야 돼요."
그렇게 아내에게 약속을 한 것이 일주일쯤 되었을까요? 그래서 지금 아내와의 약속을 지키기 위해서 글을 올리는 것입니다.

사랑하는 카페 식구, 독자 여러분..
오직 이 하나의 사실만을 기억하십시오.
마귀는 거짓의 영이며
그들의 거짓말들,
그들이 속삭이는 거짓의 생각을 받아들이고 있으면
머리가 아프고 우울해지고 비참해진다는 사실을..

그리고 주님의 말씀은 진리의 영이며
그 진리는 우리의 마음, 영혼을 기쁨으로
빛으로 가득하게 한다는 것을..

그 진리의 말씀에 귀를 기울이고
그 빛과 진리를 고백하고 시인하고
주님의 은혜와 사랑을 감사하고 찬양할 때
우리의 영혼은 기쁨과 행복으로 가득하게 된다는 것을
부디 기억해두십시오.

그렇게 빛 가운데 거하고 살아가게 될 때
우리의 삶은 언제나 천국이라는 사실을
부디 꼭 기억해주시기 바랍니다.
오늘도 주님 안에서 행복한 하루가 되시기를 바랍니다.
오, 예수님.. 정말 감사합니다.
할렐루야.

2003. 6. 9

19. 상한 마음을 치유하시는 주님

얼마 전에 신간인 [주님은 생수의 근원입니다]가 나오게 되었을 때 책을 후원회원들에게 발송을 하는데 도움이 필요해서 카페 가족들을 우리 집으로 불렀습니다.
가끔 이삿짐을 정리해야 한다든지 해서 힘이 필요한 일이 있을 때 젊은이들을 부르곤 하는데 이상한 것은 그렇게 와서 열심히 노가다를 하고 나서는 우리가 고마워해야 하는데 그들이 더 감격하고 즐거워하는 것입니다.
감사의 메일과 문자 메시지를 보내곤 하지요. 그렇다고 힘이 드는 일에 사례를 하는 것도 아닌데..

아내와 나는 "음.. 우리는 정말 악덕 기업주다." 하고 말하곤 하지요. 열심히 부려 먹는 것뿐인데 저렇게들 좋아하니 조금 마음이 찔리는 것입니다.
아내와 나는 일을 재미있고 즐겁게 하려는 편입니다. 그래서 가능하면 항상 장난과 유머 속에서 일을 하는 경향이 있지요. 힘이 들면 춤을 추기도 합니다. 힘들게 여겨지는 상황이나 일을 즐겁게 게임으로 여길 수 있는 것이 생활 속의 영성이 아닐까.. 그런 마음을 가지고 있지요.
또한 일은 그 자체보다는 일을 하는 이들과의 교제나 즐김이 더 우선이 된다고 생각합니다.
얼마 전에 집의 책장을 정리하고 옮기는 일이 있어서 몇 형제 자매들에게 일을 시켰는데 일을 마친 후 한 자매가 메일을 보내왔습니다.

* 목사님.. 어제 너무 행복했어요.
예전에 어느 교회 수련회 때 쫄쫄 따라갔을 때 그 때 생전 처음으로 느꼈던 그 따스함.. 행복.. 기쁨..
마치 책 [사랑의 나라]에서 등장하는 '강함' 이라는 청년이 '미소' 의 가족들을 만났을 때 그랬던 것처럼 그렇게 생소하게만 느껴졌던 행복.. 그렇지만.. 결코 잃고 싶지 않았던.. 그 행복.. 천국에 온 것만 같았던 그 때의 기억..
어제 일하면서 그 때 기억이 다시 나면서 가족이란 이런 거구나.. 행복이란 이런 거구나.. 생각했어요.
온 몸과 마음에 빛이 충만해진 것 같은 느낌이 들었어요..

참 신기했어요. 어제 특별히 기도한 것도 아니고 그냥 함께 책 나르고 일하고 웃고 떠든 것뿐인데 기도 몇 시간 한 것보다 훨씬 더 마음이 행복하고 풍성하고 충만해졌거든요. 너무 신기했어요.
그리고 어제 목사님이 A자매에게 써주신 글이 떠올랐어요.

〈부드럽게 웃어라.
즐겁게 논문을 쓰며
그 시간이 아름답고 거룩하고 풍성한 시간이 될 것을
고백하고 믿어라.
하나의 글을 마치고 나면
마치 오랜 시간 기도를 드린 것처럼
행복하고 주님의 임재로 채워지게 될 것이다.
부디 기억하거라..
오직 모든 일을

주님의 임재 가운데서 하게 된다면
그것은 일이 아니고 천국인 것을
오직 하나의 지옥은
주님의 임재를 놓쳐버린 것..
그것일 뿐이다. 〉

모든 일을 주님의 임재 가운데서 하면 그것은 일이 아니고 천국이라는 말씀..
그 말씀이 어떤 의미인지 예전엔 구체적으로 다가오지 않았는데
어제 목사님이랑 함께 일하면서 피부로 느낄 수 있었어요.
어제 일할 때 그렇게 행복하고 그렇게 즐거웠던 이유는
일 자체로 인한 것이기보다는 사랑하는 사람들과 함께 일한다는 기쁨..
함께 웃고 떠들고 춤추고.. 함께 깍깍대고 낄낄대는 그 즐거움..
그 교제의 즐거움으로 인한 것이었거든요.
함께 한다는 것.. 함께 있다는 것.. 함께 뭔가를 할 수 있다는 것..
그 자체가 제게 얼마나 큰 만족과 행복을 주었는지..

어제 집에 돌아오는 길에 같이 일했던 B형제한테서 문자가 왔어요.
'역시.. 너무 좋아요.. 어차피 숙제도 무엇도 그리 중요하지 않은 거고
목사님 사모님과의 만남, 섬겨드리는 기쁨이 너무 커서 내게는 너무 행복하고 만
족된 시간이었어요. 내게 이런 좋은 분들을 만나게 해 준 자매를 참 축복해'
형제의 문자를 보면서 주님의 임재 가운데 하는 일과 주님의 임재를 벗어난 일의
차이를 다시 한 번 생각하게 되었어요.
일을 빨리 끝내려는 목표 자체에 매여서 분주하게 움직이고 허둥지둥 할 때는
일 하는 것을 너무 힘들어하고 재미없어하던 형제가 어제 목사님이랑 사모님이

랑 함께 일할 때는 그렇게 즐거워하고 행복해 하고 만족스러워하고 좋아하는 모습을 보면서 아.. 주님의 임재 가운데 일하면 이렇게 천국이구나..
일 자체가 아닌, 함께 하는 기쁨.. 교제의 기쁨.. 이것이 중심이 될 때
아무리 어려운 일이라도 행복하고 기쁘고 즐거운 것이구나..
그래서 썬다싱은 '십자가는 천국'이라고 말했구나. 생각했어요.

예전에 목사님이 답 메일로 '안식'의 의미를 설명해 주시면서 그런 얘기를 하신 적이 있었어요.
〈사랑하는 이와 함께 하는 일은 하나도 힘들지 않다. 그게 바로 안식 속의 사역이다〉라구요. 그 때는 그 의미를 잘 이해하지 못했었는데 어제 목사님이랑 사모님이랑 함께 일하면서 그 의미를 알 것 같았어요.
사랑하는 사람과 함께 하면 그 어떤 것도 안식이 됨을..
그래서 주님을 사랑하는 마음이 더 깊어질수록 주님의 임재 안에서 하는 모든 일은 안식이 된다는 것을.. 이제 조금 알 것 같아요.
그러니 어떤 일이나 어떤 사역에 집중하느라 주님과의 따스한 교제를 잃어버리게 된다는 것은 얼마나 무서운 일인지..
어떤 일 가운데서도 주님의 임재와 주님의 달콤한 사랑..
그 분의 행복과 빛과 안식을 잃지 않기를..
어떤 일 가운데서도 일 자체가 목적이 되지 않고
주님과.. 사람들과 함께 누리는 행복.. 기쁨..
이것이 목적이 되기를.. 그렇게 되기를 원해요..

전에 목사님이 영성의 진리 코너에 '믿음은 놀이'라는 글을 써주셨었잖아요..
아이들은 모든 것을 놀이로 여긴다고.. 그 말이 이해될 듯 말 듯 했는데..

목사님이 일하시는 모습을 보면서 그 말의 의미를 알게 되었어요.
목사님이랑 함께 일하면 일이 일처럼 느껴지지 않고
아주 재미있는 게임처럼.. 아주 신나는 놀이처럼 느껴지거든요.
목사님이랑 같이 있다 보면 어린 아이가 되는 것 같거든요..
주님의 임재를 잃지 않는 삶..
어떤 일이나 성취보다.. 주님과의 친밀한 교제..
사람들과의 행복한 관계를 추구하는 삶..
그런 삶을 살고 싶어요.
감사해요. 목사님.. *

즐겁게 일을 할 수 있다는 것은 좋고 행복한 일입니다. 놀 때만 행복하다면 행복할 시간이 얼마 되지 않지요. 그러나 언제 어느 상황에서도 게임을 즐기듯이 일하고 움직일 수 있다면 우리는 삶의 모든 순간을 누릴 수 있으니까요.
그런데 이 날은 몇 명의 카페 가족들과 같이 일을 하려고 모였는데 인쇄에 문제가 생겨서 그 날 책이 나오지 않게 되었습니다. 그래서 같이 만난 김에 이야기를 하고 기도를 하면서 놀게 되었지요.
음식을 먹으면서 나는 열심히 떠들고.. 사람들의 이야기나 질문에 귀를 기울이기도 하고 내가 대답을 하면 기록을 하는 자매는 열심히 받아 적고.. 그렇게 시간이 많이 흘러서 오랜만에 찬양을 하려고 한 자매가 피아노 의자에 앉았습니다.

물론 처음에는 한 곡만을 하려고 했지요. 하지만 역시 가능하지 않았습니다.
그렇게 찬양은 시작되고 그러다가 기도하고.. 그렇게 여러 시간이 지나갔지요.
그 다음에 일어나는 상황은 뻔한 것입니다. 아수라장.. 통곡.. 군데군데 산처럼 쌓여있는 휴지의 무더기.. 우리는 정말 휴지 회사로부터 상을 받아야 마땅할 것입니다.. 그대들은.. 엄청난 휴지의 소모로 인하여 제지 영업 계통의 발전에 혁혁한 공로를 세웠으므로.. 이 상을 수여함.. 뭐 이런 식으로요.

오전에 모였다가 그렇게 기도하고 찬양을 하다 보니 어둑어둑해졌습니다.
나는 거실의 불을 끄고 (기도와 찬양 시에는 불을 끄고 하는 것이 더 좋습니다. 그것은 영을 부드럽고 민감하게 만들지요..) 감동이 오는 대로 기도의 제목을 이야기하고 인도합니다. 중간 중간에 예언을 하기도 하지요.
기도를 인도하고 있는데 갑자기 가슴에 심한 통증이 오고 아려왔습니다.
누가 범인인가 싶어서 한 사람씩 가슴을 주목해서 바라보는데 한 자매의 가슴에서 시뻘건 피가 쏟아지고 있는 것이 보였습니다. 그 자매가 기도를 하는 중에도 심장을 예리한 칼로 찌르는 것 같은 통증이 계속 흘러나왔습니다.

나는 좀 더 그녀의 가슴에 집중했습니다. 자매는 외적인 인상은 강인한 면이 있었습니다. 그러나 그 심령은 아주 약하고 아프고 두렵고 어두운 상태에 있었습니다. 그리고 아주 작은 소녀 아이가 두렵고 고통스러워서 마구 울고 있는 모습이 느껴졌습니다.
그녀는 아주 작은 소녀였는데 쪼그려 앉아서 엎드려서 무릎에 얼굴을 묻고 울고 있었습니다.
그리고 그녀의 안에 있는 두려움은 일시적인 두려움이 아니라 오래 전에 이미 형성이 되어 있는 구조적인 두려움이며 상태가 좋을 때는 잊어버리지만 조금만 상황이 어려워지면 다시 언제나 의식의 표면에 등장하는 두려움이며 불안인 것을 느꼈습니다.
그녀는 그 두려움을 피하기 위해서 자주 다른 곳으로 도망치며 아주 작은 일에도 가슴이 멎을 것 같은 불안감을 경험하는 것을 느꼈습니다. 그녀의 안에 있는 작은 소녀는 또한 깊은 외로움과 애정에 대한 갈구가 많이 있는 것이 느껴졌습니다. 이것은 내가 그녀에게서 평소에 느꼈던 인상과는 많이 달랐습니다.
나는 그녀에게 다가가서 머리에 손을 얹었습니다. 그리고 그러한 여러 가지 메시지를 이야기했습니다. 잘 기억이 나지 않지만 대체로 이러한 내용들입니다.

"내 딸아. 네 안에 두려움과 슬픔이 있다. 네 가슴에서 피가 흐르고 있다. 그 고통이 너를 아프게 한다. 하지만 두려워하지 말아라. 내가 너를 치유할 것이다. 나의 손으로 네 가슴의 상처를 만질 것이다. 나의 사랑의 빛과 손이 네 가슴을 회복시킬 것이다. 두려워하지 말아라. 두려워하지 말아라. 아무 것도 두려워하지 말아라.."
그녀는 다시 울기 시작했습니다.
손을 대고 있으면 상대방의 심령이 마치 내 심령인 것처럼 똑같이 느껴지게 됩니다. 그녀의 가슴에 전율이 일어나는 것을 나는 느끼고 있었습니다.

"이제 더 이상 도망갈 필요가 없다. 바로 내가 여기 있다. 너는 어디서든지 나를 보게 될 것이다. 오직 내 품에서 너는 안전하다. 아무 데로도 도망하지 말아라. 내가 너를 지킬 것이다.."
"네 안에 오래 동안 안아줌에 대한 열망이 있었다. 너를 온전히 받아주는 사랑에 대한 열망이 있었다. 나는 그것을 알고 있다. 그것을 내가 채워줄 것이다. 내가 너를 안아줄 것이다. 그리고 너는 비로소 만족을 얻을 수 있을 것이다."

나는 그녀를 잠시 안아주었습니다. 주님께서 그녀를 안아주시기를 원하는 것을 나는 느꼈습니다. 그녀는 아무 말 없이 그저 여전히 울고 있었습니다.
시간은 흐르고 우리는 많이 진정되어서 기도를 멈추었습니다.

나는 그녀에게 그녀의 어린 시절과 지난날에 대한 이야기를 들었습니다.
우리는 간간이 웃기도 하며 상처의 회복에 대한 여러 이야기들을 나누었습니다.

어린 시절에는 외부의 공격에 대하여 자기 방어능력이 없습니다. 또한 바른 판단 능력도 부족합니다. 하지만 문제는 그렇게 무력한 상태에서의 겪었던 어린시절의 고통스러운 느낌과 경험이 우리의 삶과 생각의 중요한 기틀이 되어서 우리에게 계속적으로 영향을 끼치고 있다는 사실입니다.
자기 정죄감, 무력감, 불안이나 두려움, 항상 쫓기는 마음, 강력한 분노, 음란에 대한 강한 충동.. 이러한 것들은 거의 대부분 우리의 어린 시절의 상황으로 인하여 우리 안에 잠재의식 속에 형성된 것들입니다.

우리는 이러한 것들을 가지고 주님께 나아가야 합니다.
그것은 하등의 부끄러운 일이 아닙니다.
어른이 되어서는 바른 분별력이나 판단과 거부가 가능하지만 어린 시절에는 자신의 안에 입력되는 정보를 분석하고 받아들이고 거부하고.. 하는 능력이 부족하니까요. 그러므로 나중에라도 그 때에 잘못 입력된 정보를 폐기처분 하는 것이 필요한 것입니다.
또한 어린 시절의 이러한 부정적인 경험이나 상처가 꼭 나쁘기만 한 것은 아닙니다. 물론 그것은 치유와 회복이 필요한 것이지만 어떤 면에서 이러한 우리의 연약함은 주님의 깊은 은총을 경험하는 도구가 될 수 있는 것입니다.
태어날 때부터 자유의 세계에서 살고 있는 이들은 그 자유의 느낌이 무엇인지 잘 모르겠지요. 그러나 탈북자와 같은 이들은 그 기쁨이 무엇인지 훨씬 더 잘 알 수 있을 것입니다.
우리는 그 자유함을 타고나서부터 얻은 것이 아니라 사랑의 주님, 그분의 손을 통하여 얻게 될 때 더 깊은 기쁨과 감동을 얻어가게 되는 것입니다. 우리의 연약함을 인하여 그분의 친절과 위로와 긍휼을 받을 수 있다는 것이 얼마나 복스러운 사실인지요! 그 때문에 우리의 부족함이 오히려 감사거리가 되는 것입니다.

그 다음날 자매는 내게 메일을 보내왔습니다.
그것은 그녀가 자유함과 해방의 세계로 나아가고 있음을 잘 보여주는 아름답고 귀한 글이었습니다. 나는 메일을 읽으며 주님의 친절하심과 아름다우심에 대하여 다시 한번 감동을 하지 않을 수 없었습니다.
그녀의 허락을 받고 메일의 일부를 여기에 싣습니다.
이 글을 읽는 모든 이들에게 우리의 연약함을 긍휼히 여기시고 치유하시는 주님의 풍성하신 은총이 충만하게 임하기를 기도합니다.

* 목사님.. 어제 저희들 가고 나서 탈진해서 쓰러지지는 않으셨는지 걱정이 돼요.
어제 목사님이 안아주셔서 참 좋았어요.
정말 오랜 동안 누군가 그렇게 날 안아주기를 기다려왔다는 걸 알게 되었어요.
어제 집으로 돌아오는 길은 꿈인지 생신지.. 그냥 뭔가 내 안에서 엄청난 변화가 일어나고 있는 거 같은데 뭔지는 잘 정리가 되지는 않지만 너무 행복해서.. 그냥 그 자리에서 죽어도 좋을 거 같고.. 뭔가 아무튼 말로 다 표현할 수 없는 여러 가지 느낌과 감정들이 교차되어 오고 갔어요.
구조적인 상처.. 저의 어린 시절이 떠올랐어요.
언제 날아올지 모르는 엄마의 매에, 엄마가 퇴근해 들어올 시간이 되면 항상 긴장해 있었던 것과 전혀 예상치도 못했던 일로, 또는 말 한마디에,
밥 먹다가도 갑자기 폭발한 엄마한테 흠씬 두들겨 맞았던 저녁들..
네, 다섯살 무렵에는 아파서 병원에 계시는 엄마의 짜증과 신경질에 주눅이 들었

었고 좀 더 커서 초등학교 때는 엄마가 기도원에서 극적으로 나으시고는 영이 많이 예민해진 상태에서 TV를 보면 좋지 않은 영들이 막 들어오곤 했었나 봐요.
근데 그걸 정신적으로 문제가 생겨서 그런 줄 알고 신경정신과를 한동안 다니다가 후에 새벽기도 하다가 나으셨다는데, 항상 예민해 있던 엄마..
"너 지금 내가 하나.. 하나.. 다 세어 두고 있어.."
정말 지겹게 듣기 싫었던 그 말.. 그렇게 참고 참은 엄마는 주기적으로 사소한 일로 폭발했고, 그 때마다 주위에 손에 잡히는 것들로 닥치는 대로 두들겨 맞았지요.
엄마는 제정신이 아닌 거 같았어요. 그 때마다..
아빠는 그런 엄마를 말리기에는 역부족이었고, 그래서 아빠는 제 눈에 항상 무능력하게만 비춰졌지요. 어린 딸 하나도 제대로 보호해주지 못하는 무능력자..
공포.. 긴장... 두려움.. 그리고 엄마가 저렇게 나를 때리는 것은 다 내가 잘못해서 그렇다는 자기정죄..
그렇지만 이제는 알 거 같아요. 저의 뿌리깊은 자기정죄가 어디에서부터 온 것이었는지..
어제 집으로 돌아오는 길에 주님께서 그 때를 보여주시며 "네 잘못이 아니었단다." 하고 말씀해주시는 것 같았어요.
오랜 동안 시달려왔던 무기력함과 도피의 뿌리가 제거되는 것을 느꼈어요.
지난 몇 주간 계속해서 거의 매일 트림과 구토에 시달리면서, 아.. 정화가 되고 있나보다.. 생각했는데.. 정말 그랬나 봐요..
무언가 제 삶이 아주 근본적으로 변화되고 있는 거 같은 느낌이 들어요..
기분이 참 묘해요. 신기하기도 하고.. 설레기도 하고..
목사님이 안아주셔서 너무 좋았어요.

얼마나 제가 그러한 품을 그리워했었는지도..
주님께 맨날 맨날 그렇게 안겨서 살고 싶어요.

주님이 그렇게 저를 안아주시는 분이시라는 게 믿기지 않을 정도로 행복해요.
제가 그토록 찾아 헤매었던 것도 바로 그러한 주님의 품이었다는 것..
인생의 모든 해답을 다 얻은 것 같아요.
인간은 하나님을 느끼기 위해서 태어났다는 목사님의 말씀도 감동적이었어요..
정말 주님께 미치도록 사로잡히고 싶어요. 미치도록요.
목사님.. 말로 다 표현할 수 없는, 말로는 다 표현할 수 없는 감사를 보냅니다.
사랑하는 B자매 드림... *

2003. 6. 10

20. 치유와 평안을 주는 사랑의 터치

그저께 저녁, 아내와 이야기를 하고 있는데 딸 예원이가 어두운 표정으로 집에 들어옵니다. 분위기가 심상치 않아서 이유를 물어봅니다.
예원이가 대답합니다.
"무서운 언니들에게 돈을 빼앗겼어.."
이야기를 들어보니 물건을 살 일이 있어서 상점에 갔는데 화장을 진하게 한 고등학교 언니들 여러 명이 돈을 요구하기에 물건을 사야한다고 했더니 으슥한 곳으로 끌고 가려고 하기에 그냥 주고 왔다는 것입니다. 예원이는 아직도 무서운 느낌이 남아있는 것 같았습니다.

우리는 예원이를 일단 안심을 시킨 후에 내가 말했습니다.
"예원아. 그것은 일종의 경고란다."
"응? 무슨 경고에요?"
"네가 주님의 보호 가운에 있지 않으면 세상의 영들이 너에게 해를 입힐 수 있다는 하나의 경고란다. 그러므로 세상을 사랑하지 말고 오직 주님을 사랑해야 한다는 메시지라고 할 수 있어."
나는 덧붙여 말했습니다.
"예원아. 아빠가 항상 이야기했지? 세상에는 우연이 없다고.. 그리고 물질계에서 단독적으로 생기는 일은 없다고.. 항상 먼저 영계에서 일어난 후에 물질계에서 그 똑같은 일이 벌어진다고.."

물질계. 현상계는 항상 그림자와 같다고 이야기했지.
이런 일들은 네 보호천사들이 잠깐 외출을 한 거야. 그래서 너를 해하려고 하는 악한 영들이 공격을 해온 거야. 그런데 천사가 없으면 보호를 받을 수가 없기 때문에 나쁜 일이 생기게 되는 것이란다.
예원아. 네가 여태까지 살면서 위험한 순간들이 여러 번 있었지?
네가 아주 조그맣고 말도 못하고 엄마 아빠도 알아보지 못할 때 길을 잃어버린 적도 있었지? 그런데 너는 그 때마다 엄마를 만나기도 하고 이상하게 우연히 도와주는 사람을 만나기도 했어. 그게 왜 그런지 아니? 항상 네 보호천사가 옆에서 도왔기 때문이란다.
하지만 이 경우에는 네 천사가 잠시 사라져있었던 것 같구나.
그런데 천사들은 결코 이유 없이 사라지지 않는단다. 그들을 서운하게 했기 때문에 사라지는 거지. 너, 네 천사들을 서운하게 했구나?"

예원이는 울먹이기 시작합니다.
"내가 요즘 기도도 별로 안 하고.. 그리고 노는 재미에 빠져서.."
나는 대답합니다.
"그래. 맞단다. 천사의 가장 중요한 역할이 우리의 기도를 하나님께 올려드리는 것이기 때문에 기도를 하지 않으면 천사가 할 일이 없어져. 그래서 다른 곳으로 가고 싶어하지. 그리고 주님을 사랑하는 것보다 세상에 있는 여러 즐거움들을 추구하게 되면 천사들의 마음이 고통스럽기 때문에 같이 있기가 어렵단다."

"아빠. 그러면 내 천사들은 다 사라진 거예요?"
"아니. 그렇지는 않단다. 천사가 완전히 사라지면 사람은 잠시도 살아있을 수가 없어. 그리고 네가 그 언니들에게 얻어맞거나 더 심한 해를 입지 않은 것도 그래도 남은 천사들이 열심히 보호를 했기 때문이야. 다만 평소보다 그 숫자가 조금 줄어들고 힘이 떨어진 것이라는 이야기지.
너무 염려하지 말아라. 다만 주님께 죄송하다고 기도하고 오늘밤은 엄마와 함께 다시 많은 천사를 보내달라고 주님께 기도하렴. 한참 기도하면 마음에 기쁨이 오고 즐거워지는 데 그것은 다시 천사들이 많이 온 것이란다.
그런데 아직 마음이 불안하고 무섭고.. 하면 그것은 그 때 놀랄 때 가까이 온 나쁜 영들이 남아있는 것이니까 또 안 좋은 일이 생길 수 있단다. 그래서 기도해서 그 영들을 내보내고 마음에 평화가 충만하게 되어야 해.."

나는 덧붙여 말했습니다.
"돈을 몇 천 원 잃어버리고 온 것은 잘한 일이다. 절대로 맞으면 안 된단다. 그랬으면 아빠가 너를 더 많이 만져줘야 돼."
"왜요? 그게 어떤 의미가 있는 데요?"
"몸은 영혼의 표현이기 때문에 몸과 영혼은 서로 깊은 영향을 주고받는단다.
그래서 몸에는 그가 경험한 행동들이 다 녹음이 되고 그것은 동시에 영혼에게도 녹음이 된단다.
그런데 때리는 것은 죽이고 파괴하는 나쁜 기운이기 때문에 매를 맞게 되면 그 행위를 통해서 악한 분노와 파괴의 영들이 몸 안에 들어와서 녹음이 된단다.
그래서 그 영혼도 같이 묶이고 파괴적인 영향을 가지고 있게 돼. 그래서 자꾸 나쁜 일이 생길 수 있지.
그래서 매란 참으로 무서운 거란다. 아빠가 그럴 때 만져주어야 하는 것은 때린 것으로 들어온 나쁜 기운을 사랑의 만짐을 통해서 치료해야 하기 때문이야.
분노의 터치를 사랑의 터치가 상쇄시키거든.
사랑의 터치는 항상 치유의 효과를 내기 때문이란다. 예원이는 아빠가 너를 만지

고 있으면 참 기분이 좋다고 했지?'
"예. 참 기분이 좋고 편안해져요."
"그래. 우리는 모두 그러한 사랑의 만짐이 아주 많이 필요하단다. 그래서 안아주는 것은 참 좋은 거야. 때리는 것은 분노의 터치이기 때문에 영혼을 파괴하고 그 미래에 재앙을 일으키지만 사랑의 만짐은 서로의 영혼을 아름답고 풍성하게 한단다.
동물들도 자기 새끼들을 자꾸 혀로 핥아주지? 그것도 일종의 사랑의 터치란다. 사람도 그렇게 사랑의 터치를 통해서 영혼이 건강해질 수 있단다."

예원이는 기분이 좋아진 것 같았습니다. 그녀는 웃으면서 말했습니다.
"아빠한테 이야기하면 좋은 말을 들을 수 있을 것 같았어요."
나는 다시 이야기했습니다.
"엄마와 같이 기도하거라. 마음 속에 두려움이 없어질 때까지..
마음 속에 두려움이 남아있으면 비슷한 일이 다시 생길 수 있단다.
그것은 나쁜 기운이 아직도 네 안에 남아있는 것이니까.. 하지만 기도 중에 기쁨과 평안을 경험하면 그런 일은 다시 생기지 않는단다.."
예원이는 엄마와 함께 기도하러 방으로 갔습니다.
나는 내 방에서 책을 보고 있는데 안방에서 예원이와 아내가 찬양을 틀어놓고 기도하는 소리가 들려왔습니다. 아마 집나간 천사들이 돌아오도록 기도를 드리고 있는 모양이지요? '흑흑.. 미안하다. 천사야. 이제는 박대하지 않을게..' 하는지도 모릅니다.

폭력이란 참 무섭고 나쁜 것입니다. 그것은 단순히 몸을 파괴하는 것이 아닙니다. 그것은 몸을 담고 있는 영혼을 공격하고 파괴하는 것입니다. 몸의 기억은 치유하지 않는 한 계속 남아 있으며 남을 때린 사람은 자신은 기억하지 못하더라도 그 영혼에 그것이 새겨집니다. 그러므로 그는 언젠가는 자신이 다른 사람들에게 행한 것을 자신도 당하게 됩니다.

맞은 것도 마찬가지입니다. 그것은 몸과 영혼에 충격을 줍니다. 그러한 기억들은 처리되고 치유되어야 합니다.

권투나 격투기, 레슬링과 같이 상대의 몸을 공격하고 때리는 것은 스포츠라고 보기 어렵습니다. 그것은 영혼을 마비시키고 죽입니다.

그렇다고 아이들에 대한 매나 징계가 필요 없는 것은 아닙니다. 매가 필요할 때도 있습니다. 아이들을 가르치고 징계할 필요가 있을 때도 있습니다.

자녀들이 거짓이나 고집이나 그러한 악한 기운에게 잡혀 있을 때 그것을 내버려 두게 되면 그 영들이 그들의 안에 자리를 잡게 되고 그것은 그들의 성격이 되고 운명이 됩니다.

그럴 때 매를 때리는 것은 필요합니다. 매는 악한 기운과 그 영혼을 분리시키기 때문입니다. 그러나 매를 때리는 것은 일종의 수술과 같은 것이기 때문에 아주 조심을 해야 합니다. 사람의 몸 안에 있는 암 덩어리와 같은 나쁜 것을 제거하기 위해서 수술을 하는 것인데 자칫 잘못하다가 멀쩡한 부위를 같이 수술할 수도 있기 때문입니다.

그러므로 자녀에 대한 애정 속에서 조심스럽게 성례를 행하듯이 기도하는 마음으로 징계를 하고 매를 들어야 합니다. 그리고 징계를 하고 나서는 반드시 아이를 안아주고 사랑을 고백하며 축복해주어야 합니다.

아이들이 고집을 부리고 좋지 않은 행동을 할 때에 그들의 눈을 보면 악하고 나쁜 기운이 많습니다. 어둡고 흐리며 맑지 않습니다. 그러나 징계를 하고 기도를 해준 후에 그들의 눈을 보면 어찌나 맑고 아름다운지 모릅니다. 징계 후에 나타나는 그러한 영혼의 아름다움 때문에 징계를 하게 되는 것입니다.
아이가 아빠에게 맞고 나서 울고 아빠는 징계를 마치고 아이를 안아주고 다시 축복기도 해주고.. 그것은 너무나 아름답고 감동적인 장면입니다. 거기에서 아이들은 죄와 고집과 악이 얼마나 나쁜지를 배우게 되며 그 영혼에 아름다움과 선함이 자리 잡게 됩니다.

요즘에는 부모들이 아이들을 바르게 징계하지 않고 자기 고집대로 하도록 내버려두는 경향이 많은데 그것은 마귀에게 자녀들을 그냥 바치는 것과 같은 것입니다. 그것은 부모들의 영권에 대한 문제입니다. 부모가 마음이 약하고 영이 여리다면 이들은 결코 자녀들을 바르게 통제할 수 없는 것입니다.
자녀를 자기 기분에 따라서 교육이 아닌 폭력을 행사하는 부모나 심령이 연약해서 전혀 바로 잡지 못하는 부모나 자녀를 망치는 면에서는 같은 것입니다.

예원이는 아직 무서움이 다 사라지지 않았는지 하루가 지난 어젯밤에 잠을 자다가 내 방으로 살짝 들어왔습니다.
예원이는 엄마와 같이 안방에서 자고 나는 내 방에서 잡니다. 그런데 요 녀석이 화장실을 가는 척하고 안방에서 나와서 내 방으로 온 것입니다. 그러더니 내 품에 기어 들어왔습니다. 아빠의 품에 안겨 있으면 마음이 평안해지기 때문에 여기서 자야한다고 합니다.
아내는 예원이가 기다려도 오지 않자 내 방으로 찾으러 왔습니다.
"아니, 이것이.. 또 아빠 방에.. 빨리 와. 자야지.."
예원이는 내 품에서 악착같이 떨어지지 않습니다.
"싫어. 아빠 방에서 잘 거야."

하지만 결국 예원이는 아내에게 잡혀서 안방으로 갔습니다.
어쩔 수 없지요. 예원이가 나와 같이 있으면 보나마나 밤새 떠드느라고 잠을 안 잘 테니까 아침에 일어날 수가 없을 것입니다.
낑낑거리며 구슬프게 안방으로 가는 예원이를 보면서 나는 생각했습니다.
사랑의 터치, 사랑의 포옹이란 얼마나 좋은 것인가.. 그것은 얼마나 우리의 몸과 마음에 안정과 평화를 주는가..
내일이 되면 좀 더 예원이를 안아주어야겠다는 생각이 들었습니다.
그리고 나도 좀 더 주님의 사랑의 품안에 있어야겠다는 마음이 들었습니다.
그래야 내 삶이 행복해지고 우리의 모든 만남들이 더 즐거워질 것이기 때문입니다.

언제나 우리를 안아주시고
그 사랑의 터치를 통하여
모든 재앙과 어두움을 제거하시고 치유하시는
사랑의 주님께 감사와 찬양을 드립니다.
예수님.. 정말 감사합니다.
할렐루야.

2003. 6. 12

21. 애절한 주의 음성

지난밤의 꿈속에서 나는 한 목소리를 들었습니다.
어떤 부드러운 음성이 말을 하고 있었습니다.
그 음성을 들으며 나는 가슴이 아주 따뜻해지는 것을 느꼈고
깨어보니 내가 울고 있는 것을 알았습니다.
그 메시지의 내용은 대략 다음과 같은 것이었습니다.

"사도바울은 다메섹에서
주님의 빛에 의하여 거꾸러졌습니다.
그리고 그 빛 속에서 주의 음성을 들었습니다.
그가 빛 속에서 들은 음성은
주님의 안타까워하시는 음성이었습니다.
사울아.. 왜 나를 핍박하느냐.. 하시는
주님의 애절한 음성이었습니다.
주님은 그에게 대하여 분노하시는 것이 아니었습니다.
그에게 복수하시거나 꾸짖는 음성이 아니었습니다.
그저 안타까워하시는 사랑의 음성이었습니다.
그 사랑의 음성이 그를 변화시켰습니다.
그는 한동안 식음을 전폐하고 엎드려 있었습니다.
한동안 그의 뇌리 속에서

주의 사랑의 음성이, 애절한 마음이
메아리를 일으키고 있었습니다.."

거기까지 듣고 나는 깨어 일어났습니다.
깨고 나서도 한동안 여운이 있었습니다.
꿈속에서 들은 목소리가 깨어서도 한동안 사라지지 않았습니다.
주님의 사랑의 음성이, 애절한 음성이 바울을 변화시켰다는..
그 메시지가 깨어난 후에도 마음속에 울려 퍼졌습니다.

잠이 깨어 이 메시지를 묵상하면서
바울의 마음에 대하여 생각했습니다.
그는 얼마나 미안했을까..
얼마나 부끄러웠을까..
자기가 대적했던 그 분이
우주의 주인이시며
자기를 사랑하시며
자신의 행동은 그 분을 아프게만 했다는 사실을
그가 깨달았을 때
그의 마음은 얼마나 비통했을까..
한동안 그런 상념에 잠겨 있었습니다.

우리가 가장 악독한 자이더라도
우리를 향한 주님의 마음은
안타까움과 사랑으로 가득하다는 것..

그것은 정말 놀라운 사실입니다.
그 주님의 사랑이 우리의 완고한 마음을 깨뜨리고
사랑의 영을 일으킵니다.
하지만 주님의 마음은 얼마나 아프실까요.
그분의 마음은 얼마나 많은 상함과 애절함과 고통으로 가득할까요.

오늘은 정말 주님의 마음을 아프게 하지 않고
그를 기쁘시게 하며
그의 미소를 보면서
감사와 사랑으로 살고 싶다는 마음으로 가득해서
나는 자리에서 일어났습니다.

2003. 6. 13

22. 변화를 일으키는 예배의 능력

예원이는 아주 귀엽고 사랑스러운 나의 딸아이입니다. 그러나 엄마와는 자주 갈등이 있었습니다. 아니.. 갈등이라기보다는 툭하면 서로 틱틱거리고 조금 지나면 금새 잊어버리고 깍깍거리며 웃고.. 그런 친구 같은 사이입니다.
예원이는 생각이 깊고 예민합니다. 그렇기 때문에 인격적으로, 합리적으로 대해주지 않으면 마음을 열지 않습니다. 아들 주원이는 단순한 편입니다. 그래서 아내가 어떤 말을 하면 군말 없이 그대로 하는 편이지요.
그런 기질차이 때문인지 아내와 예원이는 부딪칠 때가 많이 있습니다.

얼마 전에 아내가 예원이에게 무엇을 제안했는데 예원이는 한 마디로 "싫어요!" 하는 것이었습니다. 할 수 없이 아내는 내게 설득을 맡겼습니다. 내가 예원이에게 잠시 설명을 하자 예원이는 금새 웃으며 "예. 할께요.." 합니다.
아내는 자기 말은 쉽게 거절하다가 나의 말에는 금방 수긍을 하니 조금 억울한 모양입니다.
그녀는 예원이를 쥐어박으며 말합니다.
"너는 이것아.. 엄마가 말할 때는 싫어! 하더니 아빠가 말하니까 금방 그렇게 바뀌냐?"
"아빠는 차분하고 논리적으로 알아듣게 설명을 하시잖아요."
여성들은 아무래도 감정적인 부분이 앞서는 경향이 있어서 자녀를 다루는 면에 있어서는 어려움이 있는 것 같습니다.

사실 자녀교육은 아빠가 주도적으로 해야 하는 것입니다. 그래야 주관적인 판단이나 일시적인 감정에 치우치지 않고 일관성 있게 자녀를 인도할 수 있습니다.
그러나 오늘날의 아빠들은 너무 피곤하고 지쳐있기 때문에 엄마들이 주로 자녀교육을 담당하게 되는데 그것은 그리 바람직한 것이 아닙니다. 아빠는 분명한 방향을 제시하고 엄마는 따뜻하고 풍성한 정서적인 안정감을 주는 쪽으로 역할을 나누는 것이 좋은 것입니다.

그러나 이 시대는 남성들이 약하고 기가 빠져 있습니다. 그래서 유약하고 강인하지 못해서 자녀를 거의 징계하지 못합니다. 그래서 할 수 없이 여성들이 강한 엄마, 사나운 엄마가 됩니다. 그것은 매우 비극적인 일입니다.
오늘날 여성은 사납고 강퍅해지고 남성들은 자상하고 따뜻한 경향이 많이 있습니다. 남성들이 자상하고 따뜻해진 것을 나쁘다고 할 수는 없지만 동시에 리더십과 영적 권위를 잃어버리고 무기력해진 것은 좋지 않다고 할 수 있는 것입니다. 특히 자녀들에게 있어서 그러합니다. 그러므로 남성이 부드러우면서도 강건해서 가정의 질서를 분명히 잡고 자녀들의 교육에 중요한 역할을 해야하는 것입니다.

아침이 되면 아내와 예원이는 전쟁을 합니다.
어서 일어나라.. 엄마.. 조금만.. 아내는 깨우고, 아이들은 꼼지락거립니다. 아이들이 늦고 꾸물거리는 것을 싫어하는 아내는 아침이면 속이 상해합니다.
내게 불평을 하는 아내에게 나는 말합니다.
"여보.. 왜 애들에게 좀 더 따뜻하게 대해주지 않아요?"
아내는 대답합니다.

"어휴. 저것들이 말을 잘 듣지 않으니까 그렇지요. 애들이 먼저 착해지면 나도 당연히 잘 해주지요."
"여보. 부모가 애를 낳고 키우는 거지 애들이 부모를 키우는 거요? 부모가 변화될 때 아이들이 변화되는 것이지 애들이 먼저 변화되고 나서 부모가 변화되는 것이 아니에요.."
이것은 가끔 나누는 우리의 대화입니다.
예원이는 마음이 얇아서 마음이 쉽게 상하는 면이 있습니다. 그러면 짜증을 내지요. 오빠에게도 엄마에게도 가끔 짜증을 냅니다. 자기도 그것이 약점인 줄을 알고 기도하지만 잘 안 되는 모양입니다. 그래서 아내와 가끔 부딪치곤 하는데 그래봤자 5분 이상을 가는 경우는 없습니다.
아침에는 서로 마음이 상하고.. 그러나 저녁에 만나면 서로 뽀뽀하고 좋아서 죽고.. 아무튼 그렇게 삽니다.

며칠 전 집에서 가정 예배를 드렸습니다. 그 날은 내가 몸이 좀 안 좋아서 말을 하는 것이 힘들어 찬양을 한 곡만 하고 메시지도 5분 정도만 전합니다.
메시지의 내용은 주님이 베드로에게 말씀하신 내용.. 자기를 부인하고 십자가를 지고 나를 좇으라는 말씀입니다.
나는 이야기합니다.
사람의 중심은 심장이고 애정이며 그것이 그 영혼의 중심이라고.. 무엇을 사랑하는가, 무엇에서 가장 기쁨을 느끼는가.. 하는 것이 그 영혼의 본질이라고..
베드로는 주님을 사랑한다고 생각했지만 그것은 자기 중심적인 감정에 지나지 않은 것이었고 진정한 주님 사랑은 자기를 버리고 오직 주님께 속하며 사로잡히는 것이라고.. 자기 사랑과 세상 사랑이 지옥의 핵심이며 우리는 오직 주님을 사랑하는 사람으로 살아야 하며 인생을 마쳐야 한다고..

간단하게 설명한 후 나는 메시지를 마쳤습니다.
우리는 예배를 드릴 때 마치면서 서로 돌아가면서 기도를 합니다.
예원이가 기도하는 차례가 되었는데 예원이는 갑자기 펑펑 울면서 눈물을 쏟더니 자기가 요즘에 너무 주님을 사랑하지 않고 세상 사랑에 빠졌다고 회개를 하는 것이었습니다.
예원이가 예배 중에 우는 것은 흔한 일입니다. 주님의 마음과 고독에 대한 이야기를 하면 항상 울지요. 그러나 이번에는 뭔가 조금 다른 것 같았습니다.

중학교 1학년 아가씨가 세상을 사랑해봤자 얼마나 사랑할까요. 좀 우습기는 하지만 아무튼 예원이는 메시지 중에서 조금 찔림이 왔었던 모양입니다.
앞으로 주님만 사랑하겠다고.. 자기를 지켜달라고 울고 고백하면서 예원이는 기도를 마쳤습니다. 예배를 마치고 우리가 안아준 것은 물론이지요.
그런데 예원이는 예배를 마치자 이상하게 힘이 하나도 없는 것 같은 모습이었습니다. 마치 기가 죽은 것 같다고 할까요.
평소에는 열심히 여기 저기 깍깍 웃으면서 친구들과 전화하고..
예원이는 친구들에게 인기가 많아서 너무 약속이 많아 가족끼리 같이 식사하기도 어려운 아이였는데 예배를 마치더니 비실비실 거리면서 말도 못하고 힘이 없는 것이었습니다.

그러더니 외출도 전화도 안 하고 책상에서 조용히 책을 보고 있거나 찬양을 들으며 앉아있는 것이었습니다.
예원이는 며칠 동안 그러한 상태로 있었습니다. 이상하게 씩씩하던 아이가 말 수도 적어지고 날카롭던 분위기가 사라져버렸습니다.
주원이도, 아내도 예원이의 눈빛이 부드럽고 선해졌다고 놀라는 것이었습니다.

예배를 드린 지 며칠 후에 아내가 예원이게 다가가서 말했습니다.
"아유.. 우리 예원이가 천사가 되었네. 어쩜 이렇게 순해졌을까.."
그러니까 예원이는 아무 말 없이 눈이 빨개지면서 다시 눈물이 흐르는 것이었습니다. 엄마.. 그 동안 죄송했어요.. 하면서..
아침에 아내와 예원이 사이에 있었던 긴박감도 사라져버렸습니다.
아내가 예원이를 깨우면 전에는 그 때부터 씨름이 시작되었는데 지금은 그냥 방긋 웃으면서 일어나니까요. 아내는 그것이 참으로 신기한 모양입니다.

어제 아내가 나에게 와서 말합니다.
"여보. 정말 놀랐어요. 어쩌면 한 번의 예배로 저렇게 아이가 달라질 수 있을까.. 나는 이번에 참 많이 깨달은 것 같아요. 나는 아이가 말을 듣지 않으면 저건 혼을 내야한다.. 항상 그렇게 생각하고 있었는데, 그리고 그렇게 하는 것은 아무리 해도 아이를 변화시킬 수 없었는데..
그런데.. 직접 부모에게 순종하라고 이야기한 것도 아니고.. 그저 주님을 사랑해야 한다고 당신이 이야기한 것뿐인데 저렇게 충격을 받고 변화가 되다니.. 정말 놀라와요.."

나는 대답합니다.
"선은 선을 낳고 악은 악을 낳지요. 그렇기 때문에 자녀에게 화를 내면 자녀는 절대로 변화되지 않아요. 그리고 징계는 악을 멈추게 할 수는 있지만 선과 사랑을 일으킬 수는 없어요. 그것은 오직 주님, 주님의 생명으로만 가능한 것이지요."
"정말 그렇네요.."
나는 메시지를 전할 때 사람을 변화시키려고 하는 마음을 전혀 가지지 않습니다.
예배를 인도하거나 설교를 할 때 사람들에게 은혜를 끼치려는 마음을 전혀 가지고 하지 않습니다. 그것은 오히려 주님의 역사를 방해할 뿐입니다. 그러므로 나는 아무런 부담이나 기대가 없이 주님께서 감동을 주실 때 그저 순종하여 메시지를 전하고 사람을 돕는 것뿐이지요.
그 다음은 주님이 하실 일이지 나의 일이 아니기 때문입니다. 우리는 다만 순종을 할 뿐 주님의 때가 되면 주님이 역사를 일으키시는 것입니다.

그러한 결론은 나의 수 없는 실패의 경험을 통해서 얻은 결론이기도 합니다.
몇 십 년의 사역을 통해서 얻어진 결론이 바로 그것입니다.
사람들을 많이 사랑하고 애쓰고 도와주고 메일을 쓰고.. 그렇게 해서 공을 열심히 들이고 도와줄수록 더 실망과 아픔만 겪었을 뿐입니다. 애착을 가질수록, 도움을 주려고 노력할수록 열매가 없었지요. 그러므로 아무런 기대 없이 그저 주님의 감동을 따라서 순종하고 움직이는 것.. 그것만이 사역의 방법인 것을 배우게 된 것입니다.

요즘에 아내와 예원이는 밀월 기간을 보내고 있습니다.
아내는 예원이를 볼 때마다 "아이고. 우리 천사 왔어.." 하지요.
예원이는 요즘에 이상하게 말도 느려지고 조용해지고 차분해졌는데 자기도 이러한 상태가 얼마나 갈지.. 다시 그 이전으로 돌아가면 어쩌나.. 걱정을 하곤 합니다.
하지만 그래도 상관이 없습니다. 영적 성장이란 평생에 걸쳐서 이루어지는 것이며 한 순간에 모든 것이 다 달라지는 것은 아니니까요. 다만 지금의 순간이 감사하고 지금 주님의 은혜 가운데 거하고 있다면 그것으로 충분한 것입니다. 굳이 미래에 대해서 염려할 필요는 없는 것입니다. 미래도 역시 주님의 손에 있는 것이니까요.

피곤해서 잠깐 드린 예배였지만 그 시간을 통해서 아이가 받은 충격과 변화를 보면서 다시금 이러한 생각이 들었습니다.
그렇다..
정말 모든 변화
생명의 변화는 오직
주님에게서만 온다.
그리고
우리가 기대할 수 있는 모든 것은
오직 예배에서 온다..
예배는 우리의 삶의 중심이다.
우리가 진정으로 주님을 예배하며
진정으로 주님을 높이며
그분의 은총을 구하고 사모할 때
그분은 임하시는 것이다.
우리가 예배에서 성공할 수 있다면
우리의 인생은
성공한 것이다..

오늘도 내일도
항상 예배 속에서 살며
주님의 은혜를 갈망해야겠다는 마음을 새롭게 일으켜준
재미있는 사건이었습니다.

　　　　2003. 6. 17

23. 아름다운 해후, 행복한 여정

얼마 전 6월 30일은 우리 가족에게 있어서 놀라운 날이었습니다. 아내의 부모님이 17년 간의 미국 생활을 마치시고 귀국한 날이었지요. 여러 가지 여건이 잘 해결되어 꿈에도 그리던 고국행이 드디어 이루어지게 된 것입니다.

장인 장모님은 그 날 새벽에 비행기로 도착하셨고 분당 근처 수지에 있는 아내의 고모님 댁에 당분간 머무르게 되셨습니다. 아내와 나는 그래서 이 날 수지에 있는 고모님 댁으로 방문하러 가게 되었습니다.

바로 이틀 전에 집회가 있어서 몸이 조금 힘들었지만, 그래서 아내는 내가 나중에 오는 것을 원했지만, 나는 할 수 있는 한 아내의 기쁨에 동참을 하고 싶었습니다.

아내는 결혼하자마자 부모님이 어쩔 수 없는 사정에 의해서 미국에 가게 되셨기 때문에 17년간을 전혀 보지 못하고 눈물로 지냈습니다. 부모님도 한국에 다녀가실 상황이 되지 못했고 우리도 미국에 갈 형편이 되지 않았습니다. 그래서 명절이나 생일 때면 아내가 부모님과 통화를 하면서 항상 통곡에 잠기곤 했었습니다. 그러니 17년만의 부모님과의 상봉을 아내는 얼마나 기다렸을까요. 나는 그 감격적인 장면에 같이 있고 싶었고 격려를 해주고 싶었습니다.

수지는 멀었습니다. 게다가 초행길이라 헤매기도 해서 2시간 반은 넘게 걸린 것 같았습니다. 아무튼 그렇게 우리는 고모님의 댁에 도착했습니다. 그리고 도착하자마자 아내는 아버지의 품에 안겼습니다.
'아버지..!' 하고 목놓아 부르며 그녀는 펑펑 울기 시작했습니다. 곁에서 지켜보고 있던 나도 눈시울이 뜨거워졌습니다.
누구보다도 아버지의 사랑을 많이 받고 자란 그녀였습니다.
그녀는 어머니와도 좋은 관계였지만 특히 아버지와 친밀한 관계를 가지고 있었습니다. 아버지와 둘이서 같이 데이트를 하듯이 영화 구경도 하고 같이 외식도 하고 했었습니다.
아버지는 그녀에게 장난도 많이 치고 자녀들 중에서도 그녀를 특히 예뻐했습니다. 그런데 다른 가족들은 미국에 가서 몇 번 부모님을 뵈었는데 그녀만 이렇게 오랜만에 아버지를 만나게 된 것입니다.

어른들은 누구나 늙어가지요. 그 늙어가는 과정을 가까이서 보게 된다면 그것은 자연스럽고 익숙하게 느껴질 것입니다. 그러나 그녀는 너무나 오랜만의 만남이라 아버지가 갑자기 급격하게 늙어버린 모습을 보고는 막상 충격이 있는 것 같았습니다. 아주 건강하시고 젊던 분이 온통 머리가 백발이 되어 버렸으니까요.
그녀도 울고 아버지도 울었습니다. 평소에 어떤 큰 일이 있어도 거의 눈물을 보이지 않던 분이지만 그토록 사랑하고 그리워하던 딸을 해후하면서 눈물을 흘리지 않을 수는 없을 것입니다.

아버지와 헤어진 아내는 다시 어머니를 붙잡고 울었습니다.
"엄마.."
"혜경아.."
진한 눈물들.. 서로 껴안고 다시 손을 잡아보고.. 만져보고..
거기에는 다른 대화가 필요 없었습니다.

이윽고 눈물의 상봉 시간은 지나고 다들 조금씩 마음이 안정이 되어서 그동안 있었던 여러 이야기 보따리들을 풀어놓기 시작했습니다.
나의 역할은 별로 없었습니다. 나는 그저 어른들에게 인사를 드리고 그들의 이야기를 들으며 울고 있는 아내의 등에 가만히 손을 얹고 있는.. 그런 정도가 내가 할 수 있는 일이었습니다.

영성에 대하여 관심이 있는 이들과의 만남에서는 내가 무슨 이야기를 하든 사람들은 한 마디도 놓치지 않으려고 뚫어지게 나를 주목하고 바라봅니다.
그러나 여기서는 내 이야기를 듣고 싶은 사람은 없을 테니 나는 그저 그들의 이야기를 들어주기만 하면 되는 것입니다. 사랑과 격려와 애정의 마음을 가지고 말입니다.
부모님들은 집을 처분하고 한국에 다시 돌아오는 것도 쉽지 않았다고 몇 번이나 겪게 되었던 여러 가지 위기 상황을 이야기하셨습니다. 그 동안 마음을 졸인 것, 고통의 순간들을 이야기하고.. 그리고 그러한 상황에 대하여 전적으로 귀를 기울이며 탄성을 발하고.. 때로는 위로하고.. 조금 힘들기는 했지만 그것은 아름다운 시간이었습니다.

나는 어른들에게 깍듯하게 예의를 지키는 것을 좋아합니다. 어른들에게 공손하고 겸손한 자세를 가지는 것이 중요하다고 생각합니다.
물론 그렇다고 원하지 않는 것에 끌려가는 것은 아니지만 아무튼 어른들에게는 아주 단순한 것, 인사를 잘 하고 이야기를 잘 들어주고 예의와 애정과 겸손한 자세를 가지기만 해도 그들이 몹시 즐거워하는 것을 느낄 수 있는 것입니다.
아내는 여러 번 울음을 터뜨렸습니다.

아버지의 고생하시는 이야기를 들을 때도 울었고 어머니의 몸의 아픈 것에 대해서 이야기를 할 때도 울었습니다. 아내의 어머니는 "얘는 순 울보네.." 하고 타박하시면서도 마음은 흐뭇하신 것 같았습니다.

몸이 피곤하여 가족들의 상봉을 즐기도록 놔두고 나는 건넌방에서 잠시 눈을 붙이고 있었는데 갑자기 아내가 깨워서 보니 아내는 또 다시 울고 있었습니다.
일어나서 물었지요.
"여보.. 왜 그래?"
아내는 울면서 성경책을 내게 보여주었습니다.
"여보.. 이 성경책.."
그러면서 계속 우는 것입니다.
"왜.. 이 성경책이 어떤 것인데?"
아내는 눈물을 닦으면서 말했습니다.

"이건.. 내가 17년 전에 부모님이 갑자기 미국 가시게 되었을 때.. 내가 공항에 가서 마지막으로 헤어지면서 어머니에게 드린 성경책이야.. 그 때도 울면서 마지막으로 부탁했어. 엄마.. 이 성경책을 꼭 읽어보고 예수님을 믿으라고. 엄마를 위해서 계속 기도할 거라고..
그런데 엄마가 계속 이 성경책을 날마다 읽었대..
내가 보고 싶을 때마다.. 성경책을 읽으면서 기도했대..
그 때만해도 정말 우리 엄마 아버지가 예수를 믿으리라고는 생각하지 못했어..
세상 사람이 다 믿더라도 우리 부모님만은 안 믿을 것 같았거든..
그런데.. 그 부모님이.. 날마다 성경을 읽고 기도하고..
너무나 감사해.. 너무 감사해서 울어.. 엉엉엉.."

나는 그 눈물의 성경책을 보았습니다.
그것은 얼마나 많이 읽었는지 모든 페이지마다 줄이 쳐져 있었습니다.
중간 중간에는 동그라미를 친 부분도 많이 보였습니다.
아내의 어머니는 아내가 준 성경책을 날마다 읽고 아내가 준 예수님의 액자를 집에 놔두고 날마다 그 앞에서 기도했다고 합니다.
그리고 아내가 준 성경을 세 번이나 직접 손으로 썼다고 했습니다. 그것은 정말 눈물과 사연이 가득한 성경책이었습니다.

나는 아내의 어깨를 두드려주었습니다.
"정말.. 날마다 드린 당신의 기도가 어머니를 저렇게 변화시켰구나.. 참 감사하고.. 용하다.."
그렇게 울면서 웃으면서 이날 하루는 저물어갔습니다.
아내는 그동안 하지 못한 효도를 다하려고 하는 것 같았습니다. 나는 그녀를 도와주고 싶었습니다. 나는 효도를 제대로 하지 못하는 불효자지만 그래도 아내의 부모님은 나에게도 부모님과 같았습니다. 그래서 아내가 부모님과 같이 울며 웃으며 나누는 여러 가지의 만남이나 대화가 참으로 벅차고 아름답게 느껴졌습니다.

그 후에도 몇 번 아내가 가기도 하고 부모님이 우리 집에 오시기도 했습니다. 그러고 보니 지금도 아내가 부모님 댁을 방문하고 있는 중이군요. 아마 즐거운 시간을 가지고 있겠지요.
아내는 아버님에게 노인들이 사용하기 좋도록 숫자가 크게 보이는 핸드폰인 실버폰을 구입해서 선물을 했습니다. 공중전화를 걸기 위해서 많이 걸어 다니시는 것을 보고 마음이 아픈 아내가 구입하게 된 것이지요.

전화비의 부담을 느끼지 않도록 자기 명의로 해서 선물을 드리며 그녀는 기쁨으로 가득한 것 같았습니다. 사랑하는 이에게 사랑하는 마음으로 선물을 주는 것.. 그것만큼 사람을 행복하게 만드는 것도 없겠지요.
지지난 주일, 여러 친척이 모인 가운데 아내의 아버지는 딸에게서 받은 핸드폰을 자랑하시느라 여념이 없었습니다. 핸드폰은 글씨가 노인들에게 보기 좋게 큰 글씨로 되어있어서 그 날의 인기를 독차지했지요.

얼마 전 부모님은 우리 집을 방문하셨습니다. 사랑하는 딸이 어떻게 살고 있는지 몹시 궁금하셨겠지요.
우리 집에 와서 말씀을 많이 나누시고 하루 밤을 주무시고 가셨는데 어떻게 느끼셨는지 고모 집에 가서는 자랑이 한 보따리였다고 합니다. 딸이 어렵고 힘들게 사는 것으로 알고 마음 고생이 참 많으셨는데 집에 와 보더니 모든 시름이 다 없어지셨다는 것입니다.
우리 집에는 사실 행복의 냄새가 물씬 풍깁니다.
항상 웃음이 끊어질 때가 없고 아이들은 겸손하고 순종하며 마음이 착하지요. 또 나와 대화를 하신 후에는 재미가 있으셨는지 결혼 전에는 반대를 많이 하셨는데 사위 자랑을 많이 하신다고 합니다.

부모님이 우리 집에 오셨을 때 가까운 시장을 방문하게 되었습니다.
장모님은 여러 가지 생선, 채소, 새우젓, 곡식들을 보면서 연신 탄성을 지르는 것입니다.
"세상에! 어쩌면 이렇게 채소가 고운지! 어쩌면 기장, 조.. 쌀도 이렇게 이쁘고.."
우리는 이곳에 살고 있으니 잘 모르지만 미국에서는 이런 것을 보기가 어렵다고 합니다. 장모님은 소녀처럼 탄성을 지르며 이것저것 여러 가지를 사시는 것입니다. 아마 그 동안 이러한 나날들이 오기만을 손꼽아 기다리셨겠지요.
그렇게 시간은 흐르고 하루 밤을 주무신 후에 부모님은 아침 일찍 우리 집을 나섰습니다. 여기 저기 구경하러 가실 곳이 많다고 하십니다.
아내가 길잡이를 자청했지만 거절당했습니다.
두 분이서 같이 데이트하듯이 여기 저기 구경을 하고 싶다고 하십니다.
남대문 시장, 종로.. 어떻게 변했는지 보고 싶다는 것이었지요. 하루 종일 마음껏 여기저기 돌아다녀보고 싶으니 옆에 누가 있으면 귀찮다는 것입니다.

아쉬운 작별을 하고 부모님은 지하철로 내려가셨습니다.
두 분이 가시는 모습을 보더니 아내는 또 다시 눈물이 핑 도는 모양입니다.
다시 눈물을 닦으며 말합니다.
"이상하네.. 왜 두 분이 가시는 모습을 보니 또 눈물이 나지? 외로워 보이고.. 측은해보이고.."
나는 대답합니다.
"원래 그런 거야.. 나도 어머니와 헤어질 때는 가슴이 찡하고 눈물이 나던걸.. 노인들은 외로우니까.. 그래도 저렇게 두 분이 같이 다니시는 것을 보니까 참 보기에 좋네.."
아내와 나는 손을 잡고 집으로 옵니다.

한 가지 생각나는 이야기가 있었습니다. 장인 장모님이 우리 집에 오셨을 때 우리는 예원이, 주원이를 데리고 같이 시장에서 만났습니다.
그리고 아내와 부모님은 앞서서 걸어가고 나는 주원이와 예원이와 같이 뒤에서 걸어가고 있었습니다.
그 때 예원이가 말하는 것이었습니다.

"아빠.. 참 가슴이 뭉클하고.. 이상해.."
나는 예원이와 어깨동무를 한 채로 물었지요.
"왜? 무엇이?"
"저 앞에서 걸어가는 엄마와 할아버지의 모습이 나중에 세월이 많이 흐른 후에 아빠와 나의 모습을 보고 있는 것 같아요.
아빠도 나중에 할아버지처럼 머리가 하얘질 거잖아. 그러면 나도 지금 엄마가 할아버지를 잘 모시는 것처럼 나도 나중에 아빠의 손을 잡고 아빠를 잘 모시고 싶어요.. 아빠랑 둘이서 같이.. 재미있게 놀 거야.."
나는 가만히 웃으면서 예원이의 뺨을 어루만졌습니다.

나는 늙음을 좋아합니다. 노인들을 보면 외로움과 측은함이 많이 느껴지지만 나 자신은 그러한 늙음을 사모하고 또 사모합니다.
30이 되었을 때는 언제나 40이 될까.. 하고 기다렸습니다.
이제 48.. 1년 반만 있으면 드디어 50입니다. 나는 그 때를 기다립니다.
내가 그렇게 늙음을 기다리고 사모하는 이유는 간단한 것입니다.
나는 평생에 영성에 대하여 사모하고 추구하였습니다.

그리고 앞으로 남은 삶도 여전히 마찬가지입니다.
나는 어떤 사역이나 성취보다도 나 자신의 영혼이 발전하고 성장하기를 바랍니다. 그래야 주님을 좀 더 가까이 알고 누릴 수 있기 때문입니다.
나이가 들면서 시간이 가면 갈수록 나는 내 자신이 발전하고 있다고 느꼈습니다. 한 해가 지나면 지난해에는 누릴 수 없던 것을 누리게 되었고 전에는 알지 못했던 것들을 알게 되었습니다.
예전에는 젊었을 때는 상상도 할 수 없었던 새로운 세계를 맛보게 되는 것을 느졌습니다. 그러한 경험이 반복되면서 나는 나의 미래는 어떠할까.. 그러한 기대감으로 가득하고 충만한 것입니다.
나는 지금은 꿈도 꾸지 못하는 것을 조금 더 세월이 흐르면 누리고 경험할 것을 알고 있습니다.
그러므로 나는 노인이 되기를 사모하는 것입니다. 아름다운 노인, 지혜로운 노인, 거룩한 노인, 하나님의 영광의 세계를 더 깊이 알고 있는 노인.. 그러한 노인이 되기를 원하는 것입니다.

딸 예원이의 말을 들으며 나는 나의 머리가 백발이 되어서 어느 덧 어른이 된 예원이와 같이 손을 잡고 걸어가는 모습이 마치 눈에 보이는 듯 하였습니다.
갑자기 마음이 뭉클하게 감동이 되고 뭐라 말로 표현할 수 없는 감사와 기쁨이 내 영혼 깊은 곳에서 흘러나오는 것을 느꼈습니다.

모두가, 모든 것이 다 사랑스러웠습니다.
모든 것이 다 아름답게 느껴졌습니다.
이 아름다운 저녁 노을,
나와 손을 잡고 걸어가고 있는 예원이, 주원이..
저 앞에서 웃으며 걸어가고 있는 나의 아내,
연신 탄성을 발하여 시장에서 음식을 사며 흥정을 하고 있는 장모님,
그것을 혀를 차면서 보고 계시는 장인 어른..
아니 이 시장의 모든 풍경, 모든 것들이
너무나 사랑스럽고 정겹게 느껴졌습니다.
사랑하는 사람들의 사이에 둘러싸여
사랑의 나라를 걸으며

그 영원한 사랑의 왕국을 향해 나아가는
이 여정이
그날따라 정말 아름답고 정겹게 느껴졌습니다.

인생은 행복입니다.
사랑은 행복입니다.
만남은 행복입니다.
늙음은 행복입니다.
주를 사랑하여 걸어가는 모든 사람들은
다 행복한 나그네들입니다.

우리 모두
사랑으로 기쁨으로 즐거움으로
이 길을 걸어가십시다.
오, 예수님 감사합니다.
할렐루야..

2003. 7. 15

24. 사랑에는 실망이 없다

오늘은 여름방학이 끝나고 개학이 되어 아이들이 학교에 가는 날입니다. 아침에 오랜만에 아이들이 교복을 입고 인사를 하고 학교에 가는 모습이 산뜻하고 신선하게 느껴졌습니다. 방학 동안 흐트러져 있었던 모습들이 개학을 하고 나니 뭔가 생기와 활력이 흐르는 것 같이 보였습니다. 물론 아이들은 방학을 더 좋아하겠지요.
아이들은 방학을 즐거워합니다. 하지만 방학중에 가장 고민하는 문제가 있지요. 그것은 방학 숙제입니다.
며칠 전 예원이가 책상 앞에서 고민을 하고 있는 모습을 보고 이유를 물었더니 방학 숙제를 거의 하지 않은 것이었습니다.
그 동안 여름 수련회다, 뭐다 해서 여기 저기 다니다보니 어느 덧 방학은 거의 끝이 나고 있었고 이제 시간은 얼마 없는데 해야할 숙제가 많으니 한숨이 나오는 모양이었습니다.

나는 마음이 기쁘지 않았습니다. 방학중에 여러 가지 일들이 있었던 것은 이해하지만 그래도 시간을 계획적으로 잘 사용했다면 그 전에 숙제를 마칠 수 있었을 텐데 개학을 코앞에 두고 쩔쩔매는 모습이 안타까웠습니다.
나는 인생의 작은 순간이 곧 미래에 대한 예언이며 상징이라고 생각합니다. 그러므로 방학 숙제를 개학을 앞에 두고 부랴부랴 한다는 것은 곧 삶의 여유가 없이 쫓기는 인생을 미리 예약하는 것과 같은 것입니다.

나는 마음이 아팠습니다. 그래서 한마디했지요.
"예원아. 개학이 이제 이틀 밖에 남지 않았는데 이제 그렇게 많은 것을 해야한다니.. 아빠는 정말 슬프구나.."
그리고 그 말을 듣자 예원이는 죄송하다고 하면서 울기 시작했습니다.

내가 아이들에게 큰 소리를 치거나 꾸짖는 경우는 거의 없습니다. 아이들이 그렇게 잘못하는 일도 없지만 설사 그런 일이 있다고 하더라도 우리 집에서는 큰 소리가 날 때가 없습니다. 유일하게 나는 큰 소리는 아내의 요란한 웃음소리뿐이지요.
하지만 그렇게 내가 조용하게 한 마디 해도 아이들은 울기 시작합니다. 그들은 아빠가 마음 아파하는 것을 싫어합니다. 그들은 아빠를 너무 사랑하기 때문에 아빠가 마음이 아프다면 그 자체가 그들에게는 고통이 되는 것입니다.

나는 말합니다.
"예원아. 네가 중학교에 올라가서 처음 맞는 방학인데 엄마 아빠가 좀 잘 관리하고 이끌어주어야 했는데 그만 소홀히 했구나. 다 엄마 아빠의 책임이다.."
그러자 예원이는 더 웁니다.
"아니에요. 제가 잘못했는데 엄마 아빠가 무슨 책임이 있어요.. 엉엉.."
아무튼 이제라도 최선을 다해서 열심히 하라고 격려하고 나는 내 방으로 왔습니다. 그 날부터 예원이는 열심을 다해서 숙제를 하기 시작했습니다.
내가 생각해도 숙제가 너무 많은 것 같았습니다. 사실 여름방학 기간에는 여러 행사들이 많고 날도 덥기 때문에 아이들에게 시간이 그리 많지 않습니다.
그러나 학교에서는 숙제를 많이 내줍니다. 그것도 아이들의 혼자 힘으로 하기는 껄끄러운 숙제들이 많습니다.

예를 들면 사회 숙제에 이런 것이 있습니다.
내가 만일 배낭 여행을 간다면? 어떤 경로로 어디로 어떻게 갈 것인가? 비용은 얼마나 들며 교통편은 어떤가? 그 계획을 세워 보라.. 뭐 이런 식입니다.
중학교 1학년 학생에게는 조금 벅찬 숙제라고 할 수 있지요. 많은 정보가 필요하고 부모의 도움도 필요할 것입니다.
또한 명승지 어디를 방문하고 무슨 행사를 관람하고 소감과 느낌을 제출할 것.. 그런 숙제들도 있습니다. 물론 증거물로 사진이나 관람표를 제출해야 하지요.
영어 일기와 같은 것도 하루아침에 끝낼 수 있는 숙제는 아닙니다.

아무튼 나는 안쓰러운 마음으로 그녀의 고군분투를 지켜보고 있었습니다.
그리고 어제 밤늦게 그녀는 드디어 숙제를 다 마쳤습니다. 시간은 열두시가 다 되어 가고 있었지요.
나는 그녀가 숙제를 마치고 내일 개학에 학교에 가져갈 준비를 다 마치고 자리에 눕는 것을 알았습니다. 그녀는 안방에서 불을 끄고 엄마와 도란도란 이야기를 하고 있었습니다.
나는 조용히 안방으로 들어갔습니다. 마음에 오래 동안 부담이 되었던 숙제를 마친 기분이 어떠한 것인지 그것은 충분히 짐작할 수 있는 일입니다. 나는 그녀에게 축하를 해주고 싶었습니다.

그런데 내가 들어가자 예원이는 깜짝 놀라는 것이었습니다.
평소에는 밤에 잠이 들기 전에 내가 안방에 들어가면 너무나 좋아하는데.. 이 날은 눈치를 보는 것이었습니다.
나의 방에 소리가 들리지 않도록 엄마와 작은 소리로 소곤소곤 이야기를 하다가 내가 들어가니 조용해졌습니다.

나는 이상한 기분이 들어서 예원이에게 물었지요.
"예원아. 왜 그래? 아빠가 오니까 싫어?"
예원이는 대답합니다.
"아니요.. 하지만 아빠에게 혼이 날까봐.. 너무 늦게까지 숙제를 했다고.."
나는 묻습니다.
"예원아. 아빠가 무서워? 아빠가 마구 혼을 내고 야단을 친 적이 있니?"
예원이는 다시 대답합니다.
"아니요. 아빠.. 차라리 그랬으면 좋겠어요.
아빠가 마구 야단을 치거나 때리거나 하면 차라리 괜찮을 것 같아요.
하지만 아빠가 마음이 슬프다고 하면.. 너무 마음이 아파요.. 아빠가 나 때문에 마음이 상할까봐.. 그게 무서워요.."
그러면서 예원이는 다시 울기 시작했습니다.

나는 예원이를 안아주면서 이야기를 합니다.
"예원아. 아빠가 화를 내고 야단을 치지 않는 것은 꾸짖는 것이 사람을 변화시킬 수 없기 때문이야. 너희가 만약에 어른의 권위를 인정하지 않고 대든다면 그 때는 아빠가 혼을 내야 하겠지..
하지만 너희들은 그러한 불순종의 마음이 없어. 다만 잘 알면서도 어리고 약하기 때문에 하지 못하는 것뿐이야. 거기에는 도움이 필요한 것이지 꾸짖는 것이 필요한 것이 아니란다.
그리고 꾸짖는 것은 아주 잠깐 동안만 악을 멀리하게 할 뿐이야.
사람은 오직 사랑과 위로와 용서, 격려를 통해서만 발전하고 성장해갈 수 있단다.."

예원이는 여전히 울면서 대답합니다.
"고마와요.. 아빠.. 그런데, 제가 정말 무서웠던 것은요.."
"그래. 뭐가 제일 무서웠는데?"
"아빠가 나에게 말하기를 실망했다고 할까봐.. 그게 제일 두려웠어요.
아빠는 예원이를 사랑하는데.. 예원이가 아빠를 실망시켰다고.. 그렇게 말할 까봐 두려웠어요.."

나는 웃었습니다. 그리고 분명하게 말했습니다.
"예원아. 아빠의 사전에는 실망이라는 것이 없어. 앞으로 영원까지 없을 거야.
사랑이란 끝까지 믿고 신뢰하는 것이지 그렇게 쉽게 실망하는 것이 아니란다.
너희들은 하나님께서 아빠에게 맡겨주신 아빠의 아이들이야.
너희들은 아직 어리지.
그러니까 수없이 결심하고 실수하고 넘어지고.. 그렇게 커 가게 되어있어.
그렇기 때문에 아빠는 죽을 때까지 너희들에게 실망하지 않는단다.
잠시 잘 못할 때가 있어도 괜찮아.. 다음에는 좀 더 나아질 수 있겠지.. 하고 생각한단다.
그리고 아빠는 너희들에게 실망할 권리도 꾸짖을 권리도 없단다. 아빠도 전에 그렇게 많이 잘못하고 실수하고 넘어졌거든.."

예원이는 물었습니다.
"아빠도 우리처럼 잘못하고 그랬어요?"
"그럼.. 너희보다 더 심했지. 아빠도 지금 해야 하는 것을 나중으로 미루고 또 미루고 마지막에 가서야 할 수 없이 급하게 한 적이 많이 있었단다. 하지만 점점 주님을 사랑하게 되고 자라다 보니까 나중에는 그렇게 쫓기지 않고 여유 있게 살게 되었어. 너희들도 점점 그렇게 될 수 있을 거란다. 그러니 무엇을 조금 잘못했다고 해서 아빠가 싫어하거나 실망한다고 생각하지 말아라.
아빠는 영원히 너희가 자라도록 돕고 격려할 테니까..”

예원이는 이제 마음이 많이 즐겁고 행복해졌습니다.
나는 다시 물었지요.
“숙제를 다 마친 기분이 어떠니?”
“마음이 너무나 시원하고 좋아요.”
“그래. 바로 그 마음이다. 아빠도 그게 어떤 것인지 알지. 그 동안은 놀면서도 항상 마음 속에서 불안했을 거야. 그러니 여태까지 참 아깝게 시간을 낭비한 거지. 몸은 편하지만 마음은 계속 고생을 했으니까..
진작 지금처럼 숙제를 다 마쳤었다면 방학을 얼마나 즐겁고 재미있게 보내었겠니? 마음 속에서 아주 개운하고 행복하게 말이야..
똑같은 시간을 보낸다고 하더라도 쫓기는 마음은 시간을 다 낭비하는 것이란다. 그러나 같은 시간에도 마음 깊은 곳에서 즐겁고 누릴 수 있다면 그것은 시간을 정말 귀하고 아름답게 사용하고 있는 것이지.
앞으로는 그처럼 멋지게 시간을 사용해보아라..”
“예.. 정말 고마워요. 아빠..”

예원이는 신이 나서 이야기를 덧붙입니다.
그녀가 항상 하는 이야기가 있지요. 아빠.. 사랑해요.. 이 집에 태어난 것이 얼마나 감사하고 행복한지 몰라요.. 너무 감사하고 기뻐요.. 한 가족인 것이 너무 좋아요..
그러면 나는 그녀가 우리 집에 태어날 수 있도록 예수님께 특별 부탁을 한 모양이라고 웃으며 말하곤 합니다.
그녀는 요즘 나의 말을 받아 적는 습관이 생겼습니다.
일기와 노트에 내가 하는 이야기들을 수시로 열심히 적습니다.
밤에 자리에 누워 불이 꺼진 상태에서 내가 여러 가지 이야기들을 하면 '아이고.. 이 말 적어야 하는데..' 하고 아쉬워합니다.

나는 나의 방으로 가면서 마지막으로 그녀에게 말합니다.
"지금의 기분과 경험을 꼭 기억하거라.
실수하고 넘어지는 것도 좋은 일이다. 거기에서 교훈을 얻을 수만 있다면..
지금의 경험이 너의 성장에 아주 좋은 도움이 될 꺼야.."
나는 그녀와 다시 사랑의 포옹과 뽀뽀를 나누고 내 방으로 돌아왔습니다.
그녀는 다시 엄마와 즐거운 지저귐을 시작했지요.
아마 곧 행복한 꿈나라에 빠져 들어갈 것입니다.

작은 일상의 문제들에 대하여 서로 교훈과 마음을 나누며 이야기를 할 수 있다는 것은 정말 행복한 일입니다. 이를 통해서 우리는 서로 깨닫고 더욱 더 사랑하게 되며 좀 더 영적으로 성장할 수 있도록 격려하게 되지요.
아직은 그녀가 어리지만 그녀는 계속 아름답고 지혜롭게 자라갈 것입니다. 그러한 그녀의 성장과 변화를 기대하며 신뢰하며 감사하는 마음으로 나도 즐겁게 잠이 들었습니다.

2003. 8. 21

25. 가정 천국을 위한 몇 가지 원리

나는 우리 집이 천국이라고 느낍니다. 아내도 아이들도 그렇게 고백합니다.
우리는 집에서 주님의 임재를 느끼며 기쁨과 행복감을 항상 경험합니다. 그것은 다음과 같은 삶의 원리에 근거한 것이라고 나는 생각합니다.

첫째로 우리 집은 항상 주님의 주되심을 고백합니다.
우리 집에서는 예배를 드릴 때마다 그리고 수시로, 이 가정의 주인은 주님이시라고 고백합니다. 그리고 주의 영광과 임재가 우리 가정에 임해달라고 항상 기도합니다.
우리는 집을 떠나 어디를 가게 되면 우리와 함께 해달라고 출발하는 기도를 드리며 주님의 인도를 구하고 다시 집에 도착하면 감사 기도와 예배를 드립니다.
아이들이 엄마 아빠에게 감사할 일이 있으면 주님께 감사하며 그분을 높이라고 가르칩니다. 그리고 아이들은 그렇게 합니다.

둘째로 우리들은 서로 사랑하며 함께 하는 시간을 즐거워합니다.
주원이는 수시로 "우와.. 우리 가족끼리 있으니까 참 좋다.." 하고 말합니다.
우리들은 그 날에 있었던 일, 살아가는 모든 이야기들을 나누며 아무런 비밀이 없습니다. 야한 이야기든지, 뭐든지 우리는 거리낌이 없이 이야기합니다.
그러므로 우리들의 대화에는 웃음꽃이 항상 끊어지지 않습니다.
우리들은 삶의 모든 어려운 부분들도 같이 나눕니다. 아이들은 고민이 있으면 나와 아내에게로 오며 진지하게 같이 대화를 하게 됩니다.
그 과정에서 우리는 문제를 해결하게 되고 주님의 가르치심과 메시지를 깨닫게 되며 대화 속에서 하나됨을 느끼게 되어 더욱 더 서로 사랑하게 됩니다.
그리고 우리가 영적 성숙을 위해서 인생이라는 학교에서 같이 배워가며 걸어가는 동지인 것을 느끼게 됩니다.

셋째로 우리 집에는 비난이 없습니다.
우리들은 아무도 서로 비난하지 않습니다. 모두가 실수하고 잘못할 때가 있지만 그것에 대하여 나무라는 사람은 없습니다. 물론 누군가 고의적으로 잘못을 할 때는 가장인 내가 권면하고 가르쳐야 합니다.
그러나 가족이 고의로 다른 이를 괴롭히는 일은 거의 없으며 다른 가족을 힘들게 했다면 그것은 부주의거나 단순한 실수일 때가 대부분이기 때문에 우리들은 서로 용서하고 웃으며 교훈을 얻고 서로 격려하며 지나갑니다.

넷째로 우리 집에서는 어떠한 강요도 없습니다.
나는 부모가 일방적으로 자녀들에게 지시하는 식의 대화를 싫어합니다. 주님도 그렇게 하시지 않기 때문입니다.
나는 아이들에게 선택권을 줍니다. 그리고 그들의 자유 선택을 존중합니다. 부모가 별로 좋아하는 선택이 아니더라도 자녀들이 그것을 원한다면 우리 집에서는 그것은 행해질 수 있습니다.
만약 어떤 길이 주님께서 원하시는 것이 분명하다면 나는 인격적으로 그들을 존중하며 권면을 합니다. 그러나 그것을 받아들이는 것은 본인의 의지입니다.
아이들은 대부분 우리와 견해를 같이 합니다. 그러나 그것은 그들의 선택이기 때문에 우리는 같이 기뻐할 수 있습니다.

예를 들어 공부에 대해서 언급하자면, 나는 학교 성적에 그다지 관심을 가지고 있지 않습니다. 그러나 단순히 시험 성적이 오르고 반에서 몇 등을 하는 것보다 그들이 그들의 임무와 본분에 충실하는 것이 행복한 삶의 비결이라고 가르칩니다.

그래서 학생으로서 즐거운 마음으로 공부를 하고 지식을 쌓는 것을 훈련하도록 권면합니다. 이러한 대화를 같이 나눌 때 그것은 서로에게 좋은 열매와 기쁨을 줍니다. 그러나 일방적인 강요가 아니라 본인의 결정과 선택이기 때문에 아이들은 긍지를 가지게 됩니다.

다섯째로 우리 집에서는 질서가 분명합니다.
나는 아내를 사랑하고 존중하지만 주님께서 남편을 머리로 세우셨다는 사실을 알고 있습니다. 그러므로 내가 최종적인 결정권을 가지며 리더십을 발휘해야 한다는 것을 압니다.
아내도 여기에 대해서 분명합니다. 그래서 아내는 항상 나의 결정에 따릅니다.
아이들도 마찬가지입니다. 우리 집에서는 불순종이라는 것이 없습니다.
나는 예의가 없는 것을 아주 싫어합니다. 사랑은 무례히 행치 않는 것이기 때문입니다. 예의가 없다면 그것은 사랑하지 않는 것입니다.
그러므로 질서가 없는 것에 대해서는 그대로 넘어가지 않습니다. 아이들은 어른을 존중하며 겸손한 자세를 가지도록 가르칩니다. 그래서 아이들은 합당하지 않은 고집을 피우지 못합니다.
이것은 태어난 지 1년이 되었을 때부터 적용되기 시작합니다. 1년이 되기 전까지는 상황을 이해하는 힘이 부족하기 때문에 내버려둡니다. 그러나 돌이 지난 후부터는 질서에 대해서 순종에 대해서 배우게 됩니다. 그래서 우리 집은 거스름이나 고집이 없으므로 항상 평화가 유지됩니다.

나는 이 가정이 항상 천국과 같은 기쁨과 행복을 느끼게 해주는 것에 대해서 항상 주님께 감사하고 아내에게 감사합니다.
그것은 전적으로 주님의 은혜이며 또한 아내의 공로이기 때문입니다.
얼마 전에 아내가 나에게 이런 이야기를 한 적이 있었습니다.
"여보.. 당신도 청년 때에는 사람을 보는 눈이 부족했나봐? 나 같은 엉터리를 아내로 고른 것을 보면?"
나는 웃으며 대답했습니다.
"나도 엉터리니까.. 엉터리를 고른 것은 당연한 것이 아닌가?"

하지만 나는 곧 이어서 정색을 하고 대답했습니다.
"모르는 소리 하지 말아요. 내 평생에 가장 잘 한 일은 예수를 믿은 일이고 그 다음은 당신을 만난 일이요. 당신이 아니었으면 내 인생이 어떻게 되었을지 몰라요.
이런 이야기를 많이 들었어요. 자기도 배우자로 목사님과 같은 분을 만났더라면 얼마나 좋았을까.. 하는 이야기를.. 하지만 그것은 정말 웃기는 이야기요.
지금은 내가 어느 정도 무엇인가 성취를 했다고 사람들이 생각할지 모르지만 나도 젊은 청년일 때는 꾀죄죄하고 어리숙하고 꺼벙한 청년에 지나지 않았소.
그런 엉터리가 어느 정도 위치에 있게 되었다면 그것은 주님의 은혜이지만 또한 당신의 도움과 공로 때문이요.
그렇기 때문에 나는 다시 그 청년의 시절로 돌아가 선택의 기회가 있다면 역시 같은 선택을 했을 거요. 나는 당신을 내게 보내신 주님의 은혜에 항상 감사하고 있소.."
아내는 즐거운 미소를 지으며 나의 손을 잡았습니다.

얼마 전에 아내의 부모님을 만났을 때 나는 그들에게 감사를 표시하며 말했습니다.
"부모님 덕분에 좋은 따님을 만나게 되었고 그래서 저는 행복하게 잘 살고 있습니다."
장인 장모님은 마음이 기쁘신 지 만면에 웃음을 머금었습니다.

지금도 거실에서 아이들과 함께 아내의 깔깔거리는 웃음소리가 들리는군요.
그녀는 참으로 명랑합니다. 어둡고 우울한 분위기를 한 순간에 날려 버리는 웃음의 능력을 가지고 있지요.
부족한 우리가정에 천국을 허락하신 주님께 감사드립니다.
그리고 아내에게도 사랑과 존경을 표합니다.

자매 여러분..
당신들은 가정의 꽃이며 천국의 꽃들입니다.
남편을 격려하고 세워주며 가정에 웃음꽃이 피게 하십시오.
그렇게 함으로써 여러분의 가정을 천국으로 만드십시오.
형제 여러분..
주님의 임재와 지배 속에서 가정을 세우십시오.
그리고 밝고 명랑하며 주님을 사랑하는 자매를 얻으십시오.
그리고 자주 아내에게 사랑을 고백하며 자녀들을 축복해주십시오.
그러면 천국과 같은 가정 생활을 누릴 수 있게 될 것입니다.
부디 주님의 은총이 여러분들의 가정에 임하시기를..
할렐루야.

2003. 7. 17

26. 어두움을 물리치는 빛의 경험

예원이는 성격이 섬세하면서도 밝고 활달한 편입니다. 그런데 이 아이는 이상하게 두려움이 많았습니다. 그래서 어느 곳이든 혼자 있지를 못했습니다.
집에서도 혼자 있으면 무서워하곤 했습니다. 아들 주원이가 초등학교 1학년 때부터도 혼자서 집을 지키면서 전혀 무서워하지 않았던 것과 많은 차이가 있었습니다.
그래서 예원이는 귀가가 조금이라도 늦어지게 되면 꼭 우리에게 전화를 해서 마중을 나오도록 했습니다. 좁은 골목이나 어두운 거리는 혼자 오지를 못하는 것입니다.
예원이가 집으로 돌아오는 저녁이 되면 나는 아내와 함께 같이 마중을 나가곤 했지요. 그러면 예원이는 밝은 곳에서 우리를 기다리곤 하였습니다.

세상이 몹시 악하니까 어두운 밤길은 여성으로서는 조심하는 것이 필요할 것입니다. 그러나 예원이의 경우는 그 두려움이 지나친 경향이 있었습니다. 지나친 두려움은 사람의 영혼을 억압하고 병들게 합니다. 거기에는 치유가 필요합니다. 얼마 전 어느 날 밤에 예원이와 같이 자리에 누워서 이에 대한 이야기를 하게 되었습니다. 예원이가 가지고 있는 두려움의 정체에 대해서 이야기를 하게 되었지요.
나는 예원이에게 언제부터 그 두려움이 시작되었느냐고 물었습니다.
그러자 대답하기를 초등학교 5학년 때에 학교에서 성폭력에 대해서 배운 적이 있는데 그 다음부터는 밤길이 그렇게 무섭다는 것입니다. 그리고 혼자 있는 것도 아주 무서워졌다고 합니다. 아마 그 때 두려움의 기운이 들어온 것 같았습니다. 사람들은 잘 인식하지 못하고 있지만 우리가 거하는 공간에는 항상 빛의 에너지와 어두움의 에너지가 존재하고 있습니다.
그러다가 우리의 마음 상태가 어느 한쪽의 파장과 일치하게 되면 그 에너지가 우리 안에 들어오게 됩니다. 그러므로 우리는 우리의 생각과 감정을 잘 지켜야 하는 것입니다.

물론 두려움의 기운도 대표적인 기운이라고 할 수 있지요. 분노, 미움, 원망, 불평, 두려움, 근심.. 이와 같은 것들이 다 어두움에 속한 상념인데 그것을 받아들이게 되면 어두움의 악한 기운과 에너지가 사람 안에 들어와 악한 영향을 끼치게 됩니다.
두려움이나 분노, 근심.. 이러한 기운은 단순한 하나의 생각이 아닙니다. 그것은 구체적인 힘이며 에너지입니다. 영적으로 예민할수록 그러한 에너지의 기운들을 느끼게 됩니다. 그것들은 사람의 안에서 실제적으로 부정적인 영향력을 행사하게 됩니다. 지금은 부정적인 감정이 신체에 질병을 일으킬 수도 있다는 것이 광범위하게 인정되고 있습니다.

주님을 믿는 그리스도인들 가운데도 우울하고 어두운 사람들이 많이 있습니다. 이것도 그들이 자신의 마음과 감정을 잘 지키지 못했기 때문입니다.
자신들의 마음 속에 어두운 생각과 부정적인 상념들을 받아들여서 그것과 관련된 악한 기운, 에너지가 그들을 누르고 있는 것입니다. 이러한 이들은 마음과 의식을 바꾸어야 합니다.
빛 되신 주님을 믿는 그리스도인들이 어둡고 우울하게 살고 있다는 사실은 너무나 비극적인 일이지요. 아무튼 그러한 것도 마음과 생각의 파장이 어두워서 어두움의 기운들을 끌어당기고 있기 때문에 생기는 것입니다.

예원이의 경우는 마음이 여리고 약하고 예민한 편이라 그녀가 선생님으로부터 그러한 이야기를 들었을 때 그녀의 영혼이 충격을 받았고 그래서 그 순간 악한 기운이 그녀에게 들어왔을 것입니다. 그러면 그 들어온 기운, 에너지는 그에게 부분적으로 영향력을 행사하게 됩니다.

이 경우에 쉬운 방법은 그 때에 들어온 악한 기운을 대적하고 쫓아내는 것입니다. 그렇게 할 수도 있습니다.

하지만 악한 기운을 쫓아내는 것이 근원적인 해결책이 되지 못할 수도 있습니다. 일시적으로는 나쁜 기운을 없애버리니까 시원해지겠지만 더 중요한 것은 사람의 의식, 기질 자체가 변화되어야 하는 것입니다.

악한 기운이 들어온 것은 그들이 들어올 수 있는 이유와 조건이 있기 때문입니다. 그러므로 그 이유와 조건을 근본적으로 바꾸는 것이 중요합니다.

악한 기운, 나쁜 영들이 역사하는 대상은 근본적으로 마음이 어두운 사람들입니다. 그러므로 어두운 기질을 밝고 맑고 환한 기질로 바꾸는 것이 정말 필요하고 중요합니다. 그렇지 않으면 악한 기운을 쫓아내어도 나중에 다시 들어올 것입니다. 그러므로 근본적으로 밝은 마음과 영을 소유해야 하며 강하고 담대한 사람이 되어야 합니다.

평소에 마음이 밝은 사람, 매사에 밝게 생각하고 감사하고 긍정적으로 생각하고는 사람들에게는 악한 기운이 자리를 잡기가 어렵습니다. 그것은 빛이 들지 않고 습기 찬 곳은 쉽게 냄새가 나고 썩지만 양지바른 곳은 썩지 않는 것과 같습니다.

우리의 의식은 언제나 영적인 세계와 접촉하고 있습니다. 그러므로 의식을 밝고 아름답고 자연스럽고 편안하게 해야합니다. 억압을 하는 것은 아주 좋지 않은데 그것은 억압을 통해서 악한 기운이 사람에게 들어올 수 있기 때문입니다. 그러므로 가르치거나 지배하는 역할을 하는 이들은 이것을 아주 조심해야 합니다. 선생님이나 부모들이 이런 잘못을 하기가 쉽습니다. 그러므로 조심해야 합니다.

자녀가 어떤 잘못을 했을 때 부모가 순간적으로 화가 나서 마구 야단을 쳤는데 아이가 나가서 사고를 당하거나 또는 충격을 받고 자살을 하는 경우를 가끔 뉴스를 통해서 듣게 됩니다. 이 경우도 분노를 통한 억압이 어린 영혼을 누르기 때문에 이때 그러한 사고의 영이나 자살의 기운이 들어온 것입니다.
그러므로 가르치는 입장에 있는 사람이 피교육자를 통제하기 위해서 두려움을 심어주는 것은 아주 나쁜 것입니다. 특히 아직 자기 방어력이 부족한 어린아이들에게 두려움을 심어주는 것은 그들의 안에 악한 영들이 자리잡을 수 있는 공간을 마련해주는 것과 같습니다.
바른 교육이란 좋은 것에 대한 사모함을 심어주는 것이며 나쁜 것에 대한 두려움을 심어주는 것이 아닙니다.

예를 들면 대학에 가려고 하는 마음을 심어주려면 대학에 가서 자유롭고 풍성한 삶을 살 수 있다는 것을 부각시켜야 합니다. 그렇지 않고 대학에 가지 못하면 비참하게 살게 된다는 식으로 두려움을 심어서 가르치게 되면 그것은 영혼을 억압하고 악한 기운이 사람 안에 들어올 수 있도록 기회를 주게 됩니다. 그러한 가르침은 사람을 무기력하고 비참하게 만드는 것입니다. 그러므로 어떠한 것이든 억압은 좋지 않은 것입니다. 아무리 좋은 것이라 해도 강요를 해서는 안 되며 자연스럽게 감동과 소원을 일으켜야 합니다. 그것이 바른 교육이며 가르침입니다.

언젠가 이런 이야기를 들은 적이 있습니다. 어떤 가족이 놀이 공원에 갔는데 어린아이가 청룡열차인가.. 하는 놀이기구를 무섭다고 타기 싫다고 하는데도 부모가 억지로 놀리고 겁을 주어서 결국 타게 했다는 것입니다. 결국 아이는 놀이기구를 타면서 충격을 받고 쓰러진 이후 잦은 발작에 시달리게 되었다고 합니다. 그러한 경우도 충격을 통해서 악한 에너지가 들어온 것입니다.

물론 부모는 자녀를 강한 아이로 키우고 싶어서 그렇게 강요를 했을 것입니다. 그러나 그것은 좋은 방법이 아닙니다. 강요와 억압은 항상 부정적인 결과를 낳는 것입니다. 강요를 통해서 위협을 통해서 비록 일시적으로 좋은 효과를 얻는 것 같아도 그 사람의 내면에는 어두움의 기운이 남게 됩니다.

예원이의 이야기를 들으면서 애를 어떻게 치유해야 할까 생각을 하게 되었습니다. 이런 경우 많이 사용하는 방법은 내적 치유의 방법입니다. 그것은 시간 여행을 통하여 자신이 충격을 받았던 당시로 돌아가서 그 때의 고통이나 슬픔, 아픔들을 그대로 느끼는 것입니다.

몸은 이곳에 있지만 마음과 영은 시공을 초월하므로 당시의 기억으로 돌아갈 수 있습니다. 현재 겪고 있는 고통이 시작된 때로 돌아가서 당시의 고통을 치유하고 기도합니다. 그러한 기도와 사역의 결과 자유와 해방감을 경험하게 되면 이후에는 그가 경험하던 증상이 거의 사라지게 됩니다.

과거에 목회 사역을 할 때 나는 처음 보는 이들에게는 여태까지의 삶 중에서 가장 힘들었던, 추웠던 때가 언제냐고 묻곤 하였습니다.

사람들은 그러면 그 때부터 눈물을 흘리기 시작하곤 했는데 그것은 그러한 생각을 하기만 해도 그 때까지 억압되어 있던 마음 속의 어두움이 드러나게 되기 때문입니다. 물론 이러한 내적 치유 자체가 완전한 것이라고 할 수는 없습니다. 그것은 치유사역자의 영적 성숙도와 상태와 많은 관계가 있습니다. 어설프게 하면 부작용이 심할 수도 있습니다.

공연히 과거의 상처를 끄집어내고 치유도 못하게 되면 오히려 더 악화될 수도 있기 때문입니다. 오히려 원망이나 자기 합리화, 책임 전가.. 등의 문제가 생길 수도 있습니다.

나는 어떤 목사님이 이 내적 치유를 교회의 사역에 무리하게 적용하다가 교회가 갈라져 버린 이야기도 들은 적이 있습니다. 그러므로 치유에도 분별과 지혜가 필요합니다.

중요한 것은 주를 향한 헌신과 영적 성숙입니다. 주를 사랑하며 추구하지 않고 끊임없이 자신과 자신의 상처만을 바라보는 사람은 내적 치유를 추구하는 가운데 더 깊은 자기 연민과 아집에 잠길 수도 있습니다. 이것은 내적 치유 자체에 문제가 있는 것이 아니라 치유의 수준이 피상적인 수준에 머물렀고 더 깊이 발전하지 못했기 때문입니다. 그러므로 인도자의 역할이 중요하며 온전한 치유와 성장을 위해서 더 많은 과정들이 필요한 것입니다.

악한 영을 대적하여 쫓아내는 것, 과거로 돌아가 기억을 치유하므로 현재를 바꾸는 내적 치유.. 이 두 가지는 어느 쪽이 더 좋다고 할 수 있는 것이 아니고 상호보완적인 것입니다.

악한 영도 쫓아내야 하며 악한 영에게 빌미를 주는 과거의 상처도 치유해야 합니다. 또한 치유된 영혼이 더 이상 자신을 바라보지 않고 온전히 주님께 사로잡힐 수 있도록 주님의 충만한 임재를 구하는 것이 필요합니다. 그러므로 축귀 사역과 내적 치유사역, 그리고 성령님의 기름 부으심 사역.. 이 세 가지는 서로 보완되고 사용될 때 아름답고 온전하게 영혼을 세워줄 수 있을 것입니다.

예원이에게 어떤 방법을 적용할까 생각하다가 나는 다른 방법을 적용해보기로 했습니다.
나는 예원이의 가슴에 마음을 집중했습니다.
그러자 그녀의 가슴에 축축하고 어둡고 억압되어 있는 기운이 느껴지기 시작했습니다.
나는 예원이에게 이야기를 하기 시작했습니다.
"예원아. 눈을 감고 자신의 몸에 마음을 집중해보렴. 그러면 네 몸이 어렴풋이 보이거나 느껴질 거야.. 네 가슴이 지금 어떤 상태인 것 같니?"
"음. 조금.. 어두운 것 같아요.."

"맞아.. 두려움이란 가슴에 어두운 기운이 들어와 있기 때문에 생기는 거야.. 그러면 지금 아빠와 같이 그 어두운 기운을 없애 보기로 하자.
우리는 예수님께 요청하는 기도를 많이 드리지.
그런데 예수님께서는 기도의 응답을 위해서 항상 믿음을 요구하셨어.
믿고 구한 것은 받은 줄로 믿으라고 말씀하셨지.
그렇기 때문에 우리는 기도를 드릴 때 간구만 하지말고 이미 우리에게 주님께서 응답을 주신 것을 고백할 필요가 있단다..
네 가슴 안에 있는 어두운 기운을 없애려면 빛이 필요하단다.
그래서 예수님.. 내 가슴에 빛을 주세요.. 하고 기도해야 해..
그러나 지금은 믿음의 고백과 기도를 해보자..
이미 예수님께서 우리의 소원을 아시고 빛을 주셨다고 믿고
그것을 믿음으로 끌어당겨 봐..
예수님.. 제 가슴에 빛을 주신 것을 감사합니다.
지금 나에게 빛이 오고 있습니다.

나에게 빛이 오고 있습니다.
그 빛이 내 가슴속의 어두움을 없애고 있습니다.. 이렇게 시인하고 선포해보렴 조그맣게.. 속으로..”

두려움은 어두운 기운을 통해서 나온 상념입니다. 그러므로 그 어두움의 기운이 빛을 통해서 사라지게 되면 자연히 두려움도 묶임도 사라질 것 같이 느껴졌습니다. 그 빛은 아주 실제적인 것이며 그러므로 믿음으로 그 빛을 끌어당기게 되면 가슴속의 어두움들은 사라지게 될 것입니다.

예원이는 내 옆에 누운 채 내가 시키는 대로 속으로 기도를 드리며 믿음의 시인을 하고 있었습니다. 불과 2, 3분이 지나자 예원이는 놀라서 말하는 것이었습니다.
"아빠.. 정말 신기해요.. 가슴이 조금 전까지 답답했는데 가슴이 시원해지고 있어요.. 따뜻해지고.. 정말 기분이 좋아요."
나는 웃으며 예원이에게 조언을 했습니다.
"그래.. 이제 네 속에 두려움이 다 사라질 때까지 '주님. 빛을 주셔서 감사합니다. 내 속에 계속 빛이 들어옵니다. 지금도 빛이 옵니다. 그렇게 고백하고 기도하거라.. 점점 네 속에 두려운 마음이 사라지게 될 거야.."
예원이는 신이 나서 이제 열심히 그렇게 기도하고 훈련하겠다고 말하고는 방을 나갔습니다.

그리고는 며칠이 지났지요. 나는 그 때 일을 잊어버렸는데 예원이가 나에게 와서 고백하는 것이었습니다.
"아빠.. 정말 신기해요.. 아빠가 가르쳐준 기도가 너무 재미있어서 밤에 잘 때도

하고 생각이 날 때마다 계속 했는데.. 정말 효과가 있었어요.
오늘 아빠 사무실에서 숙제를 하느라고 몇 시간 동안 혼자 있었는데.. 전혀, 하나도 무섭지 않았어요. 몇 년 동안 이런 적은 처음이에요. 내가 그 동안 왜 무서워했나.. 하는 생각이 들어요. 그리고.. 가슴이 너무나 편안하고 시원해요.."

나는 기뻐서 웃었습니다.
"빛이 들어오면 모든 어두움은 사라지게 되어 있단다.
지속적으로 기도하고 훈련하거라. 빛을 더 많이 경험하게 되면 더 놀라운 변화들도 많이 생기게 된단다. 우리는 머리에, 눈에, 가슴에, 배에.. 온 몸에 더 빛을 많이 받아야 돼.. 예수님은 세상을 비추는 참 빛이기 때문에 우리가 그 빛을 많이 받을수록 놀라운 평화, 지혜, 기쁨, 사랑, 치유.. 들을 경험하게 된단다.
이번의 경험으로 만족하지 말고 더 깊은 빛 가운데로 나아가야 한단다."
예원이는 앞으로 더 열심히 훈련하겠다고 다짐하고 밖으로 나갔습니다.
그 모습을 보는 나의 마음이 아주 흐뭇하였습니다.

나는 많은 재앙들이 우리 안에 들어와 있는 어두움의 기운으로 인하여 오는 것이라고 느끼고 있습니다. 많은 고통, 질병, 재앙, 분노, 죄악들, 눌림들이 우리 안에 있는 어두움의 기운으로 말미암은 것이라고 생각하고 있습니다.
그러므로 우리가 실제적으로 빛을 묵상하고 경험하게 되면, 그 빛을 우리 안에 누리고 체험하게 되면, 우리는 많은 변화와 해방과 자유를 경험할 수 있게 될 것입니다.
나는 모든 그리스도인들이 머리 속에 어두운 생각들이 떠오를 때마다, 낙심이나 좌절이나 두려움이나 분노와 같은 어두움의 상념이 떠오를 때마다, 그 생각들과 싸우느라고 고생하지 말고 이처럼 단순히 주님의 빛, 영계의 빛을 상상하고 믿음으로 받아들이면 얼마나 좋을까 하고 생각해 보았습니다.
아마 곧 어두움의 상념은 사라지고 감사와 기쁨과 행복감을 얻을 수 있게 될 것입니다. 그 모든 것들은 빛으로부터 오는 것이니까요.

예수님은 빛이며 진리이며 영광이십니다.
그러나 우리는 너무나 적은 빛과 능력만을 경험하고 있습니다.
우리가 좀 더 그분의 풍성하심을 경험하게 된다면 우리의 삶은 얼마나 풍성해질까요.
주님께 감사를 드리며 나도 좀 더 많은 빛을 경험할 수 있도록 기도와 훈련에 힘써야겠다는 마음이 들었습니다.
부족한 자들에게, 구하는 자들에게
항상 치유의 빛, 은총의 빛을 허락하시는 주님..
그분께 한없는 감사와 영광을 돌립니다. 할렐루야..

2003. 8. 22

27. 명절의 주인, 행복의 근원은 오직 주님

그제는 추석 명절이라 어머니 댁에 들렀습니다. 즐거운 시간을 보낸 후 저녁때에 집에 도착해서는 많이 앓았습니다. 나는 다른 집을 방문한 후에는 앓는 일이 많이 있습니다. 아무래도 영적 상태들이 옮아오니까요.
나는 영적으로 예민한 편이라 어려움을 많이 겪습니다. 누군가가 우리 집에 방문을 한다든지 우리가 어디를 간다든지 하게 되면 오기도 가기도 전에 상대방의 영적 상태가 느껴지고 전달이 되기 때문에 가슴이 아프거나 머리가 깨지는 듯이 아픈 경험을 많이 하게 됩니다.

천국의 중심은 사랑과 은총과 아름다움입니다. 그러나 주님을 믿는 이들 중에서도 주님의 임재와 사랑 안에서 항상 살아가고 있는 이들은 별로 없습니다. 교회를 다니지만 실제의 삶에서는 천국의 영으로 살지 않고 지옥의 영으로 사는 이들이 많이 있습니다.
머리로는 주님을 믿지만 그 심령은 천국에 속하지 않고 있는 것입니다. 그래서 그리스도인들의 만남에서도 입으로 불평을 하고 다른 이들을 판단하며 감사하지 않고 짜증을 내고 근심의 고백과 험담을 하는 등 지옥의 기운을 끌어당기는 이들이 많이 있습니다.
이런 사람들은 자신들의 말과 행동이 자신과 다른 이들의 영을 죽이고 있으며 주님의 가슴을 아프게 하고 있다는 사실을 전혀 모릅니다. 그러므로 이러한 사람들을 만나면 가슴이 칼로 찌르는 듯한 통증을 느끼게 됩니다.

영의 감각이 마비되어 머리로는 주를 믿지만 삶으로는 세상의 영으로 살아가는 이들을 만나게 되면 내 영혼도 같이 마비되어 마치 여름철에 두꺼운 옷을 입고 있는 것처럼 답답해집니다. 이것은 성령님의 기름 부으심이 임할 때 느껴지는 묵직함과는 전혀 다른 것입니다. 그것은 쾌적하고 행복한 묵직함이지요. 그러나 이런 경우에는 질식할 정도로 답답하게 느껴지게 됩니다.

머리가 깨어질 듯이 아픈 경우도 많은 데 그것은 상대방들이 거짓의 영들에게 속고 있는 경우입니다. 대체로 사역자들, 책을 많이 읽고 지식이 많은 지적인 신앙인들을 만나게 되면 이렇게 머리가 깨어지는 듯이 아픈 경우가 많이 있습니다. 단순한 사람들을 만나면 그리 힘들지 않습니다. 대체로 사역자들이 비사역자들보다 영이 많이 어둡고 눌려 있는 것이 보통이며 지적인 사람들의 영이 단순한 사람들보다 어둡고 눌려있는 것이 보통입니다.

이 시대의 사역은 주님 자신을 알아가고 추구하는 것 보다 외적인 성공이나 명예와 같은 다른 것을 추구하는 면이 많이 있기 때문에 외적으로 성공할수록 그 영혼은 비참하고 병들어 있는 것을 흔히 볼 수 있습니다. 그러한 잘못된 지향점들은 영이 어린 것 이기도 하지만 궁극적으로는 잘못된 가치관을 심어주는 영들에게 속고 있는 것이기 때문에 이들을 만나게 되면 가슴이 답답하고 머리가 아픈 것입니다.

이상하게도 불신자들이나 초신자들과 같이 있을 때는 그다지 고통을 느끼지 않는데 영적 지도자급의 사람들이나 자기 신앙이 좋다고 여기는 사람들, 지식이 많은 이들과 같이 있으면 심한 고통을 느끼게 될 때가 많이 있습니다. 아마 이것은 영적 교만과 관련된 것이 아닐까 싶습니다. 그것은 겉으로 더러운 세리와 창기보다 경건해 보였던 바리새인들이 영적으로 주님과 멀리 있었던 것과 관계가 있지 않을까 싶습니다. 영적 세계에서는 그 어떤 죄보다 교만이 무서운 죄이기 때문입니다. 스스로 자기를 높이보고 있는 이들은 결코 마귀의 공격에서 벗어날 수 없는 것입니다.

어떤 이들은 내가 상대방의 영적 상태에 대해서 민감하며 고통을 느끼는 것에 대해서 의문을 표시하기도 합니다. 친한 친구가 말하기를 '아직도 그 단계에서 못 벗어난 거야?' 하고 농을 던지기도 합니다.
물론 어느 정도 영의 법칙을 이해하면 영의 문을 닫아서 영의 감각을 일시적으로 마비시킴으로써 고통을 느끼지 않는 방법도 있습니다.
하지만 이것을 이해해야 합니다. 영적으로 열릴수록 고통은 피해갈 수 없습니다. 아주 사소한 죄를 짓고 세상의 영과 접촉을 해도 고통을 받게 됩니다. 이것은 스스로 어두운 상념을 받아들여서 아픈 것과는 다른 것입니다.

그러므로 고통을 피하기 위해서라도 죄로부터 자신을 보호하고 영을 지키게 됩니다. 치아에 세균이 생기면 아프게 되는데, 그것은 고통을 통해서 치아를 보호하기 위해서 있는 것입니다. 고통 자체는 좋은 것이 아니지만 이를 통해서 자신을 지키게 됩니다.
또한 상대방의 영적 상태를 느낄 수 있을 때 그를 도울 수 있으며 영향을 끼칠 수 있습니다. 상대방이 어두움의 상태에 있어도 전혀 아무 것도 느끼지 못하면 그의 상태를 분별할 수 없으며 상대방에게 영적인 능력을 공급하는 것이 어렵습니다. 영적으로 열리지 않으면 다른 사람의 영적 상태를 알 수 없으므로 겉으로 보이는 상대방의 모습만을 볼 것입니다. 그의 외적인 지위나 행위로 사람을 분별하게 될 것입니다.

그렇기 때문에 흔히 사람들은 다른 이들에게 속게 됩니다. 외적으로 나타난 모습은 그 사람의 진정한 모습이 아니기 때문입니다.

우리는 주님께서 우리의 지위나 외형이나 행동이 아닌 우리의 중심, 우리의 동기를 보신다는 것을 기억해야 합니다.

영적으로 예민해질수록 상대방의 말에 주의하지 않고 그의 안에서 흘러나오는 영적 기운에 주목하게 됩니다. 그래서 어떤 이는 외모가 대단치 않고 말이 시원치 않지만 그 중심에서 주를 사랑하는 향기가 나오는 것을 느끼게 됩니다. 또한 반대로 어떤 이는 외적으로 아주 유순하고 온유해 보이지만 완강한 자기 중심과 고집이 있음을 느끼게 됩니다. 이러한 것을 영이 느끼고 분별하는 것입니다.

그러므로 사람을 만날 때 어려움이 있고 고통이 있는 것은 피할 수 없는 것입니다. 하지만 고통스럽다고 혼자서 광야에 거하는 것은 바른 삶이 아닙니다. 항상 기도하고 주님을 의지하면서 사랑하고 섬기는 마음으로 주변 사람들과 주님이 만나도록 인도하시는 사람들을 대해야 합니다. 또한 그러한 전쟁을 통해서 영이 자라고 주님께 가까이 나아갈 수 있는 것입니다.

나는 이러한 이야기를 하면 사람들이 두려워할 수 있다는 것을 잘 압니다. 하지만 오히려 일부러 이런 이야기를 하는 면도 있지요. 즉 자신의 영을 돌아보고 지키려고 애를 쓰는 조바심이 참 필요하다는 것을 나누고 싶은 것입니다.

그래서 나를 만나거나 접하는 사람들은 걱정을 하기도 합니다. 자신의 어두움이 목사님께 가는 것은 아니냐고 묻기도 하지요.

하지만 그렇게 걱정을 하는 이들은 이미 깨어있는 것이기 때문에 그러한 이들 때문에 고통을 겪는 경우는 거의 없습니다. 정말 힘든 이들은 자신의 영혼에 문제가 있다는 것을 전혀 모르는 이들, 자신의 지식이나 체험을 자랑하며 자기 신앙이 좋다고 믿고 있는 이들입니다.

명절에 고통을 겪는 것은 흔히 있는 일이지만 이번에는 극심한 고통이 있었습니다. 그래서 밤새 악몽에 시달리고 몇 번이나 깨어났습니다. 깨어서 마귀를 대적하고 다시 잠이 들고 다시 꿈속에서 전쟁을 하고.. 그렇게 밤을 보내고 아침에 일어나니 몹시 피곤했습니다.

이날은 아내의 친정에 가야합니다. 몸의 컨디션이 엉망이었지만 어떻게든 가려고 간신히 준비를 해서 집을 나섰는데 아내와 아이들과 손을 잡고 집을 나선 후 몇 걸음도 가지 못해서 그만 어지러워서 그 자리에 주저앉게 되었습니다. 이런 상황에서는 도저히 갈 수가 없었지요.

나중에 알게 된 일이었지만 그 때 아내의 친정집에서는 제사를 드렸었다고 합니다. 참 어처구니없는 일이었지요. 그러니 그 집을 방문하려고 하는 내 영혼이 견딜 수가 없는 일이었습니다. 영혼은 항상 몸이 가기 전에 먼저 그 장소를 방문하는 것이니까요.

예를 들어서 내가 가려고 하는 집에서 부부싸움을 하게 되면 나는 그 집에 가기 전에 몸이 뜨거워서 견디기 힘든 고통을 느끼게 됩니다.

영적으로 분노는 불과 같은 것입니다. 지옥의 사악한 불, 파괴하고 죽이는 불기운에 휩싸이는 것이 분노입니다. 그러므로 나는 그 불의 기운이 몸에 닿는 것이 느껴져서 그 집에 도착하기 전에 녹초가 되어버리게 되지요.

아무튼 영이 예민하다는 것은 좋은 면도 있지만 힘든 면도 많이 있습니다. 천국의 영계를 많이 경험할수록 다른 사람들이 경험하고 있는 어두움의 지옥계를 접하면 고통스럽게 되기 때문에 방어에 많은 힘이 필요한 것입니다.

사람들은 흔히 쉽게 짜증을 내곤 하는데 그것은 영적으로 보면 날카로운 칼을 가지고 상대방의 영혼을 찌르는 것과 같습니다. 그것은 죽이고 상하게 하는 영이지요. 이런 것에 대해서 알게 되면 사람들은 영혼이 자라서 어두움의 세계에서 빛의 세계로 올라가는 것이 얼마나 귀하고 놀라운 일인지 알게 될 것입니다.

사람들은 흔히 평소에 가족들에게 가벼운 짜증을 내고 하는 것에도 아무런 죄책감도 없습니다. 말로 상대방을 콕콕 찌르는 것이 일상의 삶이 되어있습니다. 그리고 아무런 고통도 느끼지 못합니다. 그것은 그들이 지옥적인 삶에 익숙해있기 때문입니다.

그러나 영혼이 맑고 천국의 빛과 기쁨을 많이 경험하는 이들은 영이 점점 더 예민해지기 때문에 누가 조금만 짜증을 내고 험담을 하면 옆에 있기만 해도 많은 고통을 느끼게 됩니다.

그래서 영이 예민할수록 사람들을 축복하고 사랑을 고백하며 격려하는 것을 즐기게 되는 것입니다. 그렇게 할 때 주님의 임재가 깊어지고 영혼 깊은 곳에서 천국의 은총이 임하는 것을 느끼기 때문입니다.

그러므로 영이 아름답고 발전해갈수록 강퍅한 영혼들을 대하는 것이 힘들고 세상의 악함이 지옥같이 느껴지며 TV드라마에서 나오는 짜증과 분노의 기운을 조금만 접해도 가슴이 아프게 됩니다. 하지만 이 세상에 육체를 가지고 살 동안에는 그래도 사명을 감당하며 주위에 있는 강퍅하고 어린 영혼들을 불쌍히 여기고 사랑으로 인내하며 접촉하고 섬겨야 합니다.

결국 나는 가는 것을 포기하고 집에 들어가 누웠습니다. 아내는 아이들만 데리고 출발했지요. 나는 몸이 힘들어서 집에 다시 들어가자마자 잠이 들었습니다.

잠이 깨었을 때는 이미 점심도 꽤 지난 시간이었는데 시장기가 느껴졌습니다. 머리가 어지러운 것이 조금 나은 것 같아서 라면이라도 먹고 싶어서 바깥으로 나갔습니다. 가까운 분식집으로 가는 중에 좁은 길에서 어떤 엄마와 아들이 옥신각신 다투고 있는 것을 보았습니다. 엄마는 30대 정도로 보이는 날씬하고 아름답고 세련되어 보이는 분이었는데 이상하게도 하이힐을 벗어 들고 있었습니다.
그녀는 아들에게 마구 욕을 하고 있었는데 아마 들고 있는 하이힐로 아들을 때리려고 하는 같았습니다. 아들은 초등학교 5-6학년 정도로 보였습니다.
아무도 없던 좁은 골목에서 나를 발견하자 그녀는 당황한 것 같았습니다.
그녀는 하이힐을 다시 신고는 아들에게 분노를 터뜨렸습니다. '너, 집에 가서 보자. 집에 가면 가만 안 둘 줄 알아..' 뭐 그런 내용의 이야기였지요.
아들은 '엄마. 도대체 왜 그래? 왜 자꾸 그래? 하고 따지고 있었습니다. 엄마의 분노는 아들에게 전혀 먹혀 들어가지 않는 것 같았습니다. 덩치는 아들과 엄마가 비슷했지요.

마음이 조금 슬퍼졌지만 나는 가던 대로 라면 집으로 갔습니다. 하지만 유감스럽게도 라면 집에 도착하니 추석이라 문을 닫은 상태였습니다. 할 수 없이 편의점에 가서 삼각 김밥과 커피우유를 사 가지고 나는 집을 향했습니다.
그런데 나는 집으로 오는 좁은 골목길에서 아까 엄마와 승강이를 하던 남자아이가 훌쩍거리고 울고 있는 모습을 발견했습니다. 엄마는 가버렸는지 없었고 남자아이 혼자서 엄마 핸드백을 들고 울고 있었습니다.
그냥 지나칠 수가 없어서 나는 그에게 말을 걸었지요.
"왜 그래? 너 엄마한테 혼났구나?"

녀석은 내가 말을 걸자 서러웠는지 더 크게 울기 시작했습니다. 그러면서 뭐라고 마구 이야기를 하는데 울면서 하는 말이라 잘 알아들을 수가 없었습니다. 왜 엄마에게 혼이 났느냐고 물어 보았는데 대충 들어보니 오늘 엄마와 명절이라 할머니 집에 갔는데 심심해서 장난을 친다는 것이 조금 심하게 까불어서 엄마를 불쾌하게 한 것 같았습니다. 이야기를 들어보니 그렇게 죽을죄를 지은 것 같지는 않은데 아무튼 녀석은 겁이 질려서 심하게 울고 있었습니다. 조금 전까지 당당하게 대들던 모습은 사라지고 없었습니다.

아무튼 나는 녀석을 달래기 시작했습니다.
"자.. 이제 그만 울어라. 그리고 집에 가서 엄마에게 잘 못했다고 그래.. 그러면 용서해 주실 거야."
"아니에요. 집에 가면 나는 죽어요."
"이 녀석아. 죽기는.. 엄마가 너보다 힘도 약할 것 같던데.."
"아니에요. 집에 아빠가 있어요. 그런데 엄마는 이런 일만 있으면 아빠에게 다 일러바쳐요. 전에 아빠가 한번만 더 그러면 너 죽여 버릴 줄 알라고 했어요. 그런데 엄마가 아빠한테 다 말한 댔어요. 저는 가면 죽어요. 엉엉엉.."
"지금 집에 아빠가 있니?"
"예.. 엉엉.. 무서워서 집에 못 가요.. 엉엉.."

녀석이 무서워하는 것은 바로 아빠였습니다. 녀석은 덩치는 큰데 완전히 두려움에 사로잡혀 있었습니다. 이렇게 두려움에 사로잡혀 있으면 생각 이상으로 많이 혼이 날 것입니다. 녀석의 생각대로 얻어맞을 지도 모르지요. 그러므로 이 아이의 두려움을 제거해야 하였습니다.
나는 물었습니다.
"너.. 하나님을 믿니?"
"네."
"너.. 교회 다녀?"

"예."
"엄마 아빠는?"
"안 다니세요."
"그럼 네가 교회 가는 것도 싫어하겠구나?"
"예.."
"엄마 아빠가 교회 가지 말라고 하는데도 네가 가는 거야?"
"예."
"그래. 엄마 아빠가 반대를 해도 교회를 다닌다니 장하구나. 하지만 예수님을 믿는 사람답게 까불지 않고 점잖게 행동해서 엄마의 마음을 상하게 하지 않았으면 더 좋았을걸..
아무튼.. 내 말 잘 들어라.. 네가 하나님을 믿는다면 천사들이 너를 항상 보호하고 있단다. 그러므로 기도해서 도움을 요청하면 천사들이 너를 보호해서 너에게 나쁜 일이 생기지 않는단다. 아저씨도 기도해줄게. 네가 심하게 혼이 나지 않도록 말이야."

나는 기억을 되살려 아까 그 아주머니의 인상을 생각해보았습니다.
날씬하고 아름다운 인상이었고 매정한 분 같지는 않았습니다.
나는 아이에게 계속 이야기했습니다.
"걱정하지 말아라. 너희 엄마와 아빠는 네가 좀 더 좋은 사람이 되도록 하시려고 그러시는 거야. 너희 엄마는 너를 사랑하신단다. 너희 아빠도 너를 사랑해서."
아이는 계속 눈물을 흘리고 있었습니다.
"그리고.. 너를 엄마가 감당할 수 있다면 왜 아빠에게 이르겠니. 네가 엄마에게 고분고분하지 않기 때문에 엄마는 자기 힘으로 안 되니까 속이 상해서 아빠의 힘을 빌리는 거야.. 엄마가 화를 낼 때 네가 조용하게 풀이 죽어서 '죄송해요.. 다음부터는 안 그럴게요..' 했으면 엄마는 풀어졌을 거야. 그런데 너는 '엄마. 도대체 왜 그래요?' 하고 따지는 듯이 말했잖아. 오히려 엄마를 야단치는 것처럼 말이야. 그러면 엄마는 화가 더 나게 된단다. 그런 태도는 절대로 가져서는 안 돼."

나는 말을 이었습니다.
"너 길을 지나가다가 무섭고 큰 개를 본 적이 있지? 그 때 무섭다고 뛰어서 도망가면 개가 따라서 달려든단다. 하지만 조용히 천천히 걸어가면 개는 덤비지 않지.. 그것과 비슷하단다.
앞으로 엄마나 아빠가 화를 낼 때 절대로 아까처럼 대들지 말아라. 아무 말 하지 말고 조용히 고개를 숙이고 '죄송해요.' 그렇게 말해.. 그러면 금방 풀리시니까.. 흥분을 하게 되면 항상 안 좋은 일이 생긴단다. 하지만 아무리 두려운 일이 있어도 마음을 평화롭게 하면 절대로 나쁜 일이 생기지 않는단다.
그러니까 알았지? 침착하고 조용한 자세로 들어가서 먼저 죄송하다고 조용하게 말해.. 그러면 반드시 잘 지나갈 수 있을 거야.."

아이는 이제 조금 진정이 되었는지 간신히 용기를 내어 나와 같이 집으로 가기 시작했습니다.
길이 다른 곳에서 그와 헤어지게 되었습니다. 나는 마지막으로 말했습니다.
"너는 남자다. 하나님을 믿는 당당한 남자이지. 그러므로 절대로 두려워하지 말아라. 하나님이 너와 함께 하신단다. 그러니 기죽지 말고 용기 있고 자신감 있게 살아야 한단다.."
나는 아이와 작별을 했습니다. 아이는 나에게 꾸벅 인사를 하고는 헤어져 집을 향하여 가기 시작했습니다. 하지만 아이는 아직도 겁이 나는지 고개를 떨어뜨리고 아주 느릿느릿 집을 향해 걸어가고 있었습니다.

아이의 그런 모습을 보니 가슴이 아려오는 것이었습니다.
나는 그의 뒤에서 한참 동안 그를 지켜보았습니다. 그러다가 그가 시야에서 사라진 뒤 나는 집을 향했습니다. 하지만 발걸음이 떨어지지 않았습니다. 여전히 녀석의 눈물과 두려운 표정이 생각났습니다.

나는 다시 발걸음을 돌려 녀석이 가던 길로 뛰어갔습니다. 녀석은 어디에도 보이지 않았습니다. 방금 사라졌는데 집으로 들어갔는지 녀석의 모습은 길에서 없어졌습니다.
나는 근처의 여러 집을 기웃거리며 혹시 녀석의 소리가 들리는지 귀를 기울였습니다. 어디선가 비명소리가 들리는 것은 아닐지.. 나는 두리번거리며 귀를 기울였습니다. 하지만 아무 소리도 들리지 않았습니다.
잠시 서성이다가 나는 집으로 돌아왔습니다. 그저 마음이 슬프고 아팠습니다.
사랑과 축복, 위로와 격려의 고백으로 가득해야 할 가정이 이렇게 분노와 두려움 속에 있다는 것이 나는 너무나 가슴이 아팠습니다.

그 아이는 그 순간을 어떻게 보냈을까요? 조용히 사과를 하고 무사히 용서를 받고 지나갔을 까요? 아니면 아이가 두려워하는 것처럼 아빠에게 많이 혼이 났을까요? 나는 길에 서서 그 가정에 사랑과 평화가 임하기를 기도했습니다.
그리고 주님께서 이 아이의 두려움을 치유해주시도록 기도했습니다. 이 아이가 두려운 마음이 들 때마다 주님을 기억하고 기도하는 아이가 되며 순종하며 겸손한 아이가 되기를 기도했습니다.
이 날은 추석이었습니다. 명절은 모든 사랑하는 가족이 모여서 사랑과 그리움과 격려와 축복을 서로 나누는 날이지요.
그러나 그러한 것은 실제적으로 모든 가정들이 주님의 지배와 통제 속에서 살아갈 때 비로소 가능한 일이었습니다. 그렇지 않으면 아무리 가족이 모여도 만남이 있어도 거기에는 분노와 싸움, 상처, 두려움, 원망이 끊어지지 않을 것입니다. 주님의 지배를 받는 가정, 주님의 지배를 받는 인생, 그것이 바로 천국 안에 거하는 삶이지요.

아이를 생각하며 나는 내가 주님을 구하고 있다는 것, 그리고 우리 가정이 주님 안에 있다는 사실이 새삼 감사하게 느껴졌습니다. 우리가 주님을 구하고 사모하는 한 우리 가정은 언제까지나 행복과 사랑과 평화로움 속에서 살게 될 터이니까요. 주님을 섬기는 우리는 모두가 너무나 큰 복을 받은 이들입니다. 새삼 주를 구하며 주님의 지배와 천국 속에 살고 있다는 사실이 너무나 감사하게 느껴졌습니다.

추석의 주인은 오직 주님입니다.
명절의 주인은 오직 주님입니다.
가정의 주인은 오직 주님입니다.
주님이 계시는 곳에는 항상 천국이 있습니다.
우리가 이것을 잊지 않고 오직 주안에 거할 때
우리는 영원히 이 기쁨과 행복을
잃어버리지 않게 될 것입니다.
할렐루야..

2003. 9. 12

28. 제사의 흑암과 예배의 빛

아이와 헤어져서 나는 집으로 왔습니다. 머리가 어지러운 것이 조금 낫기는 했지만 아직도 힘이 들었습니다. 그래서 나는 삼각 김밥을 먹은 후에 다시 누워서 잠이 들었습니다.

밤 늦은 시간까지 그 상태로 있었습니다. 푹 쉬고 나니까 몸이 조금 회복되었고 가벼워진 것을 느끼게 되었습니다.

이제 일어나야겠다고 생각을 하는 순간 바깥에서 떠들썩거리는 소리가 들려왔습니다. 친정에 갔었던 아내가 아이들과 같이 들어오는 소리인데 그 순간 강력한 어두움의 기운이 올라오기 시작했습니다.

나는 회복된 몸과 영혼이 다시 엉망이 되는 것을 느꼈습니다. 앞이마가 묵직하고 뒤통수가 뻐근해지기 시작했습니다. 온 몸에 악한 기운이 덮여오는 것이 느껴지고 구토가 나오기 시작했습니다.

간신히 일어나서 아내를 맞았는데 아내와 아내의 오빠가 식구들과 같이 올라오고 있었습니다. 나는 인사를 하면서 이 어두움을 가지고 온 주범이 누구인지를 살폈습니다. 그러자 아내의 오빠의 머리에 어두운 기운이 감싸고 있는 것을 알게 되었습니다.

아내의 오빠는 마음이 아주 여리고 착한 분입니다. 자신의 상황이 힘들 때에도 항상 상대방을 먼저 배려해주는 마음을 가지고 있으며 매우 유머러스한 감각으로 분위기를 즐겁게 하는 재능을 가지고 있습니다.

기질적으로 예민한 영적 감각을 가지고 있었는데 이러한 기질의 사람은 주의 영에 사로잡힐 수도 있고 또 그렇지 않으면 악한 영에게 사로잡혀서 중독이나 사고나 여러 가지 어려움을 겪을 수 있는 소지를 가지고 있습니다.
아직 주님께 헌신된 분이 아니기 때문에 기본적으로 어두움의 영을 가지고 다니는 것은 당연하지만 오늘 따라 왜 이렇게 어두움의 기운이 많은지 이상한 마음이 들었습니다.

잠시 쉬었다가 그 이유를 알아보고 싶어서 안방에서 큰 소리로 이야기꽃을 피우고 있는 아내와 오빠의 대화에 끼어 들었습니다.
대화의 내용은 즐겁고 유쾌한 것이었지만 옆에서 잠시 대화를 듣기만 했는데도 아내의 오빠가 이야기를 하면 가슴이 울렁거리고 메슥거리며 토할 것 같았습니다. 머리가 깨질 듯이 아파왔습니다.
나는 대화 중에 그 원인을 알게 되었습니다. 그 날 아침에 장인 어른이 아내의 오빠에게 시켜서 제사를 드렸으며 오빠는 장남이니 그 일을 할 수 없이 맡아서 했다는 것이었습니다. 그러니 그가 흑암의 기운에 잡혀있는 것은 당연한 일이었습니다. 상황을 파악한 나는 다시 내 방으로 들어왔습니다.

이 시대의 기독교는 너무 형식화 물질화되어 있어서 영적인 흐름에 대해서 거의 잘 모릅니다. 그래서 주님의 실제적인 아름다움과 충만에 대해서도 잘 모르며 귀신들의 실제적인 움직임과 역사에 대해서도 잘 모릅니다. 그러나 영적인 세계와 그 움직임은 사람들이 모르고 못 느낀다고 해도 여전히 우리 옆에서 움직이고 있는 실제의 세계입니다.
사람들은 아무 것도 모르고 제사를 지냅니다. 그러나 그 결과로 악한 영들이 찾아오며 그 집안은 귀신의 소유가 되고 귀신들이 합법적으로 그들을 지배하게 된다는 것에 대해서는 아주 무지합니다. 영계의 일은 공상이 아닙니다.
나는 내가 신학교 다니던 시절의 어느 밤의 일을 기억하고 있습니다.
나는 어느 날 밤늦게 집에 들어와서 바로 잠이 들었습니다. 그런데 그 날 밤새도록 악몽에 시달리고 머리가 깨지는 듯이 아파서 밤새 씨름을 하고 귀신들과 싸우며 기도의 전쟁을 치렀습니다.

아침에 아픈 머리를 부여잡고 어머니에게 어제 도대체 이 집에서 무슨 일이 있었느냐고 묻자 어머니는 놀래면서 아버지가 그렇게 말리는데도 상에다 돼지머리를 올려놓고 절을 했다는 것입니다.
아버지는 가끔 일이 안 풀리면 고사를 지내야 한다고 어머니에게 강변을 하고는 했습니다. 그러면 그 날부터 어머니는 기도를 시작하곤 했지요. 그래서 막상 약속한 날이 되면 무슨 급한 일이 생겨서 고사를 드리지 못하게 되곤 했습니다.

나는 어머니의 찬송을 들으며 깨어난 어느 날 아침을 기억합니다. 그것은 정말 기쁨이 가득한 어머니의 찬송이었습니다.
그 찬송은 '주 예수 내가 알기 전 날 먼저 사랑했네..' 하는 찬송이었는데 어머니는 기쁨과 감사로 가득해서 그 찬송을 부르고 있었습니다.
내가 일어나서 어머니에게 그렇게 즐거워하는 이유가 무엇이냐고 물어보자 어머니는 환한 얼굴로 대답하는 것이었습니다.
아버지가 요즘에 일이 안 되는 것은 조상을 잘 모시지 못했기 때문이라고.. 꼭 제사를 드려야겠다고.. 아니면 이혼을 하겠다고 강압을 하셨다고 합니다. 그래서 그 날부터 어머니는 간절하게 제사를 드리지 않게 해달라고 날마다 기도를 드렸다는 것입니다.
그렇게 약정한 날이 오늘인데 아버지가 바쁘기도 하고 다른 일도 생겨서 그 약속을 까맣게 잊어버렸다면서 기도가 응답되어서 너무나 감사하다고 계속하여 이 찬송을 부르시는 것이었습니다.

그런데 그 전날은 갑자기 상을 차리는 바람에 어머니가 그것을 제지할 수 없었던 모양입니다. 비록 약식이기는 했지만 아버지는 그렇게 우상에게 절을 한 모양입니다. 그러니 떠돌아다니는 악한 영들이 우리 집에 잠시 들어오게 된 것이지요. 그래서 내가 그 밤에 그 마귀들과 한판 씨름을 벌여야 했었던 것입니다.

이런 이야기를 하는 이유는 오늘날 그리스도인이면서 영적인 실체에 대해서 잘 알지 못하는 이들이 있기 때문입니다. 말씀을 단순히 지식적으로 이해하고 눈에 보이지 않는 것은 믿지 않는 이들이 많이 있습니다. 제사 행위도 단순한 하나의 문화 현상으로 이해하는 이들도 많습니다.

그러나 제사를 드리는 것, 그것은 단순한 문화가 아니며 의식도 아닙니다. 그것은 자신과 자신의 가정을 귀신들에게 양도하는 행위입니다. 귀신들은 그것을 잘 알고 있으며 절하는 이들에게 그들의 영을 부어주고 들어와서 주인 노릇을 합니다.

명목상으로 교회를 다니고 세상을 사랑하며 대강 대강 신앙생활을 하는 이들은 어차피 주님과 천국과 상관이 없기 때문에 평소에 악한 영들의 통제 속에서 삽니다. 그러나 주님께 자신이 드려진 헌신된 이들이 그렇게 멋모르고 제사를 드리거나 그러한 행위에 참여하거나 하게 되면 그 때부터 그들은 엄청난 공격과 전쟁에 시달리게 됩니다.

성경의 가르침은 명백합니다. 성경은 분명히 제사를 금하고 있습니다.

"대저 이방인의 제사하는 것은 귀신에게 하는 것이요 하나님께 제사하는 것이 아니니 나는 너희가 귀신과 교제하는 자 되기를 원치 아니하노라 너희가 주의 잔과 귀신의 잔을 겸하여 마시지 못하고 주의 상과 귀신의 상에 겸하여 참예치 못하리라 그러면 우리가 주를 노여워하시게 하겠느냐 우리가 주보다 강한 자냐"
(고전10:20-22)

흔히 사람들이 명절에 조상의 은덕을 기억한다고 하면서 드리는 제사 행위.. 그것은 조상에게 드리는 것이 아닙니다. 그것은 귀신을 부르는 행위입니다. 그리고 그 제사에 오는 영들은 그들의 조상의 영이 아니며 그 지역을 지배하고 있는 귀신의 영들입니다.

그리스도인과 비그리스도인을 구별하는 가장 기본적인 삶의 차이점은 무엇일까요? 그것은 바로 예배에 대한 차이입니다.
그리스도인의 삶의 중심은 예배입니다. 그리스도인들은 삶의 가장 중요한 것에서 예배를 드리며 주를 찬양하고 하나님께 감사를 드립니다.
결혼은 결혼식이 아니고 결혼 예배입니다. 결혼으로 인도하신 것을 감사하며 새로 시작되는 가정이 주님께 영광이 되고 주님이 주인이 되시기를 구하는 것입니다.
누군가 하늘나라에 가시면 임종예배를 드립니다. 일생의 삶을 인도하신 것을 감사드리며 언젠가 하늘나라에서 다시 만날 것을 기약하며 예배를 드립니다.
이사를 가면 이사 예배를 드립니다. 모든 움직임과 여정이 주님의 손에 있음을 감사하며 고백하는 것입니다.
사업을 시작하면 개업예배를 드립니다. 이 사업의 사장님은 주님이시며 주님의 임재와 인도하심이 사업장에 있기를 구하는 것입니다.
여행을 갈 때도 예배를 드리며 집에 도착하면 예배를 드립니다.
바로 그것이 그리스도인의 삶입니다. 모든 삶 속에 하나님이 왕이시며 주인이시고 인도하시는 것을 고백하고 구하는 것입니다. 오직 모든 삶 속에서 하나님 안에 거하고 그분만을 높여드리기를 원하는 것입니다.

그러나 비그리스도인들은 그렇지 않습니다. 그들은 하나님을 의지하지 않고 자신을 의지합니다. 사람을 의지하고 방법을 의지하고 돈을 의지합니다. 그들은 하나님을 높이지 않고 자신을 높이고 사람을 높입니다.

그들은 예배 대신에 제사를 드립니다. 조상에게 제사를 드림으로써 복을 받는다고 생각합니다. 그것은 가장 어리석은 속임수에 빠져있는 것입니다.

그들의 생각으로는 제사 행위가 조상에게 감사하는 것이지만 그것은 실제적으로 귀신들에게 자신의 인생을 드리는 고백을 하는 것입니다.

제사는 자신의 삶이 끝이 나고 육체가 사라져 영혼이 되었을 때에 그의 영혼을 빛의 세계가 아닌 어두움의 세계에 던지기로 하는 일종의 계약과 같은 것입니다. 그렇게 우상에게 엎드려 절을 하면서 그 사람의 소속은 어두움의 영계, 귀신의 소유가 되는 것입니다.

사람들은 항의할 것입니다. '나는 결코 귀신들에게 내 영혼을 양도한 적이 없다. 나는 그럴 마음이 전혀 없다'라고 말입니다.

그러나 이것을 기억해야 합니다.

주님은 천국의 주인이시며 그분은 빛의 왕으로서 당당하게 우리와 계약을 맺기를 원하십니다. 우리는 자신을 주께 드리고 경배하며 감사하고 공개적으로 그분을 찬송합니다.

그러나 마귀는 그렇지 않습니다. 그들은 우리와 정식 계약을 맺지 않습니다.

그들은 오직 거짓으로 속일뿐입니다. 그들은 항상 유혹을 던지며 건강과 부와 명예와 성공을 약속합니다. 그리하여 어리석고 무지해서 그들의 유혹에 넘어가는 이들의 영혼을 은밀하게 사로잡는 것입니다.

제사를 드리면 온갖 귀신들이 옵니다. 그것은 만유인력의 법칙보다 더 분명한 것입니다. 예수의 이름으로 구원받지 못한 조상들은 지옥에 있으며 그것은 어쩔 수 없는 일입니다. 그러므로 그 영혼이 지옥에 있는 조상들을 위해서 엎드려봤자 이미 지옥에 떨어진 영혼을 다시 구원할 수는 없습니다. 지옥에 있는 조상들은 그 후손들이 아무리 제사를 지내도 올 수 없습니다. 제사는 오직 악령들을 부르는 것이며 그것은 제사를 드리는 사람을 악령들에게 헌신하여 자신을 동일한 어두움으로 떨어뜨리는 것 밖에 아무런 좋은 일이 생기지 않는 것입니다.

장인 어른이 제사를 드렸다니 나는 어처구니가 없었습니다. 미국에서는 열심히 신앙생활을 하신 것으로 알고 있었기 때문입니다.
더 어처구니없는 것은 장인 어른이 다니시던 교회의 목사님이 제사를 드려도 된다고 가르치셨던 것입니다.
나는 기가 막혀서 입이 다물어지지 않았습니다. 그 목사님은 불교의 스님을 교회에 초청해서 설법도 듣는다고 했습니다. 정말 기가 막힌 일이었습니다.
장인어른은 그러한 것을 보고 목사님의 신앙 수준이 아주 높다고 생각하시고 있었는데 나는 참으로 마음이 아팠습니다. 지도자의 무지 때문에 수많은 영혼들이 잘못된 길에 빠지게 된다는 것.. 그것은 정말 기가 막힌 일이었습니다.

영적 세계를 전혀 알지 못하는 이들에게는 그러한 목회자들이 인간적으로 보기에는 더 포용적이고 원숙한 모습으로 보일 수도 있습니다.
우리는 다른 종교를 가지고 있는 이들의 가치관이나 인격에 대해서 적대적일 필요는 없으며 그들의 인격이나 선택을 존중해줄 필요가 있습니다. 그것은 그들의 마음을 열게 합니다. 그러나 구원에 이르는 유일한 길은 오직 예수뿐이며 하나님으로서 이 땅에 오신 분도 오직 예수뿐입니다. 그러므로 오직 그분을 높이고 예배하며 그분께 속하는 것.. 그 외에는 구원과 천국에 이르는 길이 전혀 없습니다. 우리는 이 부분에서 타협할 수는 없는 것입니다.

카톨릭에서는 십계명 중에서 우상을 섬기지 말라는 계명을 없애버렸습니다. 그 종교에서는 워낙 우상을 많이 섬기고 있기 때문에 그 말씀을 그대로 놔두어서는 그 종교가 유지가 되지 않을 것입니다. 따라서 이들은 제사에 대해서도 관용적인 입장을 가지고 있습니다. 물론 그것은 잘못된 것입니다.
그러나 기독교에 있다고 해도 그 영혼의 운명이 안전한 것은 아닙니다. 중요한 것은 의문이 아닌 실제적인 영계, 실제적인 영혼의 자유, 실제적인 주님과의 교제를 가지고 있어야 한다는 것입니다. 영혼이 눈을 뜨지 않으면 모든 종교행위는 하나의 의식에 그칠 뿐입니다.
우상에게 제사를 드리는 것은 하나님을 진노하시게 하는 행위입니다.
간음도 살인도 도적질도 나쁜 것입니다. 그러나 그것은 직접적으로 하나님을 모욕하고 도전하는 죄는 아닙니다. 그러나 우상 숭배는 곧 하나님을 모독하고 대적하는 것입니다. 그것은 하나님의 진노를 일으킵니다. 이 우주의 왕이신 하나님을 진노케 하고도 무사할 수 있을지.. 그것은 정말 어리석은 일입니다.

나는 내 방에 들어왔습니다.
상황을 파악하고 나니 대처하는 것은 어렵지 않았습니다.
나는 주님께 대신 회개를 하고 나서 악한 영들을 대적하였습니다.
다른 곳에서 드린 제사를 통해서 이 집에 들어온 그 귀신과 영들을 대적하였습니다. 그리고 이 집은 하나님의 집이며 귀신들이 올 수 없다고 선포했습니다.
곧 머리가 깨질 듯이 아픈 것이 사라졌습니다.
뒤통수가 뻐근한 것도 사라졌습니다

구토가 나오려고 한 것도 멈추었습니다.
악한 영들은 당황했고 빠른 속도로 사라지고 있었습니다.

다음날 아침 나는 아내의 오빠와 대화를 나누었습니다.
내 몸은 거의 회복되었지만 그의 머리에는 아직도 흑암이 붙어 있었습니다.
나는 그에게 설명을 해야 했습니다. 나는 성경을 펼치고 제사의 죄에 대해서 설명했습니다. 그것은 귀신을 부르는 행위이며 하나님을 진노케 하시는 행위라고 설명했습니다. 만약 다시 이런 일이 반복된다면 우리는 장인어른의 집에 다시는 갈 수 없다는 것을 이야기했습니다.
그리고 각 집마다 영이 민감한 사람이 있고 둔감한 사람이 있는데 둔감한 사람은 귀신이 와도 모르지만 민감한 사람은 파장이 맞아서 그 영향을 바로 받기 때문에 중독이나 사고나 재앙이 올 수 있다고 그러한 기운을 받을 수 있는 사람 몇을 지적했습니다.

제사를 드린다고 해서 모든 이들이 악한 영들의 영향을 받는 것은 아닙니다.
그것은 체질과 파장에 관련이 되어 있습니다.
사고가 많이 나는 곳이 있습니다.
어떤 장소에서 큰 사고가 나서 사람이 크게 다치고 죽고 하게 될 때 그 곳에는 악한 에너지, 영들, 파장이 존재하게 됩니다.
그러나 그 곳을 지나가는 모든 사람이 그 영향을 받는 것은 아닙니다.
그곳을 지나는 사람들 중에 영적으로 그 악한 기운을 받기 쉬운 파장을 가지고 있는 사람이 지나갈 때 그 사람은 그 에너지의 영향을 받게 되는 것입니다.
이것이 사람이 자살하는 곳에는 비슷한 사건이 계속 일어나는 이유입니다.

어떤 사람들이 그러한 영향력 가운데 있게 될까요?
대체로 합리적이고 냉철한 사람은 영계와 그리 통하지 않습니다.
그러나 감정적이며 기분이나 감정의 기복이 심하고 귀가 얇으며 자기 조절이 조금 어려운 사람들은 대체로 영감이 예민하다고 할 수 있습니다.
그러므로 이러한 이들이 주님께 속하지 않게 되면 어두움의 영계로부터 영향을 받을 수 있는 것입니다. 그러므로 이러한 이들이 제사를 드리게 되거나 그러한 흐름에 노출되면 나쁜 일이 생길 수 있는 것입니다.
아내의 오빠는 기질적으로 영이 예민한 편이었습니다. 그는 한 때는 주님의 임재를 경험하고 여러 기도의 응답과 은총들을 경험하기도 해서 그러한 영적 감각에 대해서 어느 정도는 이해하고 있었습니다.
그는 놀라서 다시는 제사를 하지 않겠다고 약속했습니다. 아버지가 아무리 요구하셔도 절대로 하지 않겠다고 다짐했습니다. 그리고 꼭 교회에 가고 기도를 해서 하나님께 용서를 받겠다고 다짐했습니다. 영적 무지로 인해서 그러한 행위에 참여는 했지만 늦게라도 그렇게 이해한 것은 다행이었습니다.

오빠의 식구들이 대전에 있는 집으로 내려간 후 나는 즉시로 아내, 주원이, 예원이와 함께 예배를 시작했습니다. 제사를 드리고 인도한 그 영적 흑암의 기운이 아직 이 집에 남아있기 때문에 우리는 그 기운을 청소해야했습니다.
우리는 찬양과 경배를 드렸습니다.
예원이는 피아노를 치고 주원이는 드럼을 쳤습니다.
우리는 기도와 찬양을 드리며 온 땅위에 오직 주님만이 높으신 분이신 것을 고백했습니다. 주님은 이 가정의 왕이신 것을 선포했습니다. 그리고 그 주님의 임재와 영광이 이 가정에 가득하게 임하시도록 구하고 또 구했습니다.

나는 곧 기쁨과 행복이 회복되는 것을 느꼈습니다.
몸과 마음이 가볍고 자유로워졌습니다. 그리고 마음놓고 주님을 높이고 영광을 돌릴 수 있다는 사실이 너무나 감사하게 여겨졌습니다.
이 가정의 주인이 남편이나 아내나 아이들이 아니고 오직 주님이시라는 사실이 얼마나 감사하고 행복한지 감격으로 가슴이 터질 것만 같았습니다.
예배란 곧 천국의 임함이며 모든 영광과 행복의 비결입니다.
그것은 너무나 선명한 사실이었습니다.

사람들이 천국의 영계를 경험하지 못하는 이유는 무엇입니까?
그것은 매사에 주님을 높이며 기쁘시게 하지 않고 자신을 드러내며 자신의 기분과 감정으로 살며 자기 중심으로 살기 때문입니다. 그러므로 사람은 지옥적인 영의 세계에 거하는 것입니다.
많은 대화가 허무함을 낳는 것도 자신을 드러내는 언어 때문입니다.
많은 간증이 귀신들을 부르는 것도 자신을 드러내기 때문입니다.
그러나 그러한 어두움에서 벗어나 모든 것에서 주를 기억하며 주를 높이며 오직 주께 감사하면 동시에 그의 영혼은 천국의 영계로 수직 상승하게 되는 것입니다.

그리스도인의 삶의 중심은 예배입니다. 우리는 이것을 기억해야 합니다.
오늘날 그리스도인들이 그토록 낮은 수준의 삶을 사는 이유는 자기 중심으로 살기 때문입니다. 그러므로 이 예배의 삶을 살 때 우리는 변화되고 능력 있는 삶을 살 수 있는 것입니다.
추석이나 명절이 피곤한 이유도 바로 그것입니다. 사람들끼리 모여서 사람의 이야기를 하며 서로 잘난척하고 자기를 드러내며 남을 비난하고 시기하며 사람의 냄새를 풍기기 때문입니다.

그러나 그 곳에 예배가 있고 감사가 있고 찬양이 있고 경외가 있다면 그곳은 곧 천국이 됩니다. 그곳은 영광의 장소가 됩니다. 주님이 임하시는 곳.. 그곳이 바로 천국이기 때문입니다.

제사를 통해서 들어온 악한 기운으로 인하여 고생을 치르고 다시 예배를 드리며 주님의 임재를 통하여 기쁨과 빛과 행복을 경험하면서 나는 빛의 세계와 어두움의 세계, 빛의 영계와 어두움의 영계의 차이를 다시금 확연하게 느낄 수 있었습니다.

주님을 사랑하고 추구하는 세계..
그것은 곧 영광의 세계이며 천국의 세계입니다.
그 기쁨과 행복과 자유함을 맛본 이들은
아무도 다시 그 어두움의 세계로 돌아가려고 하지 않을 것입니다.
주님이 계신 곳 그 곳은 바로 천국입니다.
거기에는 천국의 기쁨이 있습니다.
그것은 곧 빛의 세계입니다.
우리는 모두다
진정한 예배를 통하여
진정한 주님 사랑을 통하여
그 세계로 더 가까이
나아가야 할 것입니다.
더 놀라운 천국의 영광을 맛보기 위해서 말입니다.

2003. 9. 16

29. 사랑하는 장인 어르신께

평안하신지요.
요즘 날씨가 갑자기 차가워져서 건강은 괜찮으신지 걱정이 되는군요.
며칠 전에 아내가 어르신 댁에 방문을 했었지요.
아내가 제가 제사에 대하여 쓴 글을 읽어드리고 성경을 펴서 제사의 부당성을 설명하자 뚫어지게 성경을 보시면서 확인하시고 이야기를 다 들으신 후에 이제 더 이상 제사를 드리지 않겠다고 힘없이 말씀하셨다는 이야기를 아내에게서 듣고 마음이 뭉클했습니다.
물론 아주 잘하신 결정입니다. 그것은 우리의 영원한 운명을 결정하는 문제이니까요. 하지만 그렇게 결정하시는 과정에서 얼마나 마음이 아프셨을까 생각하니 저도 가슴이 아려오는 것이 느껴집니다.

어르신은 참으로 효성이 지극하셨던 것으로 알고 있습니다.
한국에 계실 때에도 항상 부모님을 극진하게 대하셨고 원치 않게 미국으로 가게 되신 후에도 어려우신 상황에서도 꾸준히 부모님께 인사를 드리고 물질적인 부분을 담당하셨고 그래서 귀국하시기 몇 년 전에 부모님이 한 분씩 돌아가셨을 때 부모님의 임종을 보지 못한 죄인이라고 몹시 괴로워하셨다는 것을 잘 알고 있습니다.
귀국하신 후에도 부모님의 임종을 지키지 못한 안타까움과 죄책감으로 번민하다가 제사를 드리기로 작정하신 것으로 압니다. 그러니 그러한 모든 것을 다 포기하게 되기까지는 얼마나 가슴이 아프셨을까 생각하니 저도 마음이 많이 아파 오는 것입니다.

아마 이 일로 기독교에 대한 오해는 없으실지 모르겠습니다.

사실 기독교 신앙의 중심은 사랑입니다. 그래서 바른 신앙을 가지고 있는 사람의 특징이 있다면 그것은 사랑이 많고 따뜻하다는 것입니다.

이기적이고 거칠고 사나운 이 세상에서 기독교인들은 따뜻한 분위기를 가지고 있으며 어려운 이들을 돌보고 섬기는 것을 좋아합니다. 그런데 부모님에 대한 그러한 안타까운 애정의 표현이 제한되면서 기독교는 너무 차가운 종교가 아닌가 하는 마음이 드실지도 모르겠습니다.

하지만 참다운 사랑은 무엇인가? 참다운 부모 사랑, 효도란 무엇인가? 하는 이야기를 잠시 드리고 싶습니다.

어떤 어머니가 외출을 하다가 집으로 오면서 사랑스러운 아들이 생각나서 바나나를 한 바구니 사 가지고 왔습니다. 그러자 어린 아들이 바나나를 맛있게 먹으면서 아주 즐거워합니다. 그런데 문제는 이 아들이 바나나를 맛있게 먹고 좋아하기는 하지만 그 바나나만을 좋아하고 기뻐한다는 것입니다. 눈에 보이는 바나나와 그 맛에 대해서는 인식하지만 바나나를 사 준 어머니의 마음에 대해서는 알지 못한다는 것입니다.

아마 그래도 어머니는 기뻐할 것입니다. 자기가 사 준 바나나를 맛있게 먹는 아이의 모습을 보면서 어머니는 기뻐할 것입니다.

그러나 한편 서운하기도 하겠지요. 언제쯤 자녀가 좀 더 자라서 어머니의 마음을 이해하고 알아줄까 하는 마음이 있을 것입니다. 그 때는 바나나보다 좀 더 좋은 사랑의 교제를 서로 나눌 수 있으니까요.

부모님은 분명히 우리 모두의 은인이며 희생자이며 사랑을 베푼 분들이십니다. 그러나 그 부모님을 우리에게 주신 분은 바로 하나님이십니다. 다시 말하면 부모님을 우리에게 주시고 우리를 사랑하도록 예비하신 진정한 부모님은 바로 하나님이시라는 것이지요.
그러므로 눈에 보이는 부모님을 생각하면서 그 배후에 계신 진정한 부모님을 생각하고 그 분께 효도하지 않는 것은 진정한 부모 사랑이라고 할 수가 없는 것입니다.

부모님은 우리의 창조자가 아닙니다. 우리도 자식을 낳지만 우리도 창조주가 아닙니다. 자식을 자기가 낳기는 했으나 자신이 만들었다고 하는 사람은 없습니다. 만약 자신이 자식을 만들었다면 생김새나 성품이나 모든 것들을 우리 마음대로 할 수 있겠지요.
그러나 자신의 배에서 나온 자식이라고 해도 생각도 틀리고 마음도 다르고 살아가는 가치관이나 목적 등 모든 것이 다르며 그것을 어찌할 수 없습니다.
그러니 부모는 단지 하나의 도구일 뿐이지 자신이 아이를 창조하는 것은 아닌 것입니다.

효도에 대한 오해는 하나의 도구에 속하는 육신의 부모를 마치 주인인 것처럼 오해하는 데에서 비롯되는 것입니다. 이것은 눈에 보이는 혈육이나 부모를 무시해도 된다는 의미가 아닙니다. 당연히 존경하고 사랑하고 감사하며 섬겨야 합니다. 하지만 부모님 자체보다 그들을 우리에게 허락하신 하나님께 더 감사와 찬송과 영광을 돌려야 하며 부모를 사랑하고 섬길 때에도 그 진정한 아버지이신 하나님의 뜻과 법을 따라 사랑하고 효도를 해야 하는 것입니다. 그리고 그것이 진정한 효도가 되는 것입니다.

부모님들이 젊었을 때 열심히 수고하여 자식을 낳고, 기르고.. 그렇게 노년이 되었는데 막상 힘들게 기른 자식은 부모에 대해서 전혀 마음을 쓰지 않는 경우가 많이 있습니다. 오히려 자기가 혼자 큰 양 그저 귀찮게 여기고 짐으로 여기는 그러한 경향은 이 시대의 한 특성입니다. 그러한 일을 겪으면 연로하신 부모님들은 참으로 삶이, 지나간 세월이 허무하다는 것을 느끼게 되지요.
그런데 바로 그러한 일을 겪고 있는 분이 하늘에 계신 아버지 하나님입니다.
대부분의 그리스도인들은 평생을 교회에 다니며 신앙 생활을 하고 있지만 하늘에 계신 하나님 아버지의 고독과 그 마음에 대해서는 거의 알지 못합니다.
그저 자신의 소원이나 문제가 있을 때 하소연을 하는 것 정도가 신앙이라고 생각하지요.

그렇게 진정한 효도를 알지 못하는 이 땅의 대부분의 자녀들 때문에 주님의 마음은 너무나 아프고 고독합니다. 저의 경우는 주님의 음성을 직접 들었기 때문에 그런 말씀을 드릴 수 있습니다. 그분은 "누가 나의 마음을 알겠느냐.. 나는 고독하다. 나는 고독하다.." 그런 말씀을 많이 하셨기 때문입니다.
이 땅에서 잘 먹고 잘 살고 출세를 하면 그게 성공인줄 아는 대부분의 신자들은 주님의 마음에까지 이를 수 없기 때문입니다. 그것은 단지 주님을, 하나님을 이용하는 것에 지나지 않습니다. 그러한 것을 신앙이라 믿고 있기에 주님은 고독하신 것입니다.

많은 이들이 신앙생활을 합니다.
그러나 그들의 삶을 보면 믿지 않는 자보다 더 이기적이고 교만하며 교활한 이들도 많이 있습니다. 그러한 것은 그들이 진정한 신앙, 진정한 복음에 대해서 잘 모르고 단순히 자신의 이기심을 충족시키기 위해서 신앙생활을 하며 아직 육체로 살고 있고 영혼의 눈이 뜨여져 진정한 주님의 마음에까지 이르는 신앙 생활을 하지 못하고 있기 때문입니다.
기독교 용어에 거듭남이라는 말이 있습니다.
거듭남.. 중생이라고도 하지요. 새롭게 태어난다는 뜻입니다.
전에는 육체로 살았으나 이제는 영으로, 영혼으로 산다는 것이지요.
예전에는 눈에 보이는 썩어질 것들이 크게 보였고 대단하게 여겨졌고 그것이 인생의 목적이었으나 이제는 영혼의 눈이 뜨여져서 영원한 세계를 알게 되고 그리고 그 영원을 느끼는 영혼의 감각을 따라 살아가게 된다는 것입니다.

중생을 하게 되면 점차 영혼이 깨어나서 육체 중심의 삶, 눈에 보이는 것을 좇는 삶을 살지 않고 이 세상을 초월하게 되며 이 세상의 일로 근심하거나 즐거워하거나 하지 않게 됩니다.
재물이 많아도 거기에 관심이 없고 입을 것이 없어도 그다지 마음을 쓰지 않게 된다는 것이지요. 사람들이 칭찬을 하든 욕을 하든 명예나 외적 성취에 그다지 마음이 가지 않게 되는 것입니다.
자식이 사고를 당하거나 어려움을 겪어도 '아.. 그렇군요..' 하고 초연합니다.
전쟁이 나도 '아.. 그렇군요..' 하고 대수롭게 여기지 않습니다.
누가 모함하고 미워해도 '아. 그렇군요..' 하고 편안한 마음을 가지게 됩니다.
그것이 중생하고 거듭난 사람의 삶입니다. 세상의 모든 일들이 주님의 사랑의 손 안에 있음을 의식하고 신뢰하기 때문에 무슨 일을 겪어도 마음이 흔들리지 않는 것입니다.
영혼이 깨어날수록 눈에 보이는 모든 것들은 그림자에 지나지 않으며 일시적이고 썩을 것이며 우리는 영혼을 가진 영원한 존재이고 이 영혼의 발전을 위해서 이 땅에 왔다는 것을 깨닫게 되기 때문에 그러한 세상의 소용돌이에서 점차적으로 벗어나게 되는 것입니다.
그러한 초월과 자유한 삶은 매정하고 차가운 삶을 의미하는 것은 아닙니다. 오히려 그렇게 이기심과 명예욕이나 소유욕에서 벗어나 있기 때문에 더 자유롭고 따뜻하게 사람들을 사랑하고 섬길 수 있는 것이지요.
많은 경우에 사랑으로 인하여 근심을 하고 싸움을 하고.. 하는 일이 있는데 그것은 진정한 사랑이 아니라 육체에서 나오는 집착에 불과한 것이니까요. 그러므로 그러한 육체의 시각에서 벗어날 때 진정 자유롭고 행복한 삶과 사랑을 나눌 수 있게 됩니다.

어르신은 참으로 양심적이고 떳떳한 삶을 살아오신 것으로 알고 있습니다.
그러므로 양심을 따라 부모님께 최선을 다해 섬기신 것으로 알고 있습니다.
주님께서 그 모든 섬김과 효도와 사랑의 마음을 기억하실 것입니다. 그러나 앞으로는 진정한 의미의 효도를 발견하시고 그 살아계신 주님과의 만남을 가지게 되실 것을 기대합니다.
어르신은 연세가 많으시면서도 탐구력이 대단하셔서 조금만 모르는 단어가 나오면 바로 영어 콘사이스를 찾으시고 그 의미를 아시려고 노력하시는 것을 많이 보았습니다. 주님께서 그러한 열정을 축복하셔서 앞으로 진리의 문을 열어주시고 영혼의 세계를 열어주셔서 참 신앙의 세계를 더 깊이 인식할 수 있도록 도우시기를 기도하겠습니다.
부디 사랑의 주님께서 어르신의 마음을 위로하시고 평안과 기쁨으로 채워주시기를 기원합니다.
일간에 찾아뵙겠습니다. 주 안에서 평안하십시오.
사위 정원 드림.

    2003. 9. 24

30. 하루의 일기, 하루의 대화

어제 하루 동안 가족들끼리 있었던 대화, 이야기들을 조금 쓰고 싶어졌습니다.
가족들과 마음을 나누고 이야기를 나누는 것은 언제나 항상 즐거운 것이니까요.

1.
아내가 부모님 댁에 다녀오겠다고 집을 나섰습니다.
이따 저녁이면 돌아오겠지요. 하지만 그래도 그 헤어짐이 아쉬워서 전철역까지 배웅을 나갔습니다.
아내는 내게 아이들 밥을 몇 시에 차려주고.. 학원에 가는 시간은 몇 시이니까 확인해서 잘 보내주어야 하고.. 여러 가지 내가 할 것을 이야기해주었습니다.
나는 잊어먹을 까봐 정신을 집중하고 들었습니다.

이윽고 전철역에 도착하자 나는 아내에게 손을 흔들어주었습니다.
"여보.. 잘 다녀와.. 재미있게 놀다 와.. 시간에 너무 쫓기지 말고 여유 있게 와.. 내가 아이들하고 잘 놀고 있을게.."
아내는 빵긋 웃으며 손을 흔들고는 사라졌습니다.
아내의 모습이 참 아름답다는 생각을 하면서 집으로 왔습니다.
아내는 바쁜 중에도 부모님을 꼬박꼬박 잘 챙깁니다. 그녀는 아주 착한 딸입니다. 저녁의 즐거운 재회를 기대하면서 나는 집으로 돌아왔습니다.

2.
예원이가 학교에서 돌아왔습니다.
그녀는 몹시 추워하며 온 몸이 차가워져서 들어왔습니다.
예원이는 오자마자 아빠의 품에 안겼습니다. 그리고 말합니다.
"아빠.. 같이 눕자. 내 몸을 따뜻하게 해줘.."

예원이는 나와 같이 누워서 아빠가 안아주고 간질이는 것을 좋아합니다.
귀를 만져주는 것도 좋아하지요.
추울 때에는 특히 좋아합니다.
나는 그녀의 몸을 따뜻하게 어루만져 줍니다.
예원이는 얼음장같이 차가워진 손을 아빠의 배와 가슴에 넣습니다. 그리고는 외칩니다.
"우와.. 너무 따뜻하다.."
차가운 손이 들어오자 가슴이 오싹합니다. 하지만 나도 기분이 좋습니다.

예원이의 다리를 만지니까 몹시 차가왔습니다. 차가운 예원이의 다리를 만지면서 나는 말합니다.
"예원아. 여자는 하체를 따뜻하게 해야 한단다. 그게 건강에 참 중요해.."
"왜요?"
"응.. 아기를 낳는 데도 중요하고 여자는 하체가 따뜻해야 혈액순환도 잘 되고 몸에 좋단다. 그래서 아빠는 여자들이 치마를 입는 것을 보면 참 불쌍하단다."
"남자는?"
"응. 남자는 반대야.. 하체가 시원한 것이 좋단다. 그래야 좋은 씨앗도 가질 수 있고 건강에도 좋지. 그래서 아빠는 여자들은 바지를 입고 남자들은 치마를 입는 것이 어떨까 싶어. 남자들이 미니스커트를 입고 다니는 거야..”
"응. 이상하지 않아?"
"오히려 좋을 것 같은데.. 남자들은 눈이 발달되어 있기 때문에 여자들이 짧은 옷을 입으면 시험에 든단다. 하지만 여자들은 눈이 발달되어 있지 않아서 그런 데에 별로 영향을 받지 않기 때문에 남자들이 치마를 입으면 재미있을 것 같아..”
"응. 하지만 남자들은 다리가 못 생겼잖아..”
"응.. 아마 치마를 입다보면 다리가 예뻐지지 않을까? 그런 광고도 나오게 될 꺼야. 당신의 다리털을 부드럽게.. ** 샴푸..”
"에이. 아빠.. 엉터리다..”
"아빠가 하는 말이 항상 엉터리지..”

예원이는 이야기를 나누다가 잠이 들었습니다.
요즘 시험기간이라 피곤한지 낮에도 꼬박꼬박 잘 줍니다. 그러더니 오늘은 너무 힘이든지 조금 후에 깨워달라고 부탁하더니 잠이 들었습니다.
예원이가 약속한 시간을 맞추려고 열심히 시계를 보고 있다가 간신히 아이를 깨워서 학원에 보냈습니다.
아직도 피곤에 지친 아이를 보내려니까 가슴이 아픕니다.
하지만 손을 잡고 바깥까지 바래다주고 축복하고 다시 집에 들어옵니다.

3.
주원이가 학원에 갈 시간이 되었습니다.
그래서 밥을 차려놓고 둘이서 같이 먹습니다. 아내가 밥을 꼭 먹여서 보내라고 했지요. 나는 밥 먹는 것을 잘 잊어버리니까 아내는 신신 당부를 합니다.

밥을 먹으면서 주원이와 이야기를 나눕니다.
시험이 얼마 남지 않았으니까 주로 시험, 공부, 성적이 주 화제가 됩니다.
주원이는 자신감이 조금 모자랍니다. 그래서 격려가 많이 필요합니다.
공부를 별로 좋아하지 않습니다. 그래서 시험 때는 스트레스를 많이 받는 것 같습니다.

대화를 나누다가 천치, 천재에 대한 화제가 나왔습니다.
나는 말합니다.
"주원아. 사실 엄밀히 말하자면 천치나 천재란 존재하지 않는단다. 모든 사람은 천치이면서 동시에 천재가 될 수 있기 때문이지."
"어떻게 그럴 수가 있어요?"

"하나님이 사람을 지으실 때 각 사람 모두에게 재능을 주었단다. 그래서 모든 사람들은 어떤 것은 잘하고 어떤 것은 잘 못하게 되어있어. 그렇기 때문에 사람을 단순히 1등, 2등으로 나누는 것은 엉터리란다.
그런데 어떻게 하면 천치가 되고 어떻게 하면 천재가 되는지 아니?"
"아니요. 모르는데요.."
"그건 간단해. 자기가 어떤 것을 좋아하면 그 부분에서는 천재가 된단다. 하지만 어떤 것을 싫어하면 그 부분에 대해서는 천치가 되지.
어떤 아주 똑똑한 사람이 있는데 그 사람은 스포츠를 아주 싫어한다고 하자. 그가 월드컵이나 축구선수의 이름이나 중요한 경기의 결과나 스코어들을 알 수 있겠니?"
"아니요. 모르지요."
나는 일부러 축구이야기를 합니다. 주원이가 아주 좋아하는 것이니까요. 그는 월드컵의 개최국, 선수, 입상순위, 케이리그의 선수들, 그 특징들에 대해서 좔좔 외고 있지요.

"어떤 바보가 있다고 하자. 그런데 그는 영화를 아주 좋아해. 그러면 그는 영화배우의 이름이나 유명한 작품들이나 영화에 대한 여러 가지 지식을 많이 가질 수 있겠지?"

"예.."

"바로 그거란다. 공부도 마찬가지야. 공부를 쉽게 하는 비결은 공부를 사랑하고 좋아하는 것이지. 하지만 공부를 사랑하지 않는다면 아무리 열심히 공부하고 책상에 오래 붙어 앉아있어도 그는 공부에 대해서는 천치야. 별로 좋은 성적을 낼 수 없지.."

"하지만 공부는 별로 재미있는 게 아니잖아요.."

"그렇지 않단다. 앞으로 네가 하고 싶은 꿈이 있겠지? 네가 좋아하는 일이 있을 거야.. 그렇게 자기가 무엇을 좋아하고 그것을 꼭 이루고 싶은 꿈이 있는 것은 참 좋은 거란다. 그런데 공부는 바로 네 그 꿈을 이루어주는 좋은 친구라고 할 수 있어. 네가 하고 싶은 것을 하려면 그와 관련된 대학으로 진학을 해야하는데 성적이 별로 좋지 않아서 원하는 대학에 갈 수 없으면 그 꿈을 이루지 못하니까.. 그렇기 때문에 공부는 너에게 도움을 줄 수 있는 아주 좋은 친구인 거야.
네가 그 친구를 사랑하고 잘 지낸다면 그 친구는 네 꿈이 이루어지도록 너를 도와줄 거야. 하지만 네가 그 친구를 싫어하면 그 친구는 상처를 받고 너에게서 떨어질지도 몰라."

"내가 지금까지 너무 공부라는 친구를 무시했나봐요.. 앞으로는 걔를 좋아해야겠어요.."

주원이는 재미가 있는지 '공부! 공부! 라이크! 라이크!' 하고 외칩니다.

아마 평소에 공부하는 것을 별로 좋아하지 않았으니 앞으로 좋아하겠다는 뜻이 겠지요..
한참 이야기를 나눈 후에 주원이는 학원으로 갑니다.
가면서 말합니다.
"아빠랑 이야기하니까 참 재미있어요."
"응.. 나도 그렇단다. 아빠는 지금도 좋지만 네가 더 많이 자랐으면 좋겠어. 그러면 좀 더 많은 것을 더 이야기할 수 있을 테니까."
"저도 그러고 싶어요."
"그래.. 학원 잘 갔다 오너라. 아빠가 너를 사랑하는 것 알지?"
"예.. 저도 아빠 아주 많이 사랑해요."
웃음을 지으며 주원이도 떠납니다.
이제 집에는 나 혼자입니다.

4.
책을 보고 있는데 아내에게서 전화가 왔습니다. 시간을 보니 아홉시가 가까웠습니다. 그녀는 피곤한 목소리로 말합니다.
"여보. 여기 양재역이에요. 전철까지 오는데 차가 너무 막혀서 한 시간 반이나 걸렸어요. 아직도 집에 가려면 한 시간은 걸릴 것 같애.. 그런데 배가 너무 고파서 국수 좀 먹고 갈 테니 조금 늦을 줄 알아요.."
나는 대답합니다.
"늦어도 괜찮아. 그러니까 국수 먹지말고 맛있는 것 먹고 여유 있게 와요. 기다릴게."
"알았어요."
나는 다시 책으로 눈을 돌립니다.

5.
열시가 넘어서 아내가 들어왔습니다.
그녀는 몹시 피곤한 모양입니다.
나를 보더니 눈물이 글썽이기 시작했습니다.
"여보.." 하더니 갑자기 울기 시작합니다.
나는 그녀의 손을 잡고 묻습니다.
"왜 무슨 일이 있었어요?"
그녀는 여전히 울면서 말을 합니다.
"아버지, 엄마가 너무나 불쌍해.. 엉엉엉.."
나는 조용히 그녀의 이야기를 들으며 그녀의 눈물을 손으로 닦아줍니다.
"엄마가.. 생활이 안 되니까 파출부 자리를 알아봐야겠다고 하고.. 아버지도 무슨 일 자리가 없냐고 하시니까.. 나이가 70도 한참 넘고.. 엄마는 몸도 안 좋은데.. 너무 불쌍하고 마음이 아파. 엉엉.."
나는 아내를 위로합니다.
"우리가 아끼고 절약해서 조금 더 도와드리면 되잖아. 너무 걱정하지 말아."

아내는 내 앞에서 울기를 잘합니다. 부모님 앞에서는 이를 악물고 눈물을 참았다고 합니다. 부모님이 마음이 아플 것 같아서 그렇겠지요.
아내는 집회에서 은혜와 감동 속에서 우는 것 외에는 다른 사람들 앞에서 우는 일은 없습니다. 하지만 내 앞에서는 우는 적이 많이 있습니다.
예원이가 4살이었을 때 "엄마는 왜 아빠만 보면 울어?" 하고 물어본 적도 있지요.
내가 대답했지요.
"응. 엄마가 아빠한테 하소연을 하면서 우는 거야.."

그랬더니 예원이의 대답이 걸작이었습니다.
"응? 헷소리? 아빠가 엄마에게 헷소리를 해서 우는 거야?"
아기 예원이가 볼 때 아빠는 자주 헛소리를 하는 사람이라고 생각했던 모양입니다. 물론 이 때문에 아내가 울다가 웃음이 터졌지요.
아내는 이야기합니다.
"정말 너무 불쌍해. 젊었을 때는 부족한 것 없이 떵떵거리고 사셨는데.. 이렇게 말년이 초라하게 되다니.. 마음이 아파.."
시간이 지나고 아내가 마음이 진정이 되자 나는 아내에게 이야기합니다.

"물론 당신이 마음이 아픈 것은 알아요. 하지만 당신은 그 마음을 주님께 맡겨야 돼요. 누구나 자신의 인생에 대한 하나님의 프로그램이 있고 다루심이 있어. 그리고 그것은 누가 대신 짊어질 수 없는 문제야..
부모님이 당신 말대로 젊으셨을 때는 여유 있게 사셨어요.
그러나 그 때는 너무 당당하시고 돈이 최고인 줄 아셨지. 그래서 인생의 후반에 주님의 다루심을 받았고 가난해지셨지만 대신 아주 부드러워지시고 겸손하신 분이 되셨어요.
인생의 전반부를 고생하면 후반이 편하게 되어있고 전반부가 편하면 후반부에 고생을 하게 돼.. 그것이 삶의 조화이지.
누구든지 자식이나 부모님, 가족들이 고통을 겪으면 마음이 아프지요.
하지만 그들을 주님의 손에 올려드려야 돼요. 그들도 자신이 지불해야할 부분이 있고 고난을 통해서 처리되어야 할 부분이 있어요.
자기만의 십자가라고도 할 수 있지.. 그것이 없으면 아무도 천국에 들어갈 수가 없어요.."

"정말 그런 것 같아요. 아버지가 어려움을 겪으시면서 참 잔잔해지셨어.. 아주 부드러워지시고.. 전의 모습보다 아주 성숙해지신 것 같아요."
"그래요.. 그게 고난의 축복이지.. 인생에는 리듬이 있어요.
올라갈 때가 있고 내려갈 때가 있어요. 올라갈 때는 자신을 높이지 말고 겸손하고 있는 것으로 남을 섬기고 도와야 돼요. 반드시 어두운 밤이 올 때가 있으니까.. 또한 내려갈 때는 절대로 불평하거나 원망하지 말고 자신을 돌아보고 반성하면서 주님 앞에 잠잠히 엎드려 있으면 곧 그 기간이 끝나게 되어 있어요. 하지만 억울해하고 남에게 책임을 돌린다면 그 기간이 엄청나게 길어지게 돼요.
우리는 아무리 우리가 부모님의 은혜를 갚으려고 애를 쓴다고 해도 만 분의 일도 갚을 수 없어요. 그러니 우리는 할 수 있는 한 최선을 다해서 부모님을 편하게 해드려야 하겠지..
하지만 그래도 그분들이 짊어져야 할 분량이 있어요. 모두 다 각자가 주님 앞에서 다루어져야 할 부분들.. 겸손. 순결.. 순복.. 사랑.. 그 모든 것에 대해서 받아야 할 훈련이 있어요. 그러한 것들에 대해서 우리는 그들을 주님께 맡겨야 돼..
아무도 다른 사람의 인생의 짐을 대신 질 수 없어요. 그러면 그들이 성장할 수 없으니까.. 우리는 다만 우리의 해야할 일을 하고 기도하고 사랑하는 마음으로 지켜봐야 해요."

아내는 고개를 끄덕거렸습니다.
"하지만.. 노후가 저러니까 그래도 마음이 아파요.. 우리의 노후는 어떨까.."
이때부터 영성인의 노후, 마지막 떠남에 대한 이야기가 시작되었습니다.
"나는 주님께 속한 영성인은 자기가 떠날 때를 알게 되지 않을까 싶어요.
아마 주님께 가까이 있는 사람은 그렇게 되지 않을까 싶어. 그래서 우리도 충분히 그 날을 위해서 준비하고 멋진 이별이 되면 좋을 것 같아요.

나는 나의 떠남의 순간을 아주 즐겁고 행복한 축제 분위기로 만들려고 기대하고 있어요.
자손들을 하나씩 축복해주고 같이 찬송을 부르며 사랑을 고백하고 다시 영원하고 즐거운 만남을 가지게 될 것을 나누고 인사를 하고..
내가 눈을 감은 후에 다들 울지 말고 기뻐하라고 부탁을 한 후에 아이들을 하나씩 그들의 미래에 대해서 예언을 해주고 주님께서 주시는 그들의 사명과 방향과 메시지를 마지막으로 이야기하고.. 그렇게 떠나고 싶어요.."

아내는 아련한 표정으로 눈을 가늘게 뜹니다.
"그러면 정말 멋이 있겠네요. 나도 그렇게 떠날 수 있을까.."
나는 격려를 해줍니다.
"그럼. 당신도 아주 멋지게 떠날 수 있을 거야. 당신도 계속 발전해가고 있으니까.."
아내는 지금부터 기도해서 우리가 같이 떠날 수 있게 해달라고 주님께 부탁하자고 합니다. 내가 없이 혼자서 남는 것은 너무 싫고 또 자기가 먼저 떠나면 내가 슬플 테니까 같이 가야한다고 말입니다. 나는 알았다고 대답하며 웃습니다.
눈물로 시작한 대화였지만 이제는 눈물도 다 마르고 평화롭고 행복한 마음이 되어 우리는 각자의 방으로 헤어집니다. 아내는 안방에서 예원이와 같이 자러가고 나는 내 방에서 그녀와 작별인사를 하지요.

나는 기도와 묵상으로 살아야하기 때문에 아내와 같이 방을 쓰기는 어렵습니다. 밤마다 작별인사를 하지만 우리는 헤어짐이 아쉽습니다. 하고 싶은 이야기들이 아직도 너무나 많으니까요.
하지만 그렇게 잠이 들고 그리고 새 날이 되어 아침에 아이들을 다시 만나고 아내를 다시 만나게 되는 것은 참으로 놀라운 기쁨입니다.
아내에게 행복한 잠자리가 되라고 축복의 작별인사를 나눈 후에 나는 주님 앞에서 무릎을 꿇었습니다.
문득 이런 생각이 들었지요.
사랑하는 이들과 함께 한 가족이 되어 서로의 마음을 나누며 주님과 인생과 영성에 대해서 이야기를 나눌 수 있는 것은 정말 행복한 것이다..
바깥에 있는 보화들은 도둑이 가져갈 수 있지만 이 마음속에 가득한 행복과 기쁨은 아무도 빼앗아 갈 수 없다.
그리고 이 행복은..
주님을 진정으로 사랑하는 모든 이들에게
주님께서 베풀어주시는
천국의 향연이다..

감사의 마음으로 가득 차서 기도를 드리며 나는 행복한 꿈나라로 빠져 들어갔습니다.

2003. 10. 4

31. 어려움을 통하여 주님의 음성을 듣기

1.
중학교 1학년인 예원이는 중학생이 되자 작년인 초등학생 때와 생활 면에서 많은 것이 달라졌습니다. 그 중 하나가 봉사활동에 대한 것입니다.
중학생은 방학 동안에 일정한 시간의 봉사활동을 해야 하고 그 증서를 받아와야 합니다. 그런데 이번 여름방학에 예원이는 자꾸 미루다가 시간을 놓쳐버려서 봉사활동을 하지 못했습니다.
예원이와 친한 친구 아빠가 봉사활동을 했다는 증서를 해줄 수 있는 위치에 있는 분이 있어서 일하지 않고 받을 수 있다는 유혹을 친구로부터 받았지만 아내와 나는 허락하지 않았습니다. 어릴 때부터 그렇게 거짓과 요령으로 살게 되면 평생을 그러한 거짓의 영의 지배를 받게 될 것이니까요.

방학이 끝나기 얼마 전에 봉사활동을 할 수 있는 곳을 찾으려고 노력했지만 쉽지 않았습니다. 간신히 구립 도서관에서 하기로 하고 그 시간을 채우려고 노력을 했는데 결국 한 시간이 부족했습니다.
그래서 그 한 시간을 채워야 했습니다. 하지만 그 한 시간을 채우는 것은 쉽지 않았습니다. 예원이가 봉사를 하게 된 구립 도서관은 원칙에 아주 철저하고 까다로왔기 때문입니다.
봉사활동을 해야 하는 시간은 여덟 시간이었는데 이곳에서는 하루에 2시간만 허락해주었습니다. 그 이상은 할 수 없었습니다.

그리고 갔을 때마다 항상 봉사활동을 할 수 있도록 해주는 것이 아니었습니다. 미리 예약을 해야 했습니다. 예약을 하지 않고 간 적이 있었는데 당연히 퇴짜를 맞았습니다.

'대강 주말쯤 오너라' 해서 토요일에 친구들과의 약속도 취소하고 도서관에 가면 '지금은 일이 없으니 다음에 월요일에 오너라' 고 해서 돌려보내기도 했습니다.

예원이는 간신히 봉사활동의 시간 7시간을 채웠습니다. 하지만 한 시간을 더해야 했습니다. 그리고 그 한 시간을 마저 채우는 데에 막대한 노력과 시간을 들여야 했습니다. 예원이는 한 시간의 봉사활동 증서를 받기 위해 여러 번 헛걸음을 해야 했습니다.

우리 집에서 구립도서관은 걸어서 왕복 1시간 정도의 거리입니다. 거리는 그리 먼 편이 아니었지만 경사가 등산하는 것 같이 가팔라서 쉬운 길은 아니었습니다. 예원이는 퇴짜를 맞고 집에 돌아오면 힘들어서 한숨을 내쉬곤 했습니다. 한 시간의 봉사활동을 하고 증서를 받기 위해 얼마나 많은 시간을 버렸는지 모릅니다.

그 쪽에서 하도 까다롭게 말을 번복했기 때문에 나는 예원이가 가기 전에 꼭 약속 시간을 확인하도록 했습니다. 정말 약속한 시간이 맞느냐고.. 예원이는 맞다고 확인을 해주곤 했습니다.

며칠 전 월요일에도 창백한 얼굴을 하고 예원이가 집으로 들어왔습니다.
봉사를 다 했느냐고 하자 도서관에서 직원이 미안하다고 하면서 갑자기 대학생들이 많이 왔기 때문에 수요일에 다시 오라고 했다는 것입니다.
탈진해서 집에 온 예원이는 한숨을 쉬고 있었고 몸에 기운이 하나도 없었습니다. 나는 풀이 죽어있는 예원이에게 위로를 해주고 싶었습니다.

집에는 나와 예원이만 있어서 같이 식사를 하게 되었습니다.
식탁에 앉아서 나는 조용히 물었습니다.
"예원아.. 우리에게 주어진 모든 일에는 우연이 없다는 것 알고 있지?"
예원이는 힘없이 대답했습니다.
"예.."
"그렇게 도서관에서 예원이에게 까다롭게 대하는 것도 주님이 허락하셨기 때문이라는 것도 알고 있지?"
"예.."
"그러면 이 경험을 통해서 주님이 예원이에게 가르치시는 것이 무엇이라고 생각하니?"
예원이는 잠시 생각에 잠겨 있다가 대답했습니다.
"제가 귀찮은 일이 있으면 자꾸 뒤로 미루잖아요. 그러니까 예수님이 이번 기회에 확실하게 깨닫게 해주시려고 그러시는 것 같아요. 일을 미루면 지금 당장은 편할지 모르지만 나중에는 아주 힘든 일을 겪게 된다는 것을요."

나는 미소를 머금었습니다.
그리고 예원이의 지혜로운 대답에 마음이 흐뭇했습니다.
그리고 새삼 느꼈습니다. 아이들에게 무엇을 가르치려고 할 필요가 없다는 것을.. 이미 그들은 자기 안에 많은 깨우침을 가지고 있기 때문입니다.
그러므로 직접 무엇을 가르치는 것보다 다만 고요하게 자기 마음의 내부로 들어갈 수 있도록 분위기를 조성하기만 하면 되는 것입니다.
예원이도 대화를 하면서 기분이 좋아졌는지 웃었습니다. 그녀도 아무리 힘든 것도 예수님께서 무엇인가를 가르치시기 위한 것이니까 결국은 좋은 것이라고 느꼈기 때문인 모양입니다.

우리는 웃으며 같이 즐거운 식사를 나누게 되었습니다.
어른이든 아이든 깨달음이란 참 좋은 것 같습니다.

2.
예원이와 주원이가 사소한 다툼이 있어서 아이들을 혼을 내주었습니다.
그렇다고 아이들이 화를 내거나 싸운 것은 아닙니다.
그러한 일은 우리 집에서 상상하기 어렵습니다. 다만 조금 친절하지 않은 태도로 말을 했고 상대방을 생각하지 않고 자기 입장만을 생각했기 때문입니다.
내가 야단을 치자 아이들은 얼어붙었습니다.
내가 화를 내거나 큰 소리를 내는 경우는 없습니다.
알아듣도록 작은 소리로 조용조용히 이야기합니다.
하지만 야단을 맞는 것은 거의 없는 일이기 때문에 그것은 아이들에게 충격적인 일입니다. 3-4분도 안 되는 시간이지만 아이들은 거의 숨도 쉬지 못할 정도로 조용해집니다.

혼이 난 후에 예원이는 학원 시간이 되어 밖으로 나갔습니다.
잠시 시간이 지나자 나는 마음이 아려오기 시작했습니다.
주원이는 워낙 성격이 밝고 낙천적입니다.
그래서 혼이 나도 금방 웃고 풀어집니다.
하지만 예원이는 마음이 여려서 괜찮을지 걱정이 되었습니다.
창문을 통해 바깥을 보니 바람이 불고 날씨가 추웠습니다.
이상하게 예원이 생각이 나면서 마음이 아프고 슬펐습니다.
이 어린것이 이 추운 날씨에 마음이 아프지는 않을지.. 상하지는 않았을지.. 생각하니 마음이 참 슬퍼졌습니다.

눈물이 날 것 같았습니다.
그래서 하루 종일 가슴이 아팠습니다.
예원이를 혼낸 것은 마땅한 일이었습니다.
나는 아이들의 이기적인 마음과 예의 없는 것을 그대로 두고 볼 수는 없었습니다. 나는 아이들에게 그것이 악한 것이며 잘못된 것임을 분명히 가르쳐야 했습니다.
하지만 그럼에도 불구하고 야단을 치는 것은 마음이 아픈 일이었습니다.
예원이가 마음이 아픈 것은 아빠로서는 너무나 고통스러운 일이었습니다.

아픈 마음으로 나는 사랑의 주님을 생각했습니다.
우리가 무엇을 잘못했을 때 주님은 우리를 징계하십니다.
그러나 그것은 우리 자신보다 주님께 더욱 큰 아픔과 고통이 되는 일이라는 것을 나는 선명하게 느낄 수 있었습니다.
그분은 너무나 아프고 고통스러우시지만 우리가 악한 영들에게 잡히지 않도록, 우리가 천국에 속한 사람이 될 수 있도록 우리 안에 있는 악들을 제거하셔야 하시는 것입니다.

하루 종일 마음이 아렸던 하루였습니다.
하루 종일 글도 써지지 않았고 입맛도 없었고 기운도 없었습니다.
그냥 마음이 우울했습니다.
밤이 되어 예원이가 돌아왔습니다.
나는 그녀에게 다가갔습니다.
그리고 껴안았습니다.
예원이는 약간 풀이 죽어있었지만 그래도 표정은 밝았습니다.

나는 물었지요.
"예원아. 아빠에게 혼이 나서 마음이 아프지 않았어?"
예원이는 대답했습니다.
"아빠는 거의 혼 낼 때가 없잖아요. 아주 잘못할 때 외에는..
그래서 정말 반성해야겠다고 생각했어요."

나는 예원이를 꼭 껴안고 그녀의 얼굴과 손을 만지작거렸습니다.
"아빠가 예원이를 얼마나 사랑하는지 아니?"
예원이는 아빠를 꼭 껴안고 대답했습니다.
"그럼요. 아빠.. 예원이도 아빠 너무 사랑해요.."
우리는 그렇게 한 동안 껴안고 있었습니다.
우리는 다시.. 아주 행복해졌습니다.

3.
풀어진 예원이와 대화를 나누었습니다.

나 : 예원아. 올해는 중학생이 되고 나니 작년의 초등학생 때와 모든 것이 참 많이 달라졌지? 작년만 해도 어린 아이 같았는데 요즘은 부쩍 숙녀가 된 것 같아. 예원이도 느낌이 작년과 많이 다르지? 중학생이 되어 가장 인상적이었던 것이 뭐였니?

나는 예원이에게 인터뷰를 하는 것처럼 이것저것 물어보는 것을 좋아합니다. 상대방을 가장 잘 알 수 있는 것은 상대방의 이야기를 듣는 것이니까요.

예원 : 중학생이 되어서 가장 즐거웠던 것이 교복을 입는 것이었어요. 처음에는 얼마나 신이 나는지.. 그런데 조금 있으니까 익숙해졌어요.
그런데 아빠.. 처음에는 치마를 입고 다니니까 얼마나 불편한지 사람들이 다 내 종아리를 쳐다보는 것 같았어요. 지금은 그렇지 않지만..

나 : 예원아.. 그런 생각이 자주 들지 않니? 남들이 나를 어떻게 볼까? 내가 어떻게 보일까? 하는 생각..
예원 : 예.. 맞아요..

나 : 응. 그런데 그게 다 쓸데없는 생각이란다. 대부분의 사람들은 다 자기에게만 관심이 있지 남이 뭘 하든지 거기에 대해서는 별로 관심을 기울이지 않거든.
예원 : (웃으면서) 예. 정말 맞아요. 그런 것 같아요.

나 : 모든 사람에게 이기심은 다 타고나는 것이란다. 사진을 볼 때 사진 속에서 누구부터 찾지?
예원 : 자기부터 찾지요.
나 : 옆의 친구가 사진이 잘 나와도 내 사진이 이상하게 나왔다면?
예원 : 그건 찾고 싶지 않지요.
나 : 옆의 친구가 눈감고 찍혔어도 내 사진이 잘 나왔다면?
예원 : 그건 잘 나온 사진이지요..

나 : 국을 먹을 때 '짜다' 고 말한다면 그건 누가 짜다고 느끼는 것이지?
예원 : 내가 짜다고 느끼는 것이지요.

나 : '배고프다' 고 말한다면? 누가 배고픈 거지?

예원 : 내가 배고픈 것이지요.

나 : 그것이 사람이란다. 항상 자기에게 집중이 되어 있지.
다들 내가 외롭고 내가 배고프고 내가 아픈 것에 집중을 하고 있지 남이 외롭고 남이 슬프고 남이 마음이 아프고.. 이런 것을 알고 느끼는 사람은 거의 없단다.

예원 : 누구나 다 그런 건가요?

나 : 아니.. 그렇게 오직 자기만 아는 것은 어린 사람의 특성이란다. 어른이 되면 남을 알게 된단다. 남의 마음과 느낌을 잘 알게 되지. 그리고 어릴수록 남의 마음과 느낌을 전혀 모른단다.

예원 : 예.. 아빠. 그런데 친구들 중에도 정말 어린 아이들이 많아요. 남의 느낌과 감정은 전혀 상관하지 않고 자기가 하고 싶은 말만 함부로 하는 아이들이 많아요. 그리고 남자애들은 정말 어린 것 같아요. 하는 말이나 행동들이 너무 어린이들 같아요.

나 : 원래 남자아이들은 여자들에 비해서 정서적인 성숙이 조금 느리단다. 그래서 이성의 친구들을 사귀어도 남자들이 서너 살 위인 경우가 많지. 그래야 비슷해지니까..

예원 : 어른이 되면 남의 마음을 다 알게 되나요?

나 : 꼭 그렇지는 않아. 철이 없는 어른도 많이 있단다. 나이가 들어도 자기 생각만 하고 사람의 마음을 도무지 알지 못하는 이들도 많이 있어. 하지만 이들은 진

정한 어른이라고 할 수 없단다.
진정한 어른이 되려면 마음과 영혼이 발전해야 돼.
그렇게 되면 점점 사랑과 지혜가 많아지고 발전해서 자신을 위해 사는 것 보다 남을 위해서 헌신하고 봉사하고 섬기는 것이 즐겁게 된단다.

부모들은 대부분 자신을 위해서 돈을 쓰는 것은 참 아까워하지만 자식을 위해서 쓰는 것에는 참 기쁨을 느끼고 보람을 느낀단다. 그것도 어른의 특성이라고 할 수 있지.
영혼이 발전한 어른이 되면 사람의 마음을 느끼고 알고 그 사람의 성품과 특성과 사명과 미래에 대해서도 그냥 느끼고 알게 된단다.
그러한 어른이 될 때 이기심에서 벗어나게 되고 정말 행복하고 자유로운 삶을 살 수 있게 되는 거지.

예원 : 아빠.. 나도 그런 어른이 되고 싶어요.
나 : 예원아. 너도 반드시 그런 어른이 될 거야.. 너는 지금부터 하나씩 배워가고 있지 않니..
예원 : 우와.. 그러면 너무나 좋겠다..

밤이 늦었고 우리는 아쉬운 작별을 해야했습니다.
예원이는 아빠의 방에서 자기 방으로 돌아갔지요.
그녀가 정말 아름답고 성숙한 영의 사람, 주님의 사람이 되어가기를 기대하며 나도 즐거운 마음으로 잠자리에 들었습니다.

2003. 10. 30

32. 진정 행복한 삶을 위하여

사랑하는 A자매에게

잘 있었나요?
건강하게 주님을 붙들고 잘 살고 있지요?
얼마 전에 자매가 쓴 글을 보았어요.
나의 글을 읽고 특히 예원이에게 대한 사랑이 느껴져서
부럽기도 하고 그래서 울었다는 이야기를 읽었지요.

그 마음이 충분히 이해가 가고 느껴져요.
나도 예전에 그렇게 사랑이 그리웠던 순간들이 많이 있었으니까요.
다른 이들에게 사랑과 관심을 받는 것은 즐거운 일이지요.
아주 행복한 일이기도 하구요.
그래서 누구나 자신을 그렇게 이해해주고 사랑해주는 사람을 찾아서 방황하는 게 아니겠어요.

내 경우도 참 그러한 애정에 오래 동안 굶주려 있었어요.
어린 시절부터 참 외롭고 쓸쓸했기 때문에 누군가 나에게 아주 조금만 관심을 가져주면 얼마나 좋을까.. 하고 생각할 때가 많이 있었어요..
어린 시절에 이런 기억이 나는군요.

초등학생 때인데 집 근처의 어느 거리에서 (시장 비슷한 곳이지요.)
번데기를 파는 아주머니가 있었지요.
사먹고는 싶지만 돈이 없으니 그 근처에서 서성거리고 있었는데..
어느 작은 꼬마가 손가락으로 번데기를 하나 집어먹는 것이었어요.
두 살쯤 된 아이였지요.
그랬더니 그 주위의 아주머니들이 막 웃으면서 저 놈 저거 번데기 먹는 거 보라고, 얼마나 귀엽냐고.. 하는 거예요.
그래서 그것을 멍청하게 보고 있던 나도 번데기 한 개를 집어먹었어요.
먹고도 싶었지만 더 큰 바램은 나도 그렇게 칭찬을 듣고 싶어서였어요.

그런데 이번에는 아주머니들이 합세해서 욕을 하는 거예요.
그러더군요. '이건 조그마니까 귀엽지. 저건 큰 놈이..' 하는 거예요.
하하. 우습지요?
하지만 그 때는 마음이 아프고 억울하고 상했었어요.
나도 사랑을 받고 칭찬을 받고 싶은 마음이 있었으니까요.

나는 참 욕을 많이 먹었어요. 성품도 못됐다는 이야기를 많이 들었어요.
실제로도 그런 것 같아요. 그래서 친구도 없었고 항상 혼자였어요.
학교가 전혀 재미가 없었지요.
학교가 끝나면 언제나 혼자서 집에 갔어요.
둘이나 셋이서 같이 걸어가는 애들을 보면 너무 부러웠어요.
나도 저렇게 같이 이야기를 하면서 갈 수 있는 애들이 있으면 좋을 텐데.. 하고 생각했지요. 항상 고개를 푹 숙이고 땅을 쳐다보면서 아무도 가지 않는 좁은 길로 집에 갔어요.

나는 아주 못되고 악한 사람이기 때문에 하나님이 벌을 주신다고 생각했지요.
나는 사람들에게 첫인상을 참 나쁘게 주었어요.
그래서 인상에 대한 욕과 비난을 참 많이 받았어요.
내 얼굴만 보면 재수 없다고.. 그런 말도 많이 들었지요.
단순히 인상이 나쁘다고 때리는 사람들도 있었지요.
하여튼 많이 맞기도 하고 미움도 받고 살았어요.

군대에서도 어쩌다 사진을 찍을 때가 있었는데 나를 빼 놓고 찍곤 했어요. 사진 망친다고.. 그런데 이상하게 비난을 많이 받아도 거기에 익숙해지지 않더군요.
비난을 받을수록 더 마음이 찢어지는 듯이 아프고 괴로웠어요.
나도 나 자신이 싫었지요. 모든 것들이 다..
아내를 만나서 사귀게 되었을 때
하루는 내가 면도를 하다가 잘못해서 턱을 베었는데..
아내가 내 턱에 난 상처를 보았어요.
그리고 다음에 아내를 만났는데 면도기를 선물하는 거예요.
그 때 얼마나 이상하고 놀랐는지.. 참 많이 감격하고 놀랬어요.
내가 이런 사랑을 받을 자격이 있을까.. 하고 너무 감사했지요.
그 때의 충격이 아직까지 선명하군요. 그래서 결혼하게 되면 꼭 이 사랑을 갚아야겠다는 생각을 했어요.

아내와 결혼을 할 때 우리 가족, 아내 가족, 아내의 친구들.. 정말 모든 사람들이 아내를 불쌍히 여기고 한숨을 쉬었지요. 같은 과 아이들도 '형은 참 운이 좋네..' 했었는데 요즘은 이상하게도 아내를 부러워하는 사람도 많아졌어요. 상황이 바뀐 것 같아서 조금 이상한 기분이 들지요.

(참.. 얼마 전의 생일에 일회용 면도기를 선물해주어서 고마워요. 감사하게 잘 쓰고 있어요. 나는 항상 200원짜리 일회용 면도기를 쓰는데 이것은 느낌이 훨씬 더 부드럽고 좋더군요. 싼 것이라고 해서 믿었는데 좀 좋은 것인가 보죠?
선물은 항상 부담스러운 것이지만 사랑이 담겨있는 것이기 때문에 감사하기도 해요.
다만 나는 싼 것일수록 마음이 편하고 즐겁게 느끼게 돼요.
항상 무엇을 사든지 가장 싼 것을 사니까..
음식을 먹어도 싼 것을 먹으면 멀쩡한 데 가끔 사람들이 비싼 음식을 대접하면 탈이 나서 며칠 동안 아파서 고생할 때가 많거든요.)

사랑을 받고 관심을 받고 싶었던 어린 시절. 젊은 시절..
그러나 꿈은 이루어지지 않았고 항상 외롭고 슬펐지요.
그런데 그렇게 주님을 만나게 되고
그리고 드디어 문제가 해결이 되었어요.
주님을 만나게 되면서부터
더 이상 사람의 사랑을 기대하지 않게 되었으니까..
아무에게도 아무런 기대를 품지 않게 되었어요.
그리고 그 때부터 자유롭고 행복해지게 되었어요.

나는 이런 결정을 했지요.
내 평생 사랑과 관심을 기대했지만
그래서 숱한 실망과 슬픔을 겪게 되었지만
이제는 더 이상 사람들의 관심과 애정을 기대하지 않겠다.
다만 내가 받고 싶은 만큼

오직 사랑하고 주는..
그러한 삶을 살겠다..
그렇게 말이지요.
내가 받고 싶었던 관심과 사랑..
그것을 내가 원하고 기대하는 만큼
나는 오직 주기로 마음을 먹었어요.
그리고 그 때부터 더 이상 외롭거나 슬프지 않았어요.
다 포기했으니까..
그리고 오랫동안 사랑을 기대해왔었지만 행복하지 않았는데
내가 받고 싶은 것을 줌으로써
진정한 만족이 온다는 것을 알게 되었어요.

내가 아이들을 사랑하고 눈물로 표현하고 그렇게 하는 것은
내가 너무나 그러한 것들을 받고 싶었기 때문이에요.
내가 너무나 그리워했지만 받지 못한 것들을
대신 줌으로서 아이들도 행복하지만
또한 내 자신도 치유되는 것을 느끼기 때문이지요.

아이들에게 사랑한다고 말하고 어루만져주고
너희들은 아빠의 기쁨이고 행복이라고 말하는 것은
내가 그 말을 너무나 듣고 싶었기 때문이었어요.
자기가 받고 싶었던 것들을 남들에게 줄 때
그것이 진정한 기쁨과 행복을 준다는 것을 나는 알게 되었지요.
나는 가끔 집회를 인도하게 되면

집회에 참석한 성도들을 마치 연인처럼 느끼게 돼요.
주님의 마음을 느끼니까요.
주님이 그들을 얼마나 사랑하시고 축복하시기를 원하시는지..
주님이 그들을 얼마나 어루만지시고 부드럽게 위로하시기를 원하시는지..
그것을 나누고 싶어지지요.
내가 오랫동안
그러한 주님의 어루만짐을 너무나 사모하고 기대했었으니까요..
자신이 정말 받고 싶은 것을
받으려 하지말고
그것을 다른 이들에게 베풀어주는 삶..
그것이 바로 행복한 삶의 비결이에요.

그렇기 때문에 사랑을 받고 싶은 마음..
외로움.. 고독.. 상처.. 절망.. 그러한 것들은
사랑을 위하여 가장 아름답고 풍성한 에너지가 되는 거예요.
상처받고 고통스럽고 힘들고 죽고 싶은 만큼..
그 모든 것은 아름다운 사랑에너지로 바뀌어질 수 있는 거니까요.
그렇기 때문에
가장 아팠던 사람이
가장 슬펐던 사람이
가장 외로웠던 사람이
더 잘 사랑할 수 있고
행복해질 수 있는 거예요.
예수님께서 바로 그렇게 사셨어요.

그분은 항상 버림받음과 오해받음에 익숙해있었지요.
사랑하는 이들에게 배반당하고
사랑을 베풀면 사람들은 그것을 이용했어요.
그런데 그가 돌아가시면서 마지막으로 말씀하셨지요.
저들을 용서해주십시오.
저들은 자기가 무엇을 하는지 알지 못합니다.
그리고 그렇게
자신의 모든 것을 주고 가셨어요.

그가 세상을 떠날 때가 가까이 온 것을 아시고
무릎을 꿇고 제자들의 발을 씻기셨지요.
이제 사랑을 베풀고
그들에게 사랑을 속삭일 시간이 많지 않으니
그들에게 어떻게든 주님의 그 마음과 사랑을 표현하고 싶으셨으니까요.

주님은 무엇이 진정한 사랑인가 하는 것을 보여주셨어요.
받으려 하는 것이 아니라
자신의 모든 것을
목숨까지 주는 것이 진정한 사랑이라는 것을
사람들이 그를 사랑하기를 기대하지 않고
자신의 목숨을 바쳐 사랑하는 것이 진정한 사랑임을
보여주시고 가셨어요.
우리도 그러한 선택을 같이 할 수 있어요.
사랑을 받고 관심을 받고

그것은 즐거운 일이지요.
그러나 그것은 깊은 행복이 아니에요.
그 만족은 그리 오래 가지 않아요.

나는 부모의 사랑과 관심을 많이 받고 자란 이들을 많이 보았어요.
내가 참으로 부러워했던 이들이지요.
하지만 그들 중에
정말 행복한 이들을 별로 보지 못했어요.

그들은 얼굴의 표정은 밝고 명랑했지만
이기적이고 받는 것에 익숙하며
조금 치의 고난도 잘 견디지 못하고
희생과 섬김과 자신을 주는 진정한 사랑에 대해서
알지 못하는 이들이 많은 것을 알았어요.
그리고 그러한 것은 진정한 행복이 아닌 것을 알게 되었지요.

주님께서 우리의 갈망을 아시면서도
우리 안의 그리움과 슬픔과 절망을 아시면서도
그것을 오래 동안 채우시지 않고 내버려두시는 이유는 무엇일까요?
그것은 이러한 메시지라고 할 수 있어요.
자.. 보아라..
아무도 너를 채워줄 수 없단다..
오직 나만이 너를 채워줄 수 있단다..
그러므로 오직 너는 나의 영으로..

나의 사랑으로 살아라..
네가 그토록 받고 싶은 것을
나의 영으로 경험하고
그리고 나누어주는 사람이 되어라..
하는 것이지요.
그리고 그렇게 깨닫고 그렇게 살면서
우리는 점점 주님의 사람이 되어가는 것이고
그것이 결국은 주님의 가르치심이며 인도하심이니까요.

이제 말을 마쳐야겠군요.
이제 내가 자매의 마음을 느낄 수 있다는 말을 이해할 거예요.
하지만 자매도 그렇게 결심해보세요.
사랑을 받기 보다
사랑을 주는 쪽을 선택하겠다고..

예수님처럼
나의 목숨, 그리고 마지막 피 한 방울까지
다른 이들을 위해서 주겠다고..
살아있는 동안
나의 모든 피와 살과 땀을
모든 이들에게 주겠다고..
진정 그렇게 할 수 있을 때
그것이야말로 천국의 삶이며
진정한 행복과 만족의 삶이니까요.

부디 우리 모두가 주님의 심장이 되어
살아있는 모든 순간 우리의 피와 땀, 애정
모든 것을 나누어주고 이 땅을 떠날 수 있었으면 좋겠어요.
음식을 먹을 때 남기지 않고 깨끗이 먹는 게 좋잖아요?
우리도 그렇게 우리 자신을 깨끗하게
다 소비하고 가는 것이 행복이겠지요.

부디 자매가 그러한 주님의 도구가 되기를 바래요.
더 이상 사람의 애정을 구하는 사람이 아니라
주님의 사랑의 통로가 되어
자신을 나누어주는 사람이 되기를 바래요.
그렇게 할 때 다시는 외롭지 않고
다시는 슬프지 않고
놀라운 하늘의 기쁨을,
황홀한 아름다움을 누리는 사람이 될 수 있겠지요.
받기를 포기하고 자신을 내어주는 삶..
그 놀랍고 은총이 가득한 삶이
자매의 삶에 이루어지기를 바래요.
부디 주님의 은총이 자매에게 충만하게 임하시기를..
사랑합니다. 또 보고 싶군요. 할렐루야.

2003. 11. 1

도서구입신청

도서 구입을 원하시는 분들을 위한 안내입니다.

1. 도서 목록 확인

페이지를 넘기시면 정원 목사님의 도서 전권이 안내되어있습니다.
도서 목록을 참조하셔서 필요로 하시는 책을 선택하십시오.
각 도서의 자세한 목차와 내용을 원하시면 정원목사 독자 모임 카페의 [저자 및 저서소개] 코너를 참조하십시오. (http://cafe.daum.net/garden500)

2. 책신청

구입하실 도서를 결정하신 후에, 영성의 숲 출판사로 전화를 주세요.
(02-355-7526 / 010-9176-7526. 통화시간: 월~금 오전 9시~저녁 7시)
신청 도서 목록을 알려주시면 입금하실 금액을 안내해 드립니다.
신청하실 때는 책을 받으실 주소와 전화번호를 함께 알려주세요.
책신청은 전화 외에도 영성의 숲 홈페이지의 [책신청] 코너,
출판사 이메일(spiritforest@hanmail.net)을 사용하실 수 있습니다.

3. 송금

안내 받으신 도서 대금을 아래 계좌로 입금해 주세요.
(국민은행: 461901-01-019724, 우체국: 013649-02-049367, 예금주: 이혜경)
신청자 성함과 입금자 성함이 일치하지 않는 경우에는 입금자 성함을
꼭 알려주셔야 확인이 가능합니다.

4. 배송

입금 확인 후에 바로 발송 작업을 하는데, 발송후 도착까지 보통 2-3일 정도가 소요 됩니다. 책을 급하게 필요로 하실 경우에는 일반 서점을 이용해 주세요. 해외 배송을 원하시는 분은 총판을 담당하고 있는 생명의 말씀사로 문의해주시기 바랍니다. (생명의 말씀사 080-022-1211 www.lifebook.co.kr)

<기도 시리즈>

1. 하늘의 권능이 임하는 부르짖는 기도 1
영성의 숲. 373쪽. 12,000원 / 핸디북 10,000원
부르짖는 기도는 모든 기도의 형태 중에서 가장 기본적이고 중요한 기도입니다. 이 기도를 바르게 배우고 적용한다면 하늘의 권능이 임하는 것을 경험하게 되며 모든 면에서 강건한 그리스도인이 될수 있을 것입니다.

2. 하늘의 권능이 임하는 부르짖는 기도 2
영성의 숲. 444쪽. 14,000원 / 핸디북 11,000원
부르짖는 기도 1권은 발성의 의미, 능력과 부르짖는 기도의 전체적인 원리를 다루 었으며 2권은 부르짖는 기도의 실제로서 구체적인 기도의 방법과 적용원리를 다루고 있습니다. 3부에 수록된 다양한 승리의 간증은 독자님들에게 좋은 도전이 될 것입니다.

3. 대적기도의 원리와 능력
영성의 숲. 400쪽. 14,000원 / 핸디북 11,000원
대적기도 시리즈 1편. 대적기도는 주님께 간구하는 기도가 아니며 우리에게 주어진 권세와 능력을 발견하고 사용하여 능력과 승리를 경험하는 기도입니다. 이 기도를 알게 될 때 당신의 삶은 진정 달라지게 될 것입니다.
휴대를 위한 작은 사이즈의 핸디북도 있습니다.

4. 대적기도의 적용 원리
영성의 숲. 424쪽. 14,000원 / 핸디북11,000원
대적기도 시리즈 2편. 대적기도에도 원리와 법칙이 있습니다. 그 원리와 법칙을 잘 익혀서 실제의 삶에 적용한다면 우리는 풍성한 삶을 살 수 있습니다. 이 책에서는 그 원리들을 구체적으로 제시해 주고 있습니다.
휴대를 위한 작은 사이즈의 핸디북도 있습니다.

5. 대적기도를 통한 승리의 삶
영성의 숲. 452쪽. 15,000원 / 핸디북 12,000원
대적기도 시리즈 3편. 대적기도를 인간관계, 가정에서의 삶, 복음 전도와 사역에 구체적으로 적용하는 방법을 제시하였습니다. 여기서 제시된 원리를 잘 읽고 적용한다면 삶과 사역에 있어서 많은 변화와 승리를 경험할 수 있게 될 것입니다.
휴대를 위한 작은 사이즈의 핸디북도 있습니다.

6. 대적기도의 근본적인 승리 비결
영성의 숲. 454쪽. 14,000원 / 핸디북 12,000원
대적기도 시리즈 4편. 완결편. 1부에서는 악한 영들을 근본적으로 완전하게 제압하고 승리할 수 있는 원리와 비결을 제시하고 있습니다. 2부에서는 대적기도를 적용하고 경험한 성도들의 사례가 실려 있는데 이것은 각 사람의 적용과 승리에 좋은 참고가 될 수 있을 것입니다.
휴대를 위한 작은 사이즈의 핸디북도 있습니다.

7. 아름답고 행복한 기도의 세계
영성의 숲. 279쪽. 9,000원
〈기도업데이트〉의 개정판. 자연스럽고 편안하게 기도의 아름다움과 행복에 잠길 수 있도록 돕는 책입니다. 기다리는 기도, 듣는 기도, 안식하는 기도 등 다양하고 풍성한 기도의 원리들을 일상의 예화들을 통하여 쉽게 정리하였습니다.

8. 주님의 마음에 이르는 기도
영성의 숲. 309쪽. 10,000원
기도의 원리와 방법에 대한 200개의 조언을 담았습니다. 주님의 마음을 향하여 가는 것. 그것이 기도의 방향이며 목적임을 보여주는 책입니다.

9. 주님의 임재를 경험하는 길
영성의 숲. 308쪽. 10,000원
〈주님을 경험하는 100가지 방법〉의 개정판. 주님의 살아계심과 임재를 경험하기 위한 100가지의 실제적인 방법을 제시하고 있습니다. 사모하는 마음으로 이 방법들을 시도한다면 누구나 쉽게 그분의 역사를 경험하게 될 것입니다.

10. 예수 호흡기도
영성의 숲. 460쪽. 14,000원 / 핸디북 11,000원
호흡을 통한 기도가 주님의 임재와 영적 실제에 들어가는 중요한 비밀이며 열쇠임을 보여주는 책입니다. 이 책에 제시된 원리와 방법을 충실히 시도해 본다면 누구나 놀라운 변화를 경험하게 될 것입니다.

11. 방언기도의 은혜와 능력 1
영성의 숲. 459쪽. 16,000원 / 핸디북 12,000원
방언기도 시리즈 1편. 방언에 대한 성경적이고 균형잡힌 설명 뿐 아니라, 저자의 개인적인 경험과 간증, 방언을 받는 과정과 통역을 시도하는 과정에 대한 구체적인 설명, 여러 경험자들의 실례가 풍성하게 실려있어, 방언의 은혜에 대해 이해하고 적용하는 데에 실제적인 도움을 주는 책입니다.

12. 방언기도의 은혜와 능력 2
영성의 숲 403쪽. 13,000원 / 핸디북 11,000원
방언기도 2편에서는 방언과 통역이 발전해 나가는 과정과 그 영적인 의미를 깊이있게 다루었습니다. 방언의 가치와 의미를 바르게 이해하고 적용하게 될 때, 오래동안 방언을 사용하면서도 주님의 은총를 누리지 못하던 이들이 주님의 가까우심과 아름다우심을 풍성히 경험하게 될 것입니다.

13. 방언기도의 은혜와 능력 3
영성의 숲 489쪽. 15,000원 / 핸디북 12,000원
방언 기도 시리즈의 결론적인 부분을 다룬 책입니다. 방언에 대한 부정적인 견해와 원인들, 방언을 통해 어떻게 부흥이 시작되는지, 은사의 바른 방향과 의미, 목적 등을 정리하였고, 전체석인 요약정리와 함께 경험자들의 구체적인 사례들을 첨부하여 실제적인 적용에 도움이 되도록 하였습니다.

<영성 시리즈>

1. 영성의 실제를 경험하는 길
영성의 숲. 357쪽. 11,000원
〈그리스도인의 아름다운 영성〉의 개정판.
많은 은혜의 도구들이 있지만 그것들이 다 주님을 접촉하는 것은 아닙니다. 참다운 영성과 주님을 경험하는 원리를 제시하는 책입니다.

2. 생각의 자유를 경험하는 길
영성의 숲. 228쪽. 8,000원
〈그리스도인의 생각 다스리기〉의 개정판. 우리가 겪는 삶의 대부분의 고통들은 스스로 만들어낸 생각의 감옥에 지나지 않으며 생각을 분별하고 관리함으로써 풍성하고 행복한 삶을 살 수 있다는 메시지를 다양한 예화와 함께 설득력 있게 제시하고 있습니다. 많은 교회에서 훈련 교재로 사용되기도 했습니다.

3. 영성의 중심은 사랑입니다
영성의 숲. 243쪽. 8,000원
하나님의 은혜를 받아들이고 누림으로써 진정한 사랑과 따뜻함의 세계를 경험할 수 있도록 돕는 책. 신앙의 따뜻함과 아름다움을 회복하고, 영혼들을 이해하고 도울 수 있는 관점을 제시하고 있습니다.

4. 영성의 원리
영성의 숲. 319쪽. 10,000원
영성에도 원리가 있습니다. 이 책은 영성의 발전을 위한 다양한 원리들, 영의 흐름, 영의 인식, 영적 승리를 위한 중보 등의 원리를 실제적인 예와 함께 잘 설명해 줍니다. 영적 부흥과 충만함을 사모하는 이들에게 좋은 참고서가 될 수 있을 것입니다.

5. 문제는 주님의 음성입니다
영성의 숲. 227쪽. 9,000원
우리의 삶에 다가오는 여러가지 어려움들, 문제들은 우연이 아닙니다. 거기에는 주님의 배려와 가르치심이 있으며 반드시 우리가 배워야 할 것이 있습니다. 이 책은 그 문제들에서 주님의 뜻과 음성을 발견하는 원리를 가르쳐 주고 있습니다.

6. 영성의 발전은 어떻게 이루어지는가
영성의 숲. 254쪽. 8,000원
〈영성의 상담〉의 증보 개정판. 영성에 대한 여러 질문과 답변을 통해 다양한 영적현상의 의미와 삶 속에서 영적 성장을 이루는 구체적인 방법들을 소개하고 있습니다.

7. 지금 이 공간에 임하시는 주님
영성의 숲. 340쪽. 11,000원
주님은 믿을수 없을만큼 가까이 계시지만 사람들은 흔히 그분을 무시함으로 그의 임재를 소멸시킵니다. 이책은 그분의 가까우심과 구체적인 공간을 통한 임재, 나타나심을 경험할수 있도록 실제적인 지침을 제시하고 있습니다.

8. 심령이 약한 자의 승리하는 삶
영성의 숲. 228쪽. 9,000원
영혼의 힘이 약하고 마음이 여리고 민감하여 고통을 겪고 있는 이들을 위한 책. 영혼의 원리 및 기질과 사명을 이해함으로써 이전에 알지 못했던 자유와 해방과 놀라운 행복감을 누리게 될 것입니다.

9. 천국의 중심원리
영성의 숲. 452쪽. 14,000원
천국은 사후에만 갈 수 있는 장소가 아닙니다. 이 땅에 살면서 천국의 임재, 그 천국의 빛과 영광을 경험할 수 있습니다. 이 책에서는 내면세계의 천국을 경험하기 위한 길과 원리를 제시해 주고 있습니다.

10. 행복한 신앙을 위한 28가지 조언
영성의 숲. 348쪽. 12,000원
〈자유롭고 행복한 그리스도인 1〉의 개정판. 묶여 있고 창백한 의식의 틀을 벗어나, 자유롭고 풍성한 믿음의 삶으로 나아가도록 돕는 책입니다. 28가지 조언속에 행복한 신앙을 위한 영적 원리들을 담고 있습니다.

11. 성숙한 신앙을 위한 30가지 조언
영성의 숲. 340쪽. 12,000원
〈자유롭고 행복한 그리스도인2〉의 개정판. 의식이 바뀔 때 천국의 자유와 기쁨을 누릴 수 있음을 보여주는 책입니다. 묶여있는 사고와 습관, 잘못된 의식에서 해방되는 원리를 제시해 주고 있습니다.

12. 의식의 깨어남을 사모하라
영성의 숲. 239쪽. 9,000원
잠과 꿈과 깨어남의 실체를 보여주며 진정한 깨어있음의 세계로 인도하는 책입니다.
의식과 영혼을 깨우기 위한 방법과 원리들을 제시해 주고 있습니다.

13. 주님의 마음, 주님의 임재 속으로
영성의 숲. 348쪽. 11,000원
오늘날 주님의 마음에 대한 많은 오해가 있어서 주님의 깊으신 임재에 들어가지 못합니다. 이 책은 그 오해를 풀어주며 우리를 향한 주님의 사랑을 보여주고 그 사랑의 임재 속에 들어가는 길을 안내해주고 있습니다.

14. 영성의 발전을 갈망하라
영성의 숲. 292쪽. 10,000원
영성의 진리 시리즈 1편. 영성을 깨우고 발전시킬 수 있는 다양한 이야기, 원리, 법칙들을 묶은 36가지의 메시지가 수록되어 있습니다. 영혼의 각성에 도움이 되는 지식과 도전을 얻게될 것입니다.

15. 집회에서 흐르는 주님의 은혜
영성의 숲. 254쪽. 8,000원
이미 출간되었던 [집회 가운데 임하시는 주님]을 새롭게 개정하였습니다. 회원들의 간증을 줄이고 더 많은 분량을 추가하였습니다. 집회 가운데 나타나는 주님의 생생한 역사와 이에 관련된 여러 영적 원리를 기술하였습니다. 읽을수록 집회 현장에 있는 듯한 감동과 은혜를 얻을 수 있을 것입니다. 은혜를 사모하는 이들, 영성 사역에 관심이 있는 사역자들에게 좋은 참고가 될 것입니다.

16. 삶을 변화시키는 생명의 원리
영성의 숲. 348쪽. 값 11,000원
삶 속에서 열매를 맺을 수 있는 비결과 원리를 시편 1편의 말씀과 요한복음 15장의 말씀을 중심으로 제시하고 있습니다. 포도나무이신 주님과 가지로서 항상 연결되는 삶이 열매를 맺는 원리이며 은총의 비결인 것을 명쾌한 논지로 설명하고 있습니다. 신앙의 기초와 방향을 분명히 밝히는 책으로서 풍성한 삶과 승리하는 삶을 갈망하는 그리스도인들에게 귀한 도전이 될 것입니다.

17. 낮아짐의 은혜1
영성의 숲. 308쪽. 값 11,000원
쉽게 하나님의 임재를 경험하며 그 은혜 가운데 머무르는 사람이 있습니다. 그 은총의 비밀은 무엇일까요? 그것은 바로 낮아짐이며 이를 통하여 주의 무한한 은혜와 천국의 풍성함을 누릴 수 있음을 본서는 증명합니다. 사람을 파괴하는 높아짐의 시작과 타락, 은혜의 회복, 열매의 풍성함 등을 다루고 있으며 누구나 그 은혜의 세계에 쉽게 이르도록 길을 제시하고 있습니다.

18. 낮아짐의 은혜 2
영성의 숲. 388쪽. 값 14,000원
낮아짐은 감추어진 비밀이며 천국의 문을 여는 보화입니다. 마귀는 낮아짐을 빼앗을 때 그 영혼을 사로잡을 수 있으므로 온갖 유혹으로 이 보화를 가로챕니다. 하나님은 천국의 풍성함을 주시기 위하여 낮아짐을 훈련하시며 인도하십니다. 2권은 적용을 주로 다루며 구체적으로 풍성한 은총을 누릴 수 있도록 권면하고 있습니다.

19. 그리스도를 갈망하는 삶
영성의 숲. 268쪽. 값 9,000원
부흥과 영적 깨어남, 영성의 다양한 원리에 대한 이야기. 삶 속의 이야기와 함께 자연스럽게 풀어서 정리하였습니다. 일상의 사소한 삶에서 영적 원리를 발견하고 적용하도록 도우며 그리스도에 대한 갈망이 증가되도록 도전하고 있습니다.

20. 영이 깨어날수록 천국을 누린다
영성의 숲. 236쪽. 값 8,000원
독자들과 일대일로 마주 앉아서 대화를 하듯이 영적 성장과 풍성한 삶을 누리는 원리에 대해서 메시지를 전달하고 있습니다. 사랑하는 삶, 영성의 깨어남에 대한 새로운 통찰력을 제공해주며 기쁨으로 주님을 따르는 길을 제시해 줍니다.

<생활 영성 시리즈>

1. 주님과 차 한잔을
영성의 숲. 220쪽. 6,000원
신앙의 귀한 진리들, 주님을 사모하고 가까이 나아가는 데 도움이 되는 원리들을 유머를 통해 밝고 즐겁게 전달해주는 책입니다.
주님과 같이 차를 한잔 마시는 기분으로 부담없이 읽다 보면 자연스럽게 영적 통찰을 얻을 수 있을 것입니다.

2. 일상의 삶에서 주님을 의식하기
영성의 숲. 280쪽. 8,000원
일상의 사소한 삶 속에서 주님을 의식하며 살아가는 이야기. 신앙과 영성은 기도할 때만이 아니라 일상의 모든 삶 속에서 나타나야 한다. 작고 사소한 모든 일에서 주님을 의식하는 것이 진정한 행복의 원리인 것을 이 책은 보여주고 있습니다.

3. 일상에서 경험하는 주님의 사랑
영성의 숲. 277쪽. 8,000원
일상의 묵상 시리즈 2편. 사소한 일상의 삶에서 주님의 임재와 사랑을 느끼고 주님의 메시지를 경험하는 이야기. 항상 모든 것에서 주님의 마음과 시선으로 삶과 사람을 보고 느껴야 하며 이를 통해서 날마다 천국을 경험할 수 있음을 사소한 삶의 이야기를 통하여 부드럽게 전달해주고 있습니다.

4. 삶이 가르치는 지혜
영성의 숲. 212쪽. 6,000원
〈삶이 가르치는 지혜〉의 개정판. 우리의 삶에서 경험하는 많은 즐거운 일, 힘든 일들이 결국 우리 영혼의 성장을 위하여 주어진 일임을 보여줍니다. 가슴을 따뜻하게 하는 소박한 이야기들을 통해서 사랑의 중요성을 다시 한번 깨닫게 합니다.

5. 사랑의 나라로 가는 여행
영성의 숲. 156쪽. 5,000원
〈사랑의 나라〉의 개정판. 어른들을 위한 우화로서 한 청년이 여행을 통하여 삶의 목적과 방향을 깨달아 가는 과정이 흥미진진하게 전개되고 있습니다. 즐겁게 이야기를 읽어나가다보면 영적 성장의 방향과 중심, 영적 세계의 에너지와 원리, 흐름을 이해하는데 도움이 될 것입니다.

6. 하나님의 뜻을 발견해 가는 여행
영성의 숲. 269쪽. 신국판 변형 8,000원
성경에 등장하는 입다, 다윗, 암논의 삶과 사건들을 통하여 하나님의 아버지 마음과 하나님의 의도와 훈련을 이해하고 발견하도록 안내하는 책입니다. 등장인물들의 마음과 정서가 드라마처럼 녹아있어 흥미와 감동을 전달해 줍니다.

7. 일상에서 경험하는 주님의 은혜
영성의 숲. 253쪽. 값 8,000원
일상시리즈 3편입니다.
가족 이야기, 모임 이야기, 일상에서 경험하는 여러 가지 일들을 통해서 영적 원리와 교훈을 정리하였습니다.
일기와 이야기 형식으로 기록되어 있어서 즐겁게 읽는 가운데 주님과 같이 걷는 삶의 흐름 속으로 들어갈 수 있게 될 것입니다.

<묵상 시리즈>

1. 맑고 깊은 영성의 세계를 향하여
영성의 숲. 140쪽. 5,000원.
잠언시리즈 1편. 내 영혼의 잠언1을 판형을 바꾸어 새롭게 만들었습니다. 순결하고 맑은 영혼으로 성장하기 위한 진리의 묵상들이 간결하게 정리되어 있습니다.

2, 주님은 생수의 근원 입니다
영성의 숲. 196쪽. 6,000원
<내 영혼의 잠언2>의 개정판. 맑고 투명한 영성의 세계로 안내하는 영성 잠언집. 새벽녘의 신선하고 향긋한 바람처럼 우리 영혼을 달콤하게 채워주는 묵상의 글들을 모아서 정리했습니다.

3. 묻지 않는 자에게 해답을 던지지 말라
영성의 숲. 156쪽. 5,000원
삶과 사랑과 영혼의 진리를 담은 잠언 시집.
인생의 의미와 진리, 영성의 발전과정을 예리하면서도 부드러운 시각으로 표현하고 있습니다. 불신자에 대한 전도용으로도 좋은 책입니다.

4.영혼을 깨우는 지혜의 샘물
영성의 숲. 180쪽. 6,000원
<영적 성숙으로 향하는 여행>의 개정판
인생, 진리, 마음, 영성 등 중요한 8가지의 주제에 대한 짧은 묵상을 담았습니다. 맑은 샘물이 흐르듯이 간결한 지혜의 메시지가 영성을 일깨워주는 책입니다.

일상에서 경험하는 주님의 은혜

1판 1쇄 발행	2007년 5월 10일
1판 3쇄 발행	2015년 7월 25일
지은이	정원
펴낸이	이 혜경
펴낸곳	영성의 숲
등록번호	2001. 7. 19 제 8-341 호
전화	02 - 355 - 7526 (영성의숲)
핸드폰	010 - 9176 - 7526 (영성의숲)
E - mail	spiritforest@hanmail.net (영성의숲)
홈페이지	cafe.daum.net/garden500 (정원목사 독자 모임)
	cafe.naver.com/garden500 (정원목사 독자 모임)
국민은행	461901 - 01 - 019724
우체국	013649 - 02 - 049367
예금주	이 혜경
총판	생명의 말씀사
전화	02 - 3159 - 8211
팩스	080 - 022 - 8585,6

값 8,000원

ISBN 89 - 90200 - 47 - 4 03230